소통과
공감의
글쓰기

소통과
공감의
글쓰기

초판 1쇄 인쇄 2022년 2월 17일

초판 1쇄 발행 2022년 2월 24일

지은이 박대아, 박지윤, 이재규, 최강민, 최정숙, 하채현

펴낸곳 인문과교양

주소 (02001) 서울특별시 중랑구 중랑천로 358-6

전화 02-3144-3740

팩스 031-655-3740

ISBN 979-11-85939-87-2 (03700)

이 교재는 2021학년도 대학혁신지원사업 연구비 지원에 의해 개발되었음.

소통과 공감의 글쓰기

박대아 · 박지윤 · 이재규
최강민 · 최정숙 · 하채현

SINCE 2013
인문과교양

책을 펴내며

누구든지
글쓰기 고수가 될 수 있다

글쓰기는 오랫동안 소통을 위한 중요한 수단이었다. 사람들이 화상으로 통화하는 디지털 시대가 되면 글쓰기가 쇠퇴할지도 모른다고 생각한 적이 있었다. 하지만 디지털 시대가 되어도 생각과 느낌을 정확하게 전달하는 글쓰기의 매력은 여전히 유효하다. 페이스북, 카카오톡 등 다양한 SNS는 글쓰기를 더욱 활발하게 만들었다. 글쓰기는 디지털의 발전과 함께 도태된 것이 아니라 동반자가 되었다. 코로나 19 팬데믹 시대에 대학에서 비대면 화상 강의가 보편화되고 있다. 이때에도 교수와 학생들이 수시로 전달하는 글쓰기 채팅은 비대면 강의가 지닌 한계를 극복하는 중요한 수단이다. 이처럼 우리는 알게 모르게 일상생활에서 글쓰기를 많이 하면서 살아가고 있다.

글쓰기와 떨어져서 살아갈 수 없다면 글쓰기를 잘하는 것이 삶을 윤택하게 만드는 비결이다. 대학에서 상당수의 평가가 글쓰기를 통해 이루어진다. 학생들은 중간시험, 기말시험, 리포트 등에서 글쓰기를 끊임없이 수행한다. 글쓰기를 잘한다는 것은 높은 학점을 받을 수 있다는 말과 같다. 이 책은 대학에서 필요한 글쓰기 역량을 높이기 위해 마련한 것이다. 글쓰기 기초부터 핵심 역량을 확보하는 수준까지 학생들을 인도하는 글 안내서이다. 기존에 나온 글쓰기 교재의 문제점들을 보완해서 대학생의 글쓰기 역량을 더욱 높일 수 있도록 설계했다.

우리는 일상에서 다양한 문제와 만난다. 그때 우리는 그 문제에 대한 고민을 하면서 해결하기 위한 길을 찾는다. 글쓰기는 기본적으로 우리가 직면하고 있는 문제를 풀기 위한 수단이다. 비판성, 창의성, 능동성 등으로 무장한 지적 호기심은 다양한 문제를 해결하는 원동력이다. 글을 잘 쓰려면 지적 호기심만이 아니라 남의 말을 잘 들어 주는 경청의 자세가 필요하다. 글쓰기에서 경청은 많은 정보를 읽는 독서라 할 수 있다. 다른 사람들의 생각을 많이 읽다 보면 생각이 깊어지면서 자신이 말하고 싶은 양질의 콘텐츠를 확보할 수 있다. 양질의 콘텐츠 중에서 특정 주제를 선택해 독자중심주의 입장에서 쓰면 공감이 가는 글이 탄생하게 된다.

글쓰기가 어렵다고 한다. 어디 글쓰기만 힘들겠는가. 성인이 되어 대학생의 눈으로 바라본 한국사회는 치열한 생존경쟁이 벌어지고 있는 전쟁터이다. 이곳에서 살아남으려면 기존의 나태한 자세와 비효율적인 대처만으로 곤란하다. 글쓰기에서 문제를 해결하는 과정은 사회에 나와 문제를 해결하는 과정과 서로 닮아 있다. 글쓰기가 어렵다면 여러분의 삶을 바꾸거나 삶을 대하는 방식을 바꿔야 한다. 삶이 바뀌면 글쓰기도 바뀐다. 문제에 직면했을 때, 가장 필요한 것은 무엇보다 자신감이다. 오만하지 않으면서도 할 수 있다는 자신감은 문제를 해결하는 데에 필요한 가장 기본적인 자세이다. 이러한 자신감을 갖고 글쓰기에 도전하자.

학생들이 이 책을 통해 글쓰기 고수가 되었으면 한다. 이 책이 제시하는 방향으로 꾸준하게 노력한다면 누구나 글쓰기 고수가 될 수 있다. 대학에서 요구하는 기본적인 글쓰기 역량은 누구든지 노력하면 다 확보할 수 있다. 이 책이 대학생들이 필요로 하는 글쓰기의 내공을 한층 깊게 하는 데에 많은 도움이 되기를 바란다. 여러분은 할 수 있다.

2022년 2월

우석대학교 글쓰기 교육부

목차

02

글의 탄생과 성찰

03

다양한 글쓰기를 하다

01

글쓰기 기초 다지기

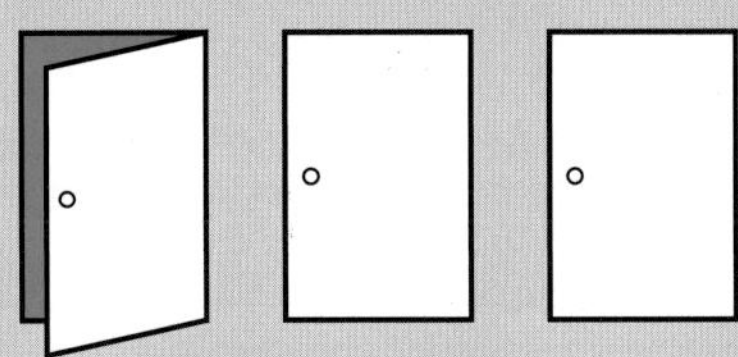

이재규 책임 집필

제1장
글쓰기를 시작하며

1. 누구나 잘 쓸 수 있다

21세기는 바야흐로 글쓰기 전성시대이다. 평범한 일반인도 살아가면서 글 쓰는 일이 일상이 되었다. 기획안이나 보고서는 기본이고 업무 논의와 정보의 공유도 텍스트 기반의 메신저를 통하기 때문에 갈수록 글쓰기의 비중이 커지고 있다. 개인 사업을 널리 알려야 하는 자영업자, 사람들과 자주 접촉하며 시시때때로 자기를 표현해야 하는 예능인과 정치인처럼 전문 직종은 물론이고 보통 사람들도 글쓰기가 고민이다. 입학과 취업, 승진과 창업 등 인생의 중요한 고비에서 자기소개서, 제안서가 따라다니며 글 쓰는 능력이 주요한 판단 근거가 된다. 업무뿐만이 아니다. SNS가 발달하면서 많은 사람들이 자기 의사를 문장으로 제대로 표현하고 전달하는 것에 갈증을 느낀다. 글쓰기는 이제 일상의 일, 성취와 소통, 문제해결을 위해서 꼭 필요한 보편의 능력이 되었다.

글쓰기는 무엇보다 자기 성찰과 계발의 도구이다. 사람은 누구나 경험에서 우러나오는 깊은 감정을 글로 옮겨 보고 싶은 욕구를 가지고 있다. 형상화, 창조의 욕구는 사람을 다른 동물과 구분 짓는 고유의 욕망이다. 자신의 생각을 문장으로 옮겨 놓았을 때 찾아오는 희열과 만족감으로 삶이 풍요로워지는 체험은 다른 것으로 쉽게 대체하기 어렵다.

문자와 지식을 일부 계층이 독점하던 봉건 시대에 글을 쓰는 것이 정말 특별한 일이었다. 문자를 해독하고 쓸 여유가 있던 소수만이 자신의 경험과 생각을 기록하고 남길 수 있었기에 보통사람들의 소중한 일상은 전승될 수 없었다. 현대에 와서 진정한 개인 글쓰기의 시대가 열렸다. 매체 환경도 급변하여 이제 누구나 자신의 생각을 문자와 영상으로 전송하고 공유할 수 있게 되었다.

누구나 글쓰기를 두려워한다

누구나 글을 쓸 수 있는 시대가 열렸지만 많은 이들이 글쓰기를 두려워한다. 자기 생각을 문자로 표현하는 일이 쉽지 않다고 고백한다. 어디에서 시작해야 할까, 백지를 대하면 그저 막막해진다는 사람이 많다. 초보자뿐만 아니라 수십 년 글을 써 온 작가들도 겪는다는 백지 공포증이다. 디지털 시대가 되면서 백지는 커서가 깜빡거리는 모니터로 바뀌었을 뿐 첫 문장이 주는 중압감은 여전하다.

초·중·고 제도교육에서 12년 이상을 뭔가를 읽고 써 왔지만 글쓰기는 늘 괴로운 일이었다. 몇 줄짜리 이메일을 작성하려 해도 진땀이 나고 SNS에서 이모티콘을 곁들인 짧은 문장 외에 긴 글을 조리 있게 쓰기가 부담스럽다. 대학 입시만을 인생 진로의 주요 관문으로 설정해 온 우리 교육체계에서 글쓰기를 제대로 배워 본 적이 없기 때문이다.

자기 자신을 진지하게 들여다볼 여유도 없이 자기 감정을 정당하게 표현하는 일을 억제당해 오다 보니 글쓰기를 오히려 신비화하고 자신과는 무관하게 두렵고 어려운 일로만 생각하게 되었다. 글쓰기에 대한 가장 심각한 오해는 “글이란 특별한 재능을 가진 사람들의 전유물”이고 “누가 가르칠 수도 없고, 배운다고 나아지는 것도 아니라는” 편견이다.

누구나 잘 쓸 수 있다

“경험한 게 없어요. 쓸 게 없어요.” “문장 한 줄 써본 적도 없는 내가 어떻게 글을 써요?” “이런 것도 글이 될까요?” 5분마다 폭탄이 터지고 하루에도 죽을 고비를 수 없이 넘기는 영화 같은 상황이어야만 쓸 이야기가 생기는 것은 아니다. 석사, 박사

어려운 학위를 딴 사람만 세상 이치에 대해 발언할 수 있는 것도 아니다. 매일 반복되는 지루한 일상, 평범하게만 느껴지던 시간들에도 보석처럼 빛나는 기쁨의 순간들이 있고, 세상 다 끝나 버린 듯 모든 것이 막막하게 다가오는 때가 있다. 굳게 닫아 두었던 마음의 문을 열고 자신 곁의 사물과 사람들에게 한발 다가가서 오래 들여다보면 미처 보지 못했던 이면의 진실들을 발견하게 된다. 소소한 일에 기뻐하고 작은 상처에도 흔들리는 보통 사람의 눈높이에서 쓰면 훨씬 보편적인 공감을 끌어낼 수 있다.

아래 예문은 아직 많은 것을 겪어 보지 않아 어리다고만 치부되어 온 어린이들이 쓴 글에서 깊은 감동을 받은 한 글쓰기 교사의 회고이다. 필자는 자신만의 시선으로 세상을 진실되게 바라본 '어린 스승'들의 진솔한 글에서 오히려 자신이 더 많이 배웠다고 고백한다.

무언가에 대해 쓰고 싶은 대로 쓰자고 제안하면 아이들은 그것에 대해 할말이 없다고 했다. 혹은 기억이 안 난다고 했다. 기억은 나는데 쓰기가 싫다고도 말했다. 좋은 이야기는 저절로 얻어지는 게 아니었다. 내가 먼저 무언가를 내주어야만 그들도 소중한 것을 나에게 내주었다.

나는 하는 수 없이 먼저 털어놓는 사람이 되어야 했다. '거짓말'이라는 글감에 관해, 또는 '방귀'나 '눈물'이나 '도둑질'이나 '질투'나 '어떤 냄새'라는 글감에 관해. 어리석은 경험을 한두 개 말하다 보면 그 자리에서 가장 우스꽝스럽고 자유로운 사람이 되었다. 아이들은 날 보며 웃었다. 그때 질문을 건네야 했다. 너희는 어떠냐고. 그럼 그들은 연필을 들고 회심의 미소 같은 것을 지었다. 재미난 이야기를 가진 사람의 표정은 호기롭기 마련이었다. 어리석고 우스운 기억은 누구에게나 있으므로 아이들은 원고지에 무언가를 적어 내려갔다. 열 살 최가희는 이런 문장을 썼다.

"아침에 일어나서 엄마 방으로 가니까 왠지 눈물이 나오고 가슴이 찡했다. 뭔가 엄마한테 안기고 싶었다. 자다가 밝은 곳으로 가면 이상하게 눈물이 나온다. 내가 왜 이러는지 나도 모르겠다. 언니랑 동생이 옆에 있어도 그리운 마음이 든다."

옆에 있어도 그리운 마음이 든다니, 나도 그게 무엇인지 알 것 같았다. 한편 열세 살 이형원은 이런 문장을 썼다.

"우리는 함께 뒤섞여 놀다가 서로의 여름 냄새에 대해 다 알게 되었다. 우리의 두피에서는 찌든 걸레 냄새가 났다. 우리의 옷에선 중학생 남자 옆을 지나가면 맡을 수 있는 냄새가 났다. 우리의 발에서는 가죽에 물을 묻히고 한동안 방치해 둔 냄새가 났다. 웃음거리가 되던 우리의 여름 냄새들이었다."

이런 글을 읽다 보면 내 후각까지 생생해지는 느낌이었다. 이형원의 '여름 냄새' 묘사가 적절히 구체적인 덕분이었다. 형원이 옆에 앉은 열세 살 오승린은 이런 문장을 썼다.

"가끔씩 영화 찍는 놀이를 하며 놀았다. 주로 절벽에서 서로의 손을 놓쳐 떨어지고 마는 시나리오였다. 왜 했는지는 모르겠다. 우리는 꼭 마지막이 해피엔딩으로 끝나지 않는 영화를 찍으며 즐거움을 느꼈다."

그가 쓴 글 덕분에 나는 이야기의 속성을 조금 이해할 수 있었다. 이야기란 우리를 몇 번이고 다시 살게 할 수 있었다. 다른 세계에서 새로운 사람이 되어 볼 수도 있고, 현실에서는 엄두도 안 날 스릴을 잠깐 체험해 볼 수도 있고, 가짜로 비극을 겪으며 마음의 근육을 키울 수도 있었다. 그사이에 우리는 어쩌면 더 강해지기도 했다. 그런 문장들을 읽으며 수년간 글쓰기 교사로 지냈다. 서울의 영등포, 목동과 분당 판교와 전라남도의 여수 등을 돌며 보따리장수처럼 글쓰기 수업을 했다. 선생님이라고 불렸지만 가장 많이 배우는 사람은 나였다.

– 이슬아, 「나의 어린 스승들에 관하여」, 『부지런한 사랑』, 문학동네, 2020, 14~16쪽.

나이와 지식, 경험의 차이가 곧바로 글의 수준을 결정하지 않는다. 문장의 기술과 요령은 진실과 정직 다음에 오는 것이다. 문자를 아는 사람이라면 누구나 훌륭하게 자신의 이야기를 쓸 수 있다. 어린 학생들은 자신들이 직접 경험한 것을 진솔하게 구체적으로 표현했다. 그것만으로도 충분히 감동적인 글이 나온다.

글쓰기는 나를 위한 일

글쓰기를 어딘가에 의무적으로 제출해야 하는 과제로 생각하니 힘들어진다. 글쓰기를 나 자신을 위한 일로 뒤집어 보자. 그런 마음으로 글을 쓰다 보면 스스로 묻고 답하는 대화를 통해 흐릿했던 생각이 분명해진다. 글쓰기는 생각의 혼돈을 정리하는 지름길을 제공한다. 자신을 돌아보는 것을 통해 넓은 시야에서 자기 행동을 바라볼 수 있게 해 준다. 두려움 없이 자기 감정을 표현할 수 있게 되면 다가오는 시간에 대한 용기와 의욕을 갖게 된다. 무엇보다 글쓰기는 타인과의 의사소통을 통해 고립감에서 벗어나게 해 준다. 타인을 이해하며 세상과의 조화를 추구하게 된다. 글을 쓰면서 우리는 자신이 중요한 존재라는 것을 깨닫게 되고 인생의 전환기에 더 나은 선택을 하게 된다.

2. 어떤 글이 좋은 글일까

좋은 글은 쉽고 간결하다

좋은 글의 요건으로 흔히 ① 충실과 진실성, ② 정직과 성실, ③ 독창성, ④ 명료함, ⑤ 목적, 대상, 관점 등에 부합할 것, ⑥ 일관성과 통일성 등을 든다. 이는 주로 필자가 갖추어야 할 요건의 측면이고 글을 읽는 독자의 입장에서 좋은 글을 들자면 무엇보다 ① 자신의 생각을 알기 쉽게 표현한 글, ② 내용의 가치와 깊이가 있는 글, ③ 글쓰기 형식과 내용의 균형을 잘 갖춘 글, ④ 여러 사람에게 감동을 주는 글이다. 글의 기술적 측면은 뛰어나지만 진실과 거리가 먼 글재주는 사람에게 감동을 줄 수 없다. 글의 본질은 진실을 드러내는 데 있으므로 ①, ②, ③의 요소는 약하다 해도 투박하게 진실을 보여 주는 글에 더 마음이 가게 된다.

좋은 글은 알아보기 쉽다. 문장이 꼬인 데가 없고 쉽고 간결하기 때문에 문자를 해독할 줄 아는 독자라면 글쓴이의 의도를 어렵지 않게 알아들을 수 있다. 이처럼 사람의 마음에 다가드는 글은 형식과 내용이 일치하며 무엇보다 독자의 입장을 우선 배려하는 글이다.

본 만큼 쓴다 생각만큼 쓴다

> 안에 있는 것이 밖으로 나온다. 축적해 놓은 것이 없으면 나올 것이 없다. 차면 넘치는 이치다.
>
> – 이승우, 『당신은 이미 소설을 쓰기 시작했다』

어떤 종류의 글이든 글이 잘 풀려나오지 않는 것은 필자가 아직 그 주제에 대해 미처 소화를 하지 못하고 있다는 것을 의미한다. 출구가 한산하다면 입구를 살펴야 하는 이치다. 비단 문학적인 글에 한정되는 것이 아니라 모든 글은 세부가 촘촘해야 구체적으로 이야기를 풀어 갈 수 있다. 묘사가 풍부하고 인물들이 살아 있으며 논리가 제대로 아귀가 물려 있으려면 작은 기둥과 벽면이 구조물을 떠받들고 이어 주어야 하는 법이다. 그렇다면 촘촘한 기억은 어디에서 올까. 풍경과 사람을 잘 들여다보지 않고서는 기억의 양을 두툼하게 쌓아 올릴 수 없다.

> 대개 떠오르는 것이 아니라 지나가는 것이다. 붙잡지 않으면 어디론가 사라져 버린다. 그러니까 메모를 하는 것은 붙잡는 것이다.
>
> – 이승우, 『소설을 살다』

원래의 기억에서 멀리 떨어져 나오면 글에 실감이 사라져서 건조해진다. 글이 생동하려면 지금 그 일이 일어난 것처럼 독자들이 감각할 수 있도록 글 안에서 재현해 주어야 한다. 그때그때 관찰한 것을 기록해 두는 것은 글을 쓰는 본 작업의 성패를 사실상 좌우한다. 필요한 때 메모를 해 두는 습관 하나가 글쓰기의 결과를 바꾼다. 논리적인 글에서는 관련한 지식정보의 수집과 분류, 정리의 체계가 선행되어야 추론의 뼈대가 튼튼해진다.

관찰에서 시작된다

관찰(수집) ➔ 기억(기록) ➔ 표현(글쓰기) ➔ 공유 · 소통

글쓰기의 과정을 이렇게 나눠볼 수 있다. 쓰고자 하는 대상을 관찰하거나 관련된 정보, 자료를 수집하고 정리하여 1차 기록해 둔다. 글쓰기 본 작업은 특정한 기억(자료)을 선택하고 배열하여 새로운 집을 짓는 과정이다. 집필 과정을 통해 적절하게 다듬어져 새로운 집에 담기게 된 생각은 읽는 이의 독해력과 공감 정도에 따라 공유되고 저마다의 깊이로 수용된다.

"글쓰기가 좋아지려면 어떻게 해야 하나요."라는 질문에 문장을 이렇게 저렇게 구성하고 어휘를 배치하는 요령을 다루는 집필법에만 치우친 답이 나오기 쉽다. 글쓰기의 근력이 좋아지려면 글쓰기 과정에서 입구부터 달라져야 한다.

> 오른쪽 행랑으로 들어가니 역관 세 명과 비장 네 명이 한방에서 자고 있었다. 목을 끌어안고 다리를 걸치고서 자는데 아랫도리를 가리지도 않았다. 모두 코를 우레같이 고는데, 어떤 이는 호리병이 기울어져 물이 '쪼르르' 흐르는 소리를 내기도 하고, 어떤 이는 톱질을 하는데 톱니가 나무에 먹혀 '삑삑' 하는 소리를 내기도 하고, 어떤 이는 '쯧쯧' 하며 남을 나무라는 소리를 내고, 어떤 이는 '쩝쩝' 하며 원망을 삼키는 소리를 내기도 한다. 만 리 길을 함께 고생하며 함께 자고 함께 먹으며 왔으니 응당 쌓인 정분이 생사조차 함께할 형제의 관계가 되었을 터인데도, 같은 침상에 자면서도 꿈은 서로 달리 꿀 것이며, 서로의 속생각은 초(楚) · 월(越)의 관계인가 보다.
>
> 담배에 불을 붙이고, 밖으로 나오니 어디서 개 짖는 소리가 표범 소리처럼 들려온다. 장군부에서 치는 징 소리는 심심산골의 두견새 소리 같다. 뜰을 이리저리 어정어정 걷다가 뛰기도 하고, 점잖게 걷기도 하며, 달그림자와 서로 장난을 치기도 하였다. 명륜당 뒤뜰의 오래된 나무는 우거져 하늘을 덮었고, 서늘한 이슬이 동글동글 맺혀 잎사귀마다 구슬을 머금었

으며, 진주 같은 이슬방울은 달빛에 반짝인다.

담장 밖에서는 또 삼경(三更, 밤 12시 무렵) 이점(二點)을 친다. 애석하구나. 이렇게 아름다운 밤, 이렇게 좋은 달빛에 함께 놀 사람이 없다니. 이때는 어찌 우리나라 사람들만 자고 있겠는가? 도독부(都督府)의 장군도 자고 있을 것이로다. 나 또한 방에 들어가 쓰러지듯 잠자리에 들어가리라.

– 박지원, 김혈조 옮김, 『열하일기(熱河日記) 2』, 돌베개, 2017, 25~26쪽.

연암 박지원은 청나라에 사신으로 다녀온 경험을 『열하일기』란 책에 담았다. 정조 4년인 1780년 한양-북경-열하-북경-한양으로 이어지는 5개월간의 장정을 기록한 이 연행록은 세계 제국으로 발전해 가는 청나라의 문물 견문과 중국인들과 현지에서 나눈 필담이 담겨 있다. 휴대전화나 카메라가 없던 시절에 그는 어떻게 세세한 장면들과 대화 내용을 기억해 낼 수 있었을까. 박지원은 흔들리는 말 위에서, 중국 현지 곳곳에서 그 순간을 놓치지 않고 글로 옮겨 적었다. 박지원은 중국 측의 귀한 문헌을 보게 되면 일일이 베껴 쓰기까지 했다. 휴대용 벼루와 먹통, 세필을 갖고 다니면서 빠뜨리지 않고 적은 필담과 관찰 기록이 『열하일기』가 된 것이다. 이 책을 완성하기 위해 종이 낱장 뭉치를 다시 정리해서 윤문을 하고 가필하기까지 그 수공은 이루 헤아릴 수 없다.

현대에는 글을 쓰는 데 종이가 모자랄 걱정을 할 사람은 없을 것이다. 필기도구는 물론 다양한 워드프로세서 프로그램과 클라우드 기반의 메모 앱을 쉽게 구할 수 있다. 모든 것이 궁했던 240년 전 박지원의 열정과 노력에서, 관찰하고 기록하는 것으로 시작하는 글쓰기의 자세를 배운다.

글쓰기 연습

자신이 본 것에 대해 글을 써 보자.

1) 최근 식탁에 나온 반찬은 무엇이었고, 그 형태와 냄새는 어떠했는가?

2) 내 방에서 책상이나 어느 한 곳을 자세히 써 본다면?

3) 잘 가는 카페에는 몇 개의 테이블이 있으며, 그 모양은 어떠한가?

4) 가장 가까운 친구가 최근에 입고 나온 옷을 묘사해 본다면?

3. 글쓰기에도 비법이 있다

읽기에서 출발한다

글쓰기를 잘하는 비법으로 흔히 거론하는 것이 중국 송나라 때 문장가인 구양수가 말했다는 삼다법이다. 많이 읽고[다독(多讀)], 많이 쓰며[다작(多作)], 많이 생각하는[다상량(多商量)] 것 외에 다른 비법은 없다는 것이다. 그중에서도 1순위를 차지하는 '많이 읽기'는 글쓰기의 기초 같은 것으로 흔히 거론된다. 책을 읽는 것은 나를 끝없이 확장하면서 새로운 나로 변신해 가는 행위이다.

"책은 우리 내면의 얼어붙은 바다를 깨는 도끼"라는 프란츠 카프카의 말은 존재를 흔드는 한 권의 책에 대한 서늘한 비유다. '나락 한 알 속의 우주'(장일순)가 있다면, 한 줄 문장에도 정글이 있고 한 권의 책 안에 희망과 절망이 한몸처럼 서로를 기대고 있다. 오로지 읽는 자에 따라서 수없이 다른 문이 열리고 닫힌다. 책을 읽으며 한 문장이 거듭 새롭게 밀려오는 경이를 발견하는 쾌락의 맛은 페이지에 자신이 직접 글을 쓸 때의 희열이 자리한다. 글을 읽고 읽히며, 유한한 한 개인의 삶을 넘어 전승되는 불멸은 오직 글을 통해서만 가능한 것이다.

일생의 모든 순간을 책을 읽으며 산다 해도 현재까지 쌓인 책들도 미처 다 읽지 못한다. 책의 바다에서 선별이 필요하다. 자신이 관심을 갖는 분야의 양서를 먼저 읽고 독서 목록을 늘려 가는 방법을 추천한다. 책을 읽을 때마다 그 내용을 요약 정리하고 독후감을 남겨 놓는다면 나만의 책 지도를 얻게 된다. 청춘의 독서 목록과 각 분야별 필독서는 여러 곳에서 추천 목록이 나와 있다.

글을 쓰는 데에 반드시 읽는 것이 전제되는 것은 아니다. 평생 책 한 권 읽지 못했던 사람도 훌륭하게 자신의 이야기를 들려줄 수 있고 문자를 알지 못하는 사람도 세상의 이치를 말할 수 있다. 다만 많은 책을 읽은 이는 여러 길이 복잡하게 이어진 숲에서 잘 그려진 지도를 들고 걷는 것에 비유할 수 있겠다.

『대통령의 글쓰기』(2014)를 쓴 강원국 작가는 글을 잘 쓰기 위한 독서가 따로 있다고 말한다. 마음에 드는 책을 반복해 읽거나, 본받고 싶은 작가의 책을 모두 찾아 읽으면서 저자의 문체를 배우라고 조언한다. 글을 읽으면서 내 생각이 만들어지거나 과거 기억이 떠오르기 때문에 글쓰기를 위한 최고의 준비 과정이 된다는 것이다. 책을 읽을 때 내용만 파악하며 읽지 않고 어휘와 문장, 글의 구성을 유심히 보며 단어와 문장을 발견하는 것도 중요하다. 저자의 생각에 의문을 가지고 반론하며 읽고, 책의 목차를 통해 전체 구성을 파악하는 방법, 읽은 내용을 누군가에게 반드시 말해 보기 위해 요약하다 보면 절로 글쓰기의 길이 보인다는 대목은 글쓰기를 위한 책 읽기에 훌륭한 지침이 된다.

필사로 시작한다

글을 잘 쓰게 되는 비법의 하나로 자주 추천되는 것이 베껴 쓰기, 다른 말로 필사이다. 소설가 신경숙은 공장에 다니며 소설가의 꿈을 키우던 시절에 노트 가득 몇 소설가의 작품들을 베껴 썼고 그것이 신경숙 특유의 미려한 문장을 만드는 데 크게 영향을 미쳤다고 한다. 글들을 옮겨 적는 동안 그 작가의 시선과 호흡이 마치 내 것처럼 느껴져서 작가만큼 더 상세하게 더 멀리 내다볼 수 있게 된다. 단지 필사하는 것만으로도 글쓰기를 따라 배우는 효과가 크다.

"양송이 버섯을 필사하고…… 아직 꽃피우지 못한 동백을 필사하고…… 얼룩 한 점 없는 유리창을 필사하고…… 조천바다를 필사하고" 손세실리아 시인의 표현을 빌리자면 글을 쓴다는 것은 말 그대로 자연을 베껴 적는 것이다. 이때의 베끼는 대상은 미리 써 놓은 글이 아니라 자연이라는 원본이다.

베껴 쓰기 좋은 시들을 묶은 책이나 칼럼과 에세이 중에서 잘된 문장들을 골라 놓은 책들을 참고해도 좋겠다. 자신이 직접 찾은 좋은 문장들을 하나씩 옮겨 적어 나만의 '필사 노트'를 만들고 자주 다시 읽어 본다면, 새로운 글쓰기 과제에 부닥뜨렸을 때 발상과 표현에서 놀라운 진전이 있게 된다는 것을 실감할 수 있다. 책을 읽으면서 마음이 가는 문장에 밑줄을 그어 두는 것도 간단한 필사의 시작으로 표현과 감각을 증진하는 좋은 방법이다.

매일 써야 멀리 간다

미국 작가 줄리안 카메론은 『아티스트 웨이』(경당, 2012)에서 매일 아침 일어나 한 장의 글을 쓰는 '모닝 페이지'를 자기 치유와 글쓰기가 좋아지는 비법으로 소개한다. 지금까지의 삶이 파경을 맞고 존재의 위기를 겪었을 때 그저 아침에 거르지 않고 쓰는 몇 줄의 글(모닝 페이지)이 카메론 자신을 구원했다고 말한다. 글쓰기는 내면의 나를 직시하는 가장 유효한 방법으로, 매일 써야 조금씩 앞으로 나아가며 좋아진다. 창조성은 인간의 자연스런 본성으로 누구나 자기 내면에 예술가가 있다. 창조성을 효과적으로 깨우는 방법은 단지 매일 조금씩 글을 써 나가는 것이다.

매일 아침 또는 가능한 때를 골라 시작 시간을 정해 두고 30분 동안 무조건 써 나간다. 처음에는 단지 쓰기만 하고, 수정하거나 심지어 되풀이해서 읽기도 하지 않는다. 자신에게 고여 있던 문제들을 토해 놓는 일정한 시간이 지나고 나면, 그때부터 정해진 글감에 따라 길고 짧은 글을 써 보고 오래 수정하는 작업도 거쳐 본다. 사는 동안 매일 글쓰기를 멈추지 않는다면 1년 뒤, 3년 뒤 놀랍게 변화하고 자신을 무한긍정하는 새로운 사람을 만나게 된다. 치유의 글쓰기가 갖는 마법이다.

마법사는 글을 쓰는 자신이며 오직 자신만이 스스로를 변화시킬 수 있다.

함께 쓰기의 힘

오랫동안 다양한 사람들과 성공적인 글쓰기 워크숍을 만들어 온 나탈리 골드버그는 『인생을 쓰는 법』(페가수스, 2013) 등의 책에서 글쓰기 훈련의 필수 조건으로 당장 여러 명이 참여하는 글쓰기 모임을 만들라고 조언한다. 모임에서는 정해진 날에 만나 글감을 공유하고 함께 있는 그 자리에서 직접 글을 쓰고 소감을 나눈다. 정례적인 글쓰기 모임은 "우정과 환대의 공동체, 치유와 격려의 충전소, 함께와 연대의 운동장, 유희와 재미의 놀이터, 지혜와 통찰의 전망대"[1]가 된다.

글쓰기 모임은 홀로 글쓰기에 매달렸을 때 게을러지거나 혹 자만해질 수 있는 가능성을 차단하고 매일 글쓰기를 즐겁고 가벼운 마음으로 이어 갈 수 있게 하는 데 큰 도움을 준다. 무엇보다 한 주제에 대해 서로 다양한 시선으로 돌아보는 글쓰기를 통해 우리는 관성적인 생활 리듬에 빠져 있는 자신을 다른 상상의 자리로 옮겨 놓을 수 있다.

글쓰기는 몸으로 하는 일

"나는 글쓰기가 안 맞아. 소질이 없는 거야." 지레 포기해 버리는 사람도 적절한 훈련을 거듭하면 훌륭하게 글을 쓸 수 있다. 마라토너가 매일 조금씩 달리는 훈련으로 끝내 전 구간을 완주하듯이 글쓰기에 대한 막연한 두려움을 버리고 한 발씩 내달려 보자. 처음에는 한두 줄 채우기도 힘들던 것이 거듭 써 가는 동안 자신만의 호흡을 찾게 된다. 시일이 지나면 제법 긴 글도 어렵지 않게 쓸 수 있게 된다. 적절한 단어 선택과 어색하지 않은 문장 구조, 그럴싸한 논리의 전개는 자꾸 써가는 과정에서 저절로 익혀진다.

지식을 먼저 머리에 꽉 채운 다음에 정해진 순서에 따라 조립하는 것이 글쓰기

---

1) 숭례문학당 엮음, 『글쓰기로 나를 찾다』, 북바이북, 2017, 서문.

가 아니다. 생각이 있어 쓰는 게 아니라 써야 생각한다. 거꾸로다. 작가 정지우는 글쓰기가 머리가 아닌 몸으로 하는 것이라고 말한다.

> 많은 사람이 생각하는 것과 다르게, 글쓰기란 '머리'로 하는 것이라기보다는 '몸'으로 하는 것에 가깝기 때문이다. 나는 글쓰기가 몸에 익은 습관 같은 것이고, 몸으로 삶을 살아 내는 일이며, 몸이 머리를 이끌고 가는 일이라 믿고 있다. 그렇기에 사실 글쓰기를 꾸준히 할 수 있는 비법, 글쓰기를 남다르게 해낼 수 있는 장법을 '머리로' 배운다는 것은 거의 불가능하지 않을까 싶다.
>
> – 정지우, 『우리는 글쓰기를 너무 심각하게 생각하지』, 문예출판사, 2021, 6~7쪽.

글쓰기를 통해 우리는 다른 존재로 나아간다

"글쓰기는 마조히즘이다. 모든 다른 범죄처럼 처벌받아야 하는, 자신을 향한 범죄다."

프랑스 소설가 시도니 콜레트의 이 말은 모든 글쓰기는 자신을 향하고 있다는 것을 깨우쳐 준다. 그런데 왜 '마조히즘', '범죄'라고 썼을까. 글쓰기가 자신이 숨겨 두었거나 묵은 상처를 건드리며 끝없이 일깨운다는 점에서 자신에 대한 학대를 자청하는 피학증의 요소가 있다고 본 것이다. 스스로 책망을 원했기에 처벌 또한 자신이 집행하게 된다. 이 범죄의 대가는 예전의 자기를 버리고 새로운 나로 거듭나야 한다는 성찰과 치유의 강제 집행이다. 죄이지만 선한 결말을 향해 열려 있다.

여성주의 글쓰기로 유명한 리베카 솔닛은 『멀고도 가까운』에서 "글쓰기는 누구에게도 할 수 없는 말을 아무에게도 하지 않으면서 동시에 모두에게 하는 행위"[2]라고 썼다. 내 이야기가 결국은 모두의 이야기라는 것이다. 오롯이 자신만의 삶을 살기 위해 적어 둔 말에도 타인을 향한 시선과 호소가 있다. 글을 쓰는 순간 우리는 지극히 사적인 자아에서 타인과 세계로 연결된다. 글쓰기란 "살아갈 날을 위해 살아온 나를

---

2) 리베카 솔닛, 김현우 옮김, 『멀고도 가까운』, 반비, 2016, 100쪽.

쓴다"는 행위이자 나로부터 시작해서 세계로 연결되는 통로와 같은 것이다.

옛 중국 시인 한유는 시의 근원을 '울음[鳴]'이라 했다. 불평즉명(不平則鳴), 균형을 잃으면 운다는 것이다. 아플 때 터져 나오는 것이 결국 시이고 글이다. 회광반조(回光返照)라는 말도 있다. '빛으로 돌아가 비춰 본다'는 뜻은 끝없이 성찰하여 자신의 본성을 다시 밝혀 드는 글쓰기에 들어맞는다. 고금의 지혜가 두루 말하듯이 우리는 글쓰기를 통해 과거와 현실, 미래를 연결한다. 보다 나은 자신을 향해 걸어갈 수 있도록 스스로 밝혀 든 빛. 한 줄의 글을 쓰면서 우리는 다른 존재의 가능성을 거듭 만난다.

팀 기반 활동

각자 적은 글을 돌려 보고 공감하는 바를 나눠 보자.

1) 좋은 글로 기억하는 문장을 적어 본다면?

2) 자신이 잘 쓰고 싶은 글은 어떤 것인가?

3) 글쓰기의 어려움을 어디에서 느끼는가?

4) 글쓰기를 배운다면 무엇에 중점을 두고 싶은가?

박지윤 책임 집필

제2장
올바른 어휘 사용과 글쓰기

사람들은 대체로 풍부한 어휘력, 멋지고 세련된 표현을 쓰면 좋은 글이 된다고 생각한다. 하지만 어휘력이 아무리 풍부하더라도 문맥에 맞게 사용하지 않으면 좋은 글이 될 수 없다. 필자는 독자에게 자신이 생각한 바를 분명한 표현으로 전달해야 한다. 중의적 표현이나 의미가 모호한 어휘를 사용하여 의미 전달에 혼동을 주지 말아야 한다. 구체적이고 명확한 어휘 사용이 의미를 명료하게 전달한다.

또한 어려운 한자어를 사용하면 상대적으로 지적인 글이 된다고 착각하기 쉽다. 하지만 어려운 한자어보다는 쉬운 우리말을 사용함으로써 의미 전달이 더 명료해질 때가 많다. 또한 외래어를 올바르게 사용하는 것도 중요하다. 이번 장에서는 대학생들이 글을 쓸 때 자주 틀리거나 혼동하는 사례들을 중심으로 정확하고 올바른 어휘 사용을 어떻게 하는지 익힌다.

1. 어휘력과 글쓰기

여러분은 언제 어휘력이 부족하다고 느끼는가. 많은 사람들이 말하고 싶은 게 있는데 어떤 말로 표현해야 할지 모를 때 어휘력이 부족함을 느낀다고 대답할 것이다. 사전에서는 어휘력을 '어휘를 마음대로 부리어 쓸 수 있는 능력'이라고 풀이

하고 있다. 하지만 어휘를 마음대로 부리어 쓰는 것에 어려움을 느끼는 사람들이 많다.

글을 잘 쓰기 위해서는 우선 어휘력이 풍부해야 한다. 그리고 어휘의 뜻을 잘 알고 문맥에 맞는 적절한 어휘를 선택하여 사용해야 한다. 단어가 모여 문장이 되고, 문장이 모여 한 편의 글이 완성되기 때문이다. 글을 잘 쓰려면 적절한 어휘 선택부터 해야 한다.

대체로 작가는 글쓰기에 타고난 재능이나 소질이 있다고 생각하기 쉽다. 하지만 작가들도 사전을 옆에 두고 수시로 단어를 찾아가며 글을 쓴다. 어휘력을 늘리기 위해서는 적절한 어휘 선택을 해야 하는데, 그러기 위해서는 우선 뜻을 잘 알아야 한다. 글쓰기를 할 때 적절한 단어를 선택하여 사용하는 것은 좋은 글을 쓰는 첫 걸음이다.

- 달이 밝다
- 날이 밝다

위의 두 예문 모두 '밝다'가 쓰였다. 하지만 두 예문에서 사용되고 있는 '밝다'의 의미는 모두 다르다. 예를 들면, '달이 밝다'는 '환하다'의 의미로 쓰였고, '날이 밝다'는 '밤이 지나고 환해지다'의 의미로 쓰였다. 따라서 글쓰기를 할 때 문맥에 맞는 적절한 단어를 선택하여 사용하는 것이 중요하다.

이처럼 문장과 문맥에 맞는 정확한 단어를 골라서 사용하는 것이 결코 쉬운 일이 아니다. 이 때문에 수많은 작가들이 국어사전을 옆에 두고 집필 작업에 임한다. 쓰고 싶은 생각에 맞는 단어가 바로 떠오르면 글이 쉽게 풀리겠지만 그렇지 못하면 같은 말만 되풀이하는 조잡한 글이 된다.

말을 하거나 글을 쓸 때 어휘 선택은 매우 중요하다. 특히 글을 쓸 때는 자기가 고른 단어가 문장에 잘 어울리는지 고민해야 한다. 어휘력은 갑자기 생기지 않는다. 독서를 통해 다양한 문장을 접하고 문장 속 사용되는 어휘의 용례도 파악해야 한다. 수시로 사전을 찾아가며 단어의 뜻을 정확히 알고 사용하는 습관을 길러야 한다. 어휘력이 쌓이면 그만큼 글쓰기도 쉬워진다.

2. 정확하고 올바른 어휘 사용

제 뜻을 잘 찾아 쓰기

어휘를 많이 아는 것과 적절한 어휘를 잘 골라 사용하는 것 중 무엇이 더 중요할까? 아무리 많은 어휘를 알고 있더라도 문맥에 어울리는 단어를 선택하지 못하면 좋은 글을 쓸 수 없다. 그렇기 때문에 어휘를 많이 아는 것보다 적절한 어휘를 찾아 사용하는 것이 더 중요하다고 할 수 있다.

연예인이 공인(公人)인지 아닌지 헷갈려서 단어를 어떻게 써야 할지 모르는 경우가 많다. 공인(公人)은 국가 또는 사회를 위하여 일하는 사람, 공직에 있는 사람을 가리킨다. 이런 용어의 뜻으로 보면 연예인은 공인(公人)이 아니다. 어휘를 단순하게 많이 아는 것보다 문맥에 맞게 적절한 어휘를 선택하는 것이 중요하다. 우리말 중에 형태는 비슷한데 그 뜻이나 쓰임이 다른 경우도 많다.

(1) 그 일은 (있다가/이따가) 하고 이 일부터 하자.
(2) (있다가/이따가) 보자.
(3) (집에 있다가/이따가) 무료해서 밖으로 나왔다.

'이따가'와 '있다가'는 발음도 비슷해서 많이 혼동하고 잘못 사용하는 경우가 많다. 하지만 '이따가'와 '있다가'는 의미도 다르고 용례도 다르다. '이따가'는 '조금 지난 뒤에' 뜻을 지닌 말이고, '있다가'는 '있-'에 '-다가'가 붙어 만들어진 말이다.

그렇기 때문에 (1)은 그 일은 '조금 지난 뒤에 하자'는 의미가 있으므로 '이따가'가 올바른 표현이고 (2) 역시 '조금 지난 뒤에 보자'는 의미가 있으므로 '이따가'가 올바른 표현이다. 그러나 (3)은 집에 있던 상태를 의미한 것이다. 그래서 집에 '있다가'가 올바른 표현이다.

(4) (굳이/구지) 살 필요가 없어서 사지 않았다.
(5) (굳이/구지) 하지 않아도 된다.

'고집을 부려 구태여'라는 의미의 어휘는 '굳이'를 사용해야 옳다. 그리고 '굳이'와 '구지'는 발음이 비슷하여 잘못 사용하는 경우가 많다. '굳이'가 맞는 표현이며 '구지'나 '궂이' 등의 표현은 잘못된 표기이다. '굳이'를 발음할 때 [구지]로 발음하기 때문에 일부 사람들이 헷갈려서 잘못 표기하는 경우가 발생하는 것이다. 하지만 '굳이'로 써야 한다.

그래서 위의 예문에서도 '굳이 살 필요가 없어서 사지 않았다.'와 '굳이 하지 않아도 된다.'와 같이 사용해야 한다.

(6) 의견이 서로 (다르다/틀리다).
(7) 계산이 (다르다/틀리다).

'다르다'와 '틀리다'는 잘못 사용하는 어휘 중 하나이다. '다르다'는 '비교되는 두 대상이 같지 않다'는 뜻이고, '틀리다'는 '셈이나 사실 따위가 그르게 되거나 어긋난다'는 뜻이다. '다르다'는 이질성을, '틀리다'는 답이나 계산의 오류를 뜻하는 말인 만큼 '의견이 서로 다르다.'로 써야 한다. 물건을 산 후, 계산이 맞지 않을 때는 '계산이 틀리다.'로 써야 올바른 표현이다.

(8) 그 일을 (안일하게/안이하게) 생각하는 것 아니니?
(9) (안일하게/안이하게) 보았다.
(10) (안일한/안이한) 나날의 연속이다.

'안일하다'와 '안이하다'는 사람들이 많이 헷갈리는 표현 중 하나이다. '안이하다'는 '너무 쉽게 여기는 태도나 경향이 있다', '근심이 없이 편안하다'의 뜻을 나타낸다. 한편, '안일하다'는 '편안하고 한가로움, 또는 편안함만을 누리려는 태도가 있다' 또는 '무엇을 쉽고 편안하게 생각하여 관심을 적게 두는 태도가 있다'의 뜻을 나타낸다.

위의 예문에서 (8)은 '그 일을 안일하게 생각한다'로 쓰는 것이 맞고, (9) 역시 '안일하게 보았다.'로 사용하는 것이 맞다. (10)은 '안이한 나날의 연속'이라고 표현하는 것이 맞다.

(11) 교육은 무엇을 (지양/지향해야) 하는가.
(12) 지나친 소비는 (지양/지향해야) 한다.

'지양하다'와 '지향하다'는 뜻이 분명히 다른데 혼동하여 잘못 사용하는 경우가 많다. '지향하다'는 '어떤 목표로 뜻이 쏠려 향하다'라는 뜻이다. '지양하다'는 '더 높은 단계로 오르기 위해 어떤 것을 하지 않다'라는 뜻이다.

(11)에서는 '교육은 무엇을 지향해야 하는가.'로 사용하는 것이 옳다. 그리고 (12)에서는 '지양해야'를 사용해야 한다. 지나친 소비는 긍정적인 행동이 아니며 자제해야 하므로 '지양'이 옳은 표현이다.

(13) 먼지가 많은 날에는 바깥 외출을 (삼가/삼가해) 주세요.
(14) 외부인의 출입을 (삼가/삼가해) 주세요.

'삼가다'와 '삼가하다'는 많은 사람들이 자주 틀리는 표현 중 하나다. '삼가다'는 '몸가짐이나 언행을 조심하다'라는 뜻이고, '삼가다', '삼가고', '삼가는' 등으로 사용한다. '삼가하다'나 '삼가하고', '삼가하는'은 모두 틀린 표기이다.

위의 예문에서 '먼지가 많은 날에는 바깥 외출을 삼가 주세요.'가 올바른 표현이다. 그리고 '외부인의 출입을 삼가 주세요.'가 올바른 표현이다.

(15) 어제 얼마나 즐거웠(든지/던지).
(16) 배(든지/던지) 사과(든지/던지) 아무거나 사라.

'-던지'는 과거의 일과 관련될 때 쓴다. '-든지'는 선택, 또는 무엇을 선택하든 관계가 없다는 의미일 때 쓴다. 따라서 위의 예문에서 '어제 얼마나 즐거웠던지.'가 올바른 표현이고, '배든지 사과든지 아무거나 사라.'가 올바른 표현이다.

(17) A: 너의 꿈은 뭐니?
B: (스튜디어스/스튜어디스)야.

'스튜디어스'라고 써야 하는지, '스튜어디스'라고 써야 하는지 헷갈릴 수 있다. 정답은 '스튜어디스'가 맞다.

(18) (요새/요세) 어떻게 지내세요?

'요새'와 '요세'는 발음이 비슷하기 때문에 틀리게 적는 경우가 많다. 정답부터 말하면, '요새'가 맞다. '요새 어떻게 지내세요?'로 써야 한다. '요새'는 '요사이'의 준말이다. 종종 '요새'를 '요세'라고 혼동하는 경우를 볼 수 있으나, '사이'가 줄어서 '새'가 된 것이므로, '요새'라고 써야 한다.

(19) 어휘력이 없는 사람은 통역가(로서/로써) 자격이 없다.
(20) 사무원으(로서/로써) 증빙 자료를 잘 챙겨야 한다.

지위나 신분 또는 자격을 나타낼 때는 '로서'가 맞고, 수단이나 도구를 나타낼 때는 '로써'가 맞다. 통역가는 자격(신분, 지위)이 부여되므로 '통역가로서'로 표기해야 한다. 사무원 역시 자격(신분, 지위)이 부여되므로 '사무원으로서'로 표기해야 한다.

맞춤법에 맞는 어휘 사용

문자나 메신저를 주고 받을 때 '뵐게요'를 쓰는 게 맞는지, '뵐께요'를 쓰는 게 맞는지 헷갈릴 때가 있었을 것이다. 이처럼 맞춤법에 맞는 어휘를 사용하는 것이 중요한데, 대학생들이 많이 틀리고 그러면서도 반드시 알아야 하는 어휘를 중심으로 공부해 보자.

(21) 어제 빌린 책은 내일 (돌려줄게/돌려줄께).
(22) 내일 (뵐게요/뵐께요).

위의 예문에서 말할 때 '께'로 소리가 나기 때문에 많은 사람들이 '께'로 쓰는 경향이 있다. 하지만 '-게'로 써야 옳다. 따라서 위의 예문에서 '어제 빌린 책은 내일 돌려줄게.'와 '내일 뵐게요.'와 같이 써야 한다.

(23) 차량이 증가하면서 (사고률/사고율)이 높아졌다.
(24) (환률/환율) 변동에 따라 원화 가치는 많이 달라진다.

'환율, 백분율, 사고율, 확률, 출석률' 등의 단어를 쓸 때 '율'과 '률' 중에서 어떤 것을 써야 할지 고민해 본 적이 있을 것이다. '환율', '사고율', '운율' 등은 모두 한자어이다. 우리말 맞춤법은 한자어 '-률'에 대해 모음과 'ㄴ' 받침 뒤에서는 '율'로, 그 외에는 '률'로 쓰도록 정하고 있다. 모음 뒤에 '-률'이 왔으므로 '사고율'로, 'ㄴ' 뒤에 '-률'이 왔으므로 '환율'로 쓴다. '출석률'은 '률'로 쓰는 것이 올바르다.

(25) 그릇을 (깨끗이/깨끗히) 씻어라.
(26) 화장품 성분을 (일일이/일일히) 따져 본다.

위의 예문에서는 '깨끗이'가 맞다. 한글 맞춤법에서는 '-이'와 '-히'로 끝나는 부사를 구분하는 기준으로 부사의 끝음절이 분명히 '이'로 나는 것은 '-이'로 적고, '히'로만 나거나 '이'나 '히'로 나는 것은 '-히'로 적는다고 규정하고 있다. 그래서 위의 예문에서는 '그릇을 깨끗이 씻어라.'가 맞다. 그리고 '화장품 성분을 일일이 따져 본다.'가 맞다.

(27) 사과의 (개수/갯수)가 몇 개니?
(28) 그 공연은 (횟수/회수)를 거듭할수록 관객들의 호응이 높아지고 있다.

합성어인 두 음절로 된 한자어 '곳간(庫間), 셋방(貰房), 숫자(數字), 찻간(車間), 툇간(退間), 횟수(回數)'에만 사이시옷을 받치어 적는다.(한글 맞춤법 제4장, 제4절, 제30항) '個數'는 이에 속하지 않으므로, 사이시옷을 받치어 적지 않고, '개수'로 쓴다.

(29) 이게 (웬/왠) 떡이냐.
(30) (웬지/왠지) 가슴이 두근거린다.

어떻게 된 일인지를 묻는 경우에는 '웬'을 써야 한다. 그래서 어떻게 된 일인지 묻는 (29) 문장은 '이게 웬 떡이냐.'로 써야 한다. 반면에 '가슴이 두근거린다.'는 '왠지'를 쓴다. '왠지'는 의문사 '왜'와 어미 '(이)ㄴ지'가 합한 말인데 '왜인지 가슴이 두근거리다.'가 성립하기 때문에 '왠지'로 쓰는 것이 옳다.

(31) 현명한 사람이 (돼라/되라).
(32) 성실한 학생이 (돼어야/되어야) 한다.

현명한 사람이 '돼라'로 써야 한다. '돼라'는 '되-'에 '-어라'가 결합한 말이다. 그래서 '되어, 되어서, 되어야, 되었다'가 준 말은 '돼, 돼서, 돼야, 됐다'와 같이 적는다. 따라서 '성실한 학생이 되어야 한다.'로 적어야 한다.

(33) 소포를 (부치다/붙이다).
(34) 안건을 회의에 (부치다/붙이다).
(35) 봉투에 우표를 (부치다/붙이다).

'부치다'는 편지나 물건 따위를 일정한 수단이나 방법을 써서 상대에게 보내는 것을 말한다. 그래서 '소포를 부치다.'로 써야 한다. 그리고 '부치다'는 어떤 문제를 다른 곳이나 다른 기회로 넘기어 맡긴다는 의미도 있다. 그래서 '안건을 회의에 부치다.'로 써야 올바르다. '붙이다'는 맞닿아 떨어지지 않게 하는 것을 의미한다. '봉투에 우표를 붙이다.'로 써야 올바르다.

(36) 일을 하느라 골병이 들었다.
(37) (며칠/몇일) 동안 숙제를 했다.
(38) 리포트를 (부리나케/부리나게) 했다.

'골병'은 '겉으로 드러나지 아니하고 속으로 깊이 든 병 또는 심한 타격을 받아 입은 손해를 비유적으로 이르는 말'을 뜻한다. 그런데 어원적으로 '골'이 골수(骨髓)를 뜻하는 골병인지 또는 골병(骨病)인지 불분명하다. 이처럼 어원이 불분명할 때는 원형을 밝혀 적지 않는다.

'며칠'의 어원을 '몇+일'로 잡을 수는 없다. 따라서 어원이 불분명한 말일 경우에는 '몇일'이 아니라 '며칠'로 쓴다.

'부리나케'는 '서둘러서 아주 급하게'의 뜻으로, 불이 난 상황에서 매우 화급하게 서두르는 모양과 관련돼 '불이 나게'가 변한 말이라 생각할 수 있으나 그렇지 않다. '부리나케' 역시 어원이 불분명한 단어로 소리대로 적는다.

(39) 정식이가 잠을 (안/않) 잔다.
(40) 그 옷과 장식이 어울리지 (안/않)을 줄 알았다.

'안'은 부정 또는 반대의 뜻을 나타내는 부사 '아니'의 준말이다. '않-'은 동사나 형용사 뒤에서 부정의 뜻을 더하는 보조용언 '아니하-'의 준말이다. 주로 '-지(를) 않-'의 구성으로 쓰이기도 한다. 그래서 '정식이가 잠을 안 잔다.'가 맞고, '그 옷과 장식이 어울리지 않을 줄 알았다.'가 올바르다.

(41) (결제/결재)를 받다.
(42) (결제/결재) 자금이 얼마지?

'결제(決濟)'는 '일을 처리하여 끝을 냄' 또는 '증권 또는 대금을 주고받아 매매 당사자 사이의 거래 관계를 끝맺는 일'을 뜻한다. 그래서 '결제 자금'으로 써야 한다. '결재(決裁)'는 '결정할 권한이 있는 상관이 부하가 제출한 안건을 검토하여 허가하거나 승인함'을 뜻한다. 그래서 '결재를 받다.'로 써야 한다.

올바른 띄어쓰기

띄어쓰기를 하는 이유는 독자가 문장의 의미를 올바르고 빠르게 파악하는 데 도움이 되기 때문이다. 만약 문장의 길이가 길다고 생각해 보자. 문장의 길이가 긴데, 띄어쓰기가 되어 있지 않다면 문장의 의미를 선뜻 이해하기가 쉽지 않을 것이다. 그런데 띄어쓰기가 되어 있다면 문장을 더 빠르게 읽고, 의미도 빠르게 이해할 수 있다. 다음 예문들을 통해 띄어쓰기를 올바르게 하는 법을 익히자.

(43) 연필, 지우개 등이 있다. / 연필, 지우개등이 있다.
(44) 학생 및 교사 / 학생및교사
(45) 서울, 뉴욕 등등 / 서울, 뉴욕등등
(46) 일 대 백 / 일대백

두 말을 이어 주거나 열거할 때 쓰는 다음의 말들은 띄어 써야 한다. '겸, 내지, 대, 등, 및, 등등'은 띄어 써야 한다. 이들은 명사와 명사를 이어 주거나, 명사가 연속적으로 나열될 때 사용된다. 그리고 이 단어들은 항상 띄어쓰기를 해야 한다. 그래서 위의 예문에서 '등, 및, 등등, 대'는 띄어 써야 한다.

(47) 그럴 수 없지. / 그럴수 없지.
(48) 오늘은 수업에 갈 수 있다. / 오늘은 수업에 갈수 있다.

위의 예문을 보면, '수'가 있는데, 어떤 때에 띄어 써야 하고, 어떤 때에 붙여 써야 하는지 헷갈릴 것이다. '그럴 수 없지.'와 '갈 수 있다.'는 띄어 쓰는 것이 올바르다. 기능, 방법을 뜻하는 의존 명사이기 때문에 앞말과 띄어 써야 한다. 의존명사는 그 의미가 형식적이어서 홀로 문장에 나타나지 못하고, 의존명사는 하나의 단어이기 때문에 다른 단어와 띄어 쓴다.

(49) 먹던 걸 삼키다. / 먹던걸 삼키다.
(50) 이런 걸 알아내다. / 이런걸 알아내다.

위의 예문은 붙여 써서 틀리게 쓰는 경우가 많다. '걸'을 '것을'로 바꿀 수 있으면 띄어 쓴다. 따라서 '먹던 걸 삼키다.'는 '먹던 것을'로 바꾸어 쓸 수 있고, '이런 걸 알아내다.' 역시 '이런 것을'로 바꾸어 쓸 수 있으므로 '걸'로 띄어 쓴다.

(51) 지금까지 설명한 바와 같이 / 지금까지 설명한바와 같이
(52) 어찌할 바를 모르겠다. / 어찌할바를 모르겠다.

위의 예문에서 '바, 것'은 의존명사이다. 그래서 앞말과 띄어 써야 한다. '지금까지 설명한 바와 같이'는 '앞서 말한 것'이라는 의미이고, '어찌할 바를 모르겠다.'는 것은 '방도, 형편'을 의미한다.

(53) 가진 것이 천 원밖에 없어. / 가진 것이 천 원 밖에 없어.
(54) 이런 일은 철수밖에 할 사람이 없다. / 이런 일은 철수 밖에 할 사람이 없다.

위의 예문의 '밖에'는 조사로 쓰일 때인데, 서술어로 부정을 나타내는 말이 오는 점이 특징이다. 따라서 위의 예문은 부정을 나타내는 말이 오는 조사일 때 앞말에 붙여 쓴다.

(55) 제시간에 도착했는지 모르겠다. / 제시간에 도착했는 지 모르겠다.
(56) 제시간에 도착했는가 모르겠다. / 제시간에 도착했는 가 모르겠다.

위의 예문은 많이 틀리는 표현 중 하나다. '도착했는 지'로 띄어 쓰는 것으로 잘못 쓰는 경우가 많다. '도착했는지'로 붙여 써야 옳다. '-ㄴ지'가 막연한 의문을 나타내는 어미이므로 앞말에 붙여 써야 한다.

(57) 오늘 간식은 과일과 음료뿐이었다. / 오늘 간식은 과일과 음료 뿐이었다.
(58) 나는 다만 그의 말을 전했을뿐이다. / 나는 다만 그의 말을 전했을 뿐이다.

'뿐'이 체언 뒤에서 '한정'의 의미를 나타내면 접미사이므로 앞말에 붙여 쓰고, 용언의 관형사형 뒤에서 '따름'이라는 뜻을 나타내면 의존명사이므로 앞말과 띄어 쓴다. 따라서 '오늘 간식은 과일과 음료뿐이었다.'로, 그리고 '나는 다만 그의 말을 전했을 뿐이다.'로 써야 한다.

(59) 씨름판 / 씨름 판
(60) 바둑 한판 / 바둑 한 판

'판'은 어떤 일이 벌어지는 자리를 뜻하면 앞말에 붙여 쓰고, 수관형사 뒤에서 승부를 겨루는 일의 수효를 나타내면 의존명사이므로 앞말과 띄어 쓴다. 따라서 '씨름판'이 올바르고, '바둑 한 판'이 맞다.

(61) 그 사람은 잘생겼다. / 그 사람은 잘 생겼다.
(62) 놀부는 잘산다. / 놀부는 잘 산다.

'잘'과 '못'이 결합한 단어들의 띄어쓰기를 알아보자. '사람의 얼굴이나 풍채가 훤하여 훌륭하다', '물건의 모양이 미끈하여 보기에 좋다'의 의미일 경우 '잘생기다'는 붙인다. 그리고 '부유하게 살다'의 의미일 경우 '잘살다'로 써야 한다. '생김새가 보통보다 못하다'의 의미일 경우 '못생기다'로 붙인다. '가난하게 살다'의 의미일 경우 '못살다'로 붙인다.

(63) 비가 오는데 있다.
(64) 비가 오는 데 있다.

예문 (63)의 문장은 '비가 오는데도 계속 머물러 있다'는 의미를 나타내며, (64)의 문장은 '비가 오는 장소에 머물러 있다'는 의미를 나타낸다.

글쓰기 연습

1. 다음 문장에서 올바르게 쓰인 어휘를 찾아보자.

1) 리포트는 (있다가/이따가) 할게요.
2) 집에 (있다가/이따가) 친구가 불러서 나갔다.
3) 너는 왜 (굳이/구지) 그 일을 하려고 그러니?
4) 너는 왜 (구지/궂은) 일을 하려고 그러니?
5) 거스름돈이 (다르네요/틀리네요).
6) 아까 네가 한 말과 (다르잖아/틀리잖아).
7) 과제를 (안일하게/안이하게) 보면 안 된다.
8) 과제를 했더니 오늘 하루는 (안일하다/안이하다).
9) 인간은 어떤 이상을 (지향/지양)하며 살아야 하는가.
10) 리포트를 늦게 제출하는 것을 가급적 (삼가/삼가해) 주세요.
11) (요새/요세) 리포트를 하느라 바쁘다.
12) (요사이/요세) 날씨가 제법 쌀쌀해졌다.
13) 학생(으로서/으로써) 공부를 해야 한다.
14) 이 글은 우리 회원들에게 보내는 알림글(로서/로써) 모임의 성격을 드러내고 있다.
15) 교수님, 리포트는 내일 제출할(게요/께요).
16) 학생은 (출석율/출석률)도 신경을 써야 한다.
17) 오늘 달러 (환율/환률) 변동이 심한가요?
18) 시에는 (운율/운률)이 있다.
19) 저기 있는 (숫자/수자) 카드를 주세요.
20) 물건이 맞는지 (개수/갯수)를 확인하세요.

21) (왠/웬) 험상궂은 사람이 나를 따라오더라.

22) (왠지/웬지) 불길한 예감이 들었다.

23) (왠/웬) 영문인지 모른다.

24) 못을 자석에 (붙이다/부치다).

25) 학교에 (부리나케/부리나게) 갔다.

2. 다음 중 띄어쓰기를 해야 할 곳에 V 표시를 해 보자.

1) 우리나라팀대일본팀의축구경기가내일있다.

2) 아침겸점심을먹었다.

3) 원서교부및접수

4) 필통에는볼펜,샤프,지우개등이있다.

5) 그런걸로알아라.

6) 이옷이네몸에맞을거다.

7) 평소에느낀바를말해라.

8) 어차피매를맞을바에는먼저맞겠다.

9) 내게는오직너밖에없다.

10) 조금다치기밖에더하겠니?

11) 이사람이누구인지아니?

12) 사람이많은데가지말아라.

13) 시간은없는데일은많다.

14) 어찌할바를모르겠다.

15) 지금까지설명한바와같이

3. 우리말 사용하기

알맞은 우리말 사용하기

글을 쓸 때 어려운 말을 써야 권위가 있다고 생각하는 경우가 종종 있다. 어려운 표현을 쓰면 글의 수준도 높아진다고 생각하기 때문이다. 그러나 작가 조지 오웰은 번드르르한 미문과 현학적인 표현을 혐오하고 쉬운 문장을 고집했다.

다음은 봉산탈춤 제6과장에 나오는 내용의 일부이다. 양반과 말뚝이가 등장하는데, 양반이 어려운 표현을 사용하려고 애쓰는 장면이다.

생원 : 다음은 글이나 한 수씩 지어 보세.

서방 : 그럼 형님이 먼저 지어 보시오.

생원 : 그러면 동생이 운자(韻字)를 내게.

서방 : 예, 제가 한번 내 드리겠습니다. '산' 자, '영' 잡니다.

생원 : 아, 그것 어렵다. 여보게, 동생. 되고 안 되고 내가 부를 터이니 들어 보게. (영시조로) '울룩줄룩 작대산(作大山)하니, 황천풍산(潢川豊山)에 동선령(洞仙嶺)이라.'

서방 : 하하. (형제, 같이 웃는다.) 거 형님, 잘 지었습니다.

생원 : 동생, 한 귀 지어 보세.

서방 : 그럼 형님이 운자를 하나 내십시오.

생원 : '총' 자, '못' 잘세.

서방 : 아, 그 운자 벽자(僻字)로군. (한참 끙끙거리다가) 형님, 한마디 들어 보십시오. (영시조로) '짚세기 앞총은 헝겊총하니, 나막신 뒤축에 거멀못이라.'

(중략)

생원 : 아, 그놈 문장(文章)이로구나. 운자(韻字)를 내자마자 지어내는구나. 자알 지었다. 그러면 이번엔 파자(破字)나 하여 보자. 주둥이는 하얗고 몸뚱이는 알락달락한 자가 무슨 자냐?

서방 : (한참 생각하다가) 네에, 운고옥편(韻考玉篇)에도 없는 자인데, 그것 참 어렵습니다. 그 피마자(疲麻子)라고 하는 자가 아닙니까?

생원 : 아, 거 동생 참 용할세.

양반이 어려운 표현을 일부러 쓰고자 노력하는 장면이다. 작대산(作大山), 황천풍산(潢川豊山), 동선령(洞仙嶺), 벽자(僻字) 등의 한자어를 사용하고 있다. 그러나 이들 표현은 굳이 한자어가 아니라 우리말로 사용을 해도 충분히 이해가 되는 내용들이다.

어려운 말을 써야 권위가 있다거나, 한자어를 써야 체면과 위신이 선다고 착각하는 이들이 많다. 법률 문서는 여전히 길고 어려운 말들이 많다. 마땅한 고유어가 없을 때 한자어나 외국어를 사용하는 것은 어쩔 수 없다. 하지만 자신의 지식을 뽐내려고 어려운 표현을 쓰는 것은 부끄러운 일이다. 될 수 있으면 우리말에서 알맞은 말을 골라 쓰는 것이 좋다. 현학적인 표현을 삼가고 되도록 우리말이나 쉬운 어휘를 사용하는 것이 좋은 글의 요건이다.

(65) 이 물은 음용수로 사용한다.
(66) 물건에 상표를 부착하였다.
(67) 서식을 비치하였다.

위의 예문에서, '음용수'라는 말보다 '먹는 물', 혹은 '마시는 물'로 바꿔야 한다. 그리고 '부착하였다' 표현보다는, '붙였다'는 표현을 써서 '물건에 상표를 붙였다.'라고 해야 한다. '비치하다'는 말보다는 '갖춰 두다', '갖추어 두다'와 같이 바꾸는 것이 좋다. 그래서 '서식을 갖춰 두었다.'로 쓰는 것이 올바르다.

(68) 계약일로부터 2개월이 경과하였다.
(69) 공정한 거래를 저해할 우려가 있다.

위의 예문에서, '경과하다'는 시간이 흐른 것이므로 '지나다'로 쓰는 것이 올바르다. 따라서 '계약일로부터 2개월이 지났다.'로 쓰는 것이 맞고, '저해하다'는 것은 '해치다'로 바꾸는 것이 맞다. 그래서 '공정한 거래를 해칠 우려가 있다.'로 고쳐야 한다.

(70) 일단 가계약을 하였다.
(71) 두 달의 견습 기간이 있다.
(72) 근래 격무가 많았다.
(73) 오늘 검침원이 방문하기로 한 날이다.

위의 예문들은 우리말로 순화해서 사용하는 것이 옳다. 예를 들면, '가계약'은 '임시 계약'으로, '견습'은 '수습'으로, '격무'는 '힘든 일, 고된 일', '검침원'은 '조사원, 계량기 조사원'으로 순화해서 사용하는 것이 올바르다.

(74) 저희 나라는 놀라운 경제 발전을 이룩하였습니다.
(75) 자료를 일괄 취합
(76) 현황을 파악 후 보고

한 나라는 존엄의 대상이 될 수는 있어도 겸손의 대상은 될 수 없기 때문에 낮추어 지칭하는 것은 문제가 있다. 따라서 '저희 나라'가 아니라 '우리나라'라고 해야 한다. '일괄'은 '한데 묶음'을 뜻하고 '취합'은 '모아서 합침'을 뜻한다. 그러므로 '일괄'을 빼서 간결한 문장으로 만든다. 즉, '자료 취합'이 적절하다. '현황을 파악 후 보고'라는 말은 '현황을 파악해서 보고하라'는 의미로, '파악'이라는 표현을 쓰지 않아도 충분히 수행 행위가 드러나므로 이를 삭제하여 '현황을 보고할 것'으로 쓰는 것이 좋다.

다음은 많은 사람들이 자주 틀리는 표준어를 제시한 것이다.

번호	표준어	비표준어	번호	표준어	비표준어
1	짜깁기	짜집기	6	안절부절못하다	안절부절하다
2	괴발개발	개발새발	7	엿기름	엿질금
3	금세	금새	8	허우적거리다	허위적거리다
4	올바르다	옳바르다	9	으스대다	으시대다
5	사글세	삭월세	10	총각무	알타리무

바른 외래어 사용

외국어와 외래어를 구분하지 못하는 경우가 있다. 외래어는 외국어에 기원을 둔 말 중에 생활에서 자주 쓰여 우리말로 정착된 말을 외래어라 한다. 외래어는 표기법을 따로 정해 두고 있다. 외국의 인명이나 지명도 이 외래어 표기법을 따르는 것이 원칙이나, 매체를 통하여 들어온 외래어는 그 언어의 발음에 따라 적도록 하고 있다. 관용어처럼 이미 굳어진 말은 그대로 인정해 혼동을 줄이고 있다. 이미 굳어진 외래어는 관용을 존중하되, 그 범위와 용례는 따로 정한다. 다음은 일상 생활에서 자주 쓰는 외래어의 바른 표기이다.

번호	올바른 표기	틀린 표기	번호	올바른 표기	틀린 표기
11	워크숍	워크샵	26	머플러	마후라
12	매뉴얼	메뉴얼	27	프라이팬	후라이팬
13	메뉴	매뉴	28	플래카드	플랭카드
14	카페	까페	29	뷔페	부페
15	팸플릿	팜플릿	30	비스킷	비스켓
16	클리닉	크리닉	31	새시	샤시/샷시
17	콘셉트	컨셉	32	스티로폼	스티로폴
18	로봇	로보트	33	소시지	소세지
19	리포트	레포트	34	심포지엄	심포지움
20	센터	센타	35	액세서리	악세사리
21	논픽션	넌픽션	36	악센트	액센트
22	깁스	기브스/기부스	37	초콜릿	초코렛
23	디지털	디지탈	38	마니아	매니아
24	링거	링겔	39	케이크	케잌/케익
25	캐러멜	카라멜	40	텔레비전	텔레비젼/테레비

이 외에도 외래어를 가급적 우리말로 순화해서 사용하는 것이 좋다. 다음 예문은 국립국어원에 제시된 것으로, 우리말로 순화한 표현을 제시하였다.

번호	우리말 순화	외래어	번호	우리말 순화	외래어
41	안전문	스크린도어	46	흠/흠집	기스
42	조리법	레시피	47	장식	데코레이션
43	행사	이벤트	48	상표	브랜드
44	도움말	팁	49	지침	가이드라인
45	알림창	팝업창	50	결석 신고서	결석계

글쓰기 연습

1. 다음 문장에서 바르지 못한 어휘를 바르게 고쳐 보자.

1) 이 물은 음용수로 사용한다.

2) 서식을 비치하였다.

3) 공정한 거래를 저해할 우려가 있다.

4) 계약일로부터 2개월이 경과하였다.

5) 글씨를 개발새발 쓰지 말고 예쁘게 적어 보아라.

6) 오늘 검침원이 방문하기로 한 날이다.

7) 일단 가계약을 하였다.

8) 두 달의 견습 기간이 있다.

9) 물건에 상표를 부착하였다.

10) 가건물로 비를 피하세요.

2. 다음 외래어를 올바르게 고쳐 보자.

1) 레포트 ________ 2) 컨셉 ________

3) 팜플릿 ________ 4) 매뉴 ________

5) 까페 ________ 6) 이면도로 ________

7) 구좌 ________ 8) 다대기 ________

9) 노견 ________ 10) 구정 ________

팀 기반 활동

어떤 경우에 '윗'으로 쓰고, 어떤 경우에 '웃'으로 쓰는 것인지 팀 활동을 한 후, 발표해 보자.

1) 웃도리/윗도리 2) 웃배/윗배

3) 웃어른/윗어른 4) 웃돈/윗돈

박대아 책임 집필

제3장
좋은 문장과 충실한 단락

1. 좋은 문장 쓰기

좋은 글의 기본은 좋은 문장이다. 훌륭한 단어를 아무리 잘 골라 쓰더라도 단어만으로는 전달하고자 하는 의미를 온전히 전달할 수 없다. 적절한 단어를 선별하고 잘 엮어 좋은 문장으로 만들어야 비로소 내 뜻을 바르게 전달할 수 있다. '여행'이라는 단어는 우리에게 여러 의미를 불러일으킨다. 그러나 이 단어를 통해 사람들이 떠올리는 의미는 모두 다르며, 무엇보다 '여행'이라는 단어로 전달하려는 의미가 무엇인지 분명하지도 않다. 반면 '지금 나는 여행을 떠나고 싶다.'라든가 '나는 여행을 별로 좋아하지 않는다.'라는 문장은 '여행'에 대한 누군가의 선명한 의도와 의미를 온전히 표현해 낸다.

좋은 문장이 바탕이 될 때 좋은 글이 나온다. 좋은 문장은 잘 읽히고 잘 이해되는 문장이다. 우선, 문장은 독자 입장에서 불편함 없이 끝까지 읽어 내려갈 수 있어야 한다. 특별한 노력 없이도 물 흐르듯 자연스럽게 읽히는 문장은 글을 읽는 내내 독자를 편안하게 한다. 글을 다 읽은 후에는 독자에게 산뜻한 감상을 선사한다. 다음으로, 문장은 전달하려는 의미를 분명히 드러내야 한다. 문장에 불필요한 내용이 담기거나 모호한 표현이 사용되면 명확한 의도나 의미를 전달할 수 없게 된다. 멋지고 아름다운 문장이라고 해서 모두 좋은 문장이 아니다. 내가 전달하고자 하는 의미를 오롯이 전달할 수 있는 문장이 가장 좋은 문장임을 명심하자.

어법에 맞는 문장 쓰기

읽기 편한 문장을 쓰고 싶다면 먼저 어법에 맞는 문장을 써야 한다. 규범에 따라 문장을 작성해야 정확하고 분명한 의미를 전달할 수 있다. 어법에 어긋난 문장인 비문은 읽기에 불편하고 그 의미를 이해하기도 어렵다. 비문은 글을 쓴 사람의 수준과 태도를 의심하게 하여 글의 전체 내용에 대한 신뢰마저 떨어뜨린다. 어법에 맞는 문장을 쓰기 위해 문장성분, 호응, 사동과 피동 등이 올바르게 사용되었는지 짚어 보자.

1) 필수적인 문장성분을 찾자

문장을 구성하는 요소를 문장성분이라 하는데, 이는 다시 주성분과 부속성분으로 나눌 수 있다. 문장의 주성분에는 주어, 서술어, 목적어, 보어가 있으며 부속성분에는 관형어, 부사어가 있다. 주성분은 대체로 문장에서 필수적이지만, 부속성분은 그렇지 않다. 문제는 문장에 따라 필수적인 문장성분이 달라진다는 점이다.

- 나는 오늘 일찍 일어났다.
- 우리 반은 중간고사를 과제로 대체하기로 했다.

문장에서 필수적인 문장성분은 서술어에 따라 결정된다. 첫 번째 문장에서 주어와 서술어는 필수적이지만 부사어는 필수적이지 않다. 두 번째 문장에서는 주어, 목적어, 서술어뿐 아니라 부사어도 필수적인 문장성분이 된다. 문장의 서술어에 따라 필수적인 문장성분을 빠짐없이 적어 주어야 어법에 맞는 문장을 쓸 수 있다.

- 우리 반은 과제로 대체하기로 했어.
- 우리 반은 과제로 대체하기로 했는데, 너희 반은 중간고사 어떻게 하기로 했어?

우리말은 문장성분의 생략이 비교적 자유롭다. 앞뒤 문맥에 따라 분명히 확인할 수 있는 문장성분은 쉽게 생략된다. 앞의 두 문장을 비교해 보자. 첫 문장에는 무엇을 과제로 대체하기로 했는지 제시되어 있지 않다. 이 문장은 필수 문장성분인 목적어가 없는 비문이다. 그런데 다음 문장에도 목적어가 없지만 이 문장은 비문이라 할 수 없다. 문맥에 따라 과제로 대체하기로 한 것이 '중간고사'임을 누구나 알 수 있기 때문이다.

- 인간은 자연을 지배하기도 하지만 복종하기도 한다.
- 인간은 자연을 지배하기도 하지만 자연에 복종하기도 한다.

첫 문장은 필수 문장성분인 부사어가 빠져 있다. '복종하기도 한다'라는 서술어가 필요로 하는 부사어 '자연에'가 없어서 비문이 된 것이다. 앞 절에 동일 어휘 '자연'이 등장하기 때문에 뒤 절에서 '자연에'가 생략되어도 괜찮다고 잘못 생각할 수 있다. 동일한 어휘 '자연'이 앞 절에 나오더라도 그 어휘와 결합하는 조사가 다르면 뒤 절의 '자연에'를 생략해서는 안 된다. 어휘와 결합하는 조사가 다르다는 것은 어휘의 기능, 즉 문장성분이 다르다는 것을 의미하기 때문이다. 동일 어휘가 반복되더라도 다른 문장성분으로 쓰일 때에는 두 번째 문장처럼 생략하지 않고 그대로 써야 한다.

2) 호응 관계를 찾자

어법에 맞는 문장을 쓰려면 문장을 구성하는 요소들 사이의 호응 관계에 주의해야 한다. 호응이란 앞에 특정한 어휘나 문법 요소가 나오면 그에 어울리는 어휘나 문법 요소가 뒤에 자연스레 따라오는 것을 말한다. '결코'라는 부사가 앞에 오면 '아니다, 않다' 등의 부정을 뜻하는 서술어가 뒤에 연결되는 것이 대표적인 호응의 예이다. 문장에서 고려해야 하는 호응 관계는 문장성분 사이의 호응, 부사와 서술어 사이의 호응, 대등적으로 연결되는 성분 사이의 호응 등이 있다. 문장이 길어질수록 호응 관계를 파악하기 어려워 비문이 되는 경우가 많으니 긴 문장을 쓸 때는 특히 신경 써야 한다. 되도록 문장을 짧게 쓰는 것이 호응 관계를 찾는 데 도움이 된다.

- 나의 간절한 소망은 은퇴하기 전에 단 한 번만이라도 태극마크를 달고 싶다.
- 나의 간절한 소망은 은퇴하기 전에 단 한 번만이라도 태극마크를 다는 것이다.

첫 번째 문장의 주어는 '소망은'인데 서술어는 '달고 싶다'이다. 주어와 서술어 사이의 호응이 적절하지 않으므로 비문이다. 두 번째 문장처럼 주어와 서술어 사이의 호응 관계를 바로잡아야 한다.

- 나는 차마 민수의 소식을 그의 부모님께 전할 수밖에 없었다.
- 나는 차마 민수의 소식을 그의 부모님께 전할 수 없었다.

부사 '차마'는 뒤에 오는 동사를 부정하는 문맥에 쓰인다. 첫 번째 문장의 '전할 수밖에 없었다'는 결국 '전했다'는 긍정의 의미이므로 '차마'와 호응하는 서술어라 할 수 없다. 부사 '차마'는 두 번째 문장의 '전할 수 없었다'처럼 부정 서술어와 호응해야 한다.

- 이번 사고의 원인 파악과 재발 방지 대책을 마련해야 한다.
- 이번 사고의 원인을 파악하고 재발 방지 대책을 마련해야 한다.

문장 안에서 어떤 요소들이 대등하게 연결될 때, 이 요소들은 동등한 자격과 형식으로 연결되어야 한다. 첫 번째 문장에서 '마련해야 한다'라는 서술어에 '사고의 원인 파악'과 '재발 방지 대책'이 대등하게 연결되어 있는 것처럼 보인다. 이때 '재발 방지 대책을 마련하다'는 자연스럽게 호응이 되지만, '사고의 원인 파악을 마련하다'는 자연스럽게 호응이 되지 않는다. 그러므로 두 번째 문장처럼 '재발 방지 대책을 마련하다'에 대등하게 연결되도록 '사고의 원인을 파악하다'로 수정해야 한다.

3) 불필요한 피동표현과 사동표현을 찾자

문장을 작성하다 보면 문맥상 어쩔 수 없이 피동표현이나 사동표현을 써야 하는 경우가 있다. 그러나 능동표현이나 주동표현을 쓸 수 있음에도 불필요하게 피동이나 사동표현을 쓰게 되면 부자연스러운 문장이 된다. 나아가 써서는 안 될 피동표현이나 사동표현을 쓰는 경우 어법에도 맞지 않는 비문이 된다. 이때에는 문장의 원래 의미를 해치지 않으면서 능동표현이나 주동표현으로 고쳐 써야 한다.

- 앞으로는 개인의 의사소통 능력이 더욱 중요해질 것이라 생각됩니다.
- 앞으로는 개인의 의사소통 능력이 더욱 중요해질 것이라 생각되어집니다.
- 앞으로는 개인의 의사소통 능력이 더욱 중요해질 것이라 생각합니다.
- 앞으로는 개인의 의사소통 능력이 더욱 중요해질 것입니다.

첫 번째 문장의 '생각됩니다'는 '생각'에 피동의 뜻을 더하여 동사를 만드는 접미사 '되다'가 붙어 만들어진 피동표현이다. 두 번째 문장의 '생각되어집니다'는 '생각됩니다'에 피동을 뜻하는 보조동사 '어지(다)'를 다시 결합하여 만들어진 이중 피동표현이다. 첫 번째 문장의 피동표현은 불필요하며, 두 번째 문장의 이중 피동표현은 어법에 어긋나기까지 한다. 이들은 세 번째 문장의 '생각합니다'처럼 능동표현으로 바꾸어 쓰는 것이 적절하며, 네 번째 문장처럼 바꾸어 더 강하고 분명한 의미를 표현할 수도 있다.

- 이 작품은 지금도 많은 한국 독자들에게 읽혀지는 베스트셀러다.
- 이 작품은 지금도 많은 한국 독자들에게 읽히는 베스트셀러다.

첫 문장의 '읽혀지는'은 '읽(다)+히+어지(다)+는'으로 구성된다. 이때 '히'는 피동을 뜻하는 접사이며 '어지(다)'는 피동을 뜻하는 보조동사이다. '읽혀지는'이란 표현은 피동을 뜻하는 요소가 불필요하게 두 번이나 쓰인 이중 피동표현이다. '읽히는'으로 고쳐야 올바른 피동표현이 된다. 우리가 흔히 사용하는 '잊혀진, 쓰여진, 짜여진' 등의 표현도 '잊힌, 쓰인, 짜인' 등으로 고쳐 써야 한다.

이곳이 바로 당시에 학생들을 교육시켰던 장소입니다.
이곳이 바로 당시에 학생들을 교육했던 장소입니다.

첫 문장에 불필요한 사동표현이 사용되었다. '교육시키다'는 사동의 뜻을 더하면서 동사를 만드는 접미사 '시키다'가 결합된 사동표현이다. '교육하다'라는 표현을 써서 주동문을 만드는 것이 더 자연스러운데 굳이 '교육시키다'라는 불필요한 표현을 써서 사동문으로 표현할 이유가 없다.

의미가 분명한 문장 쓰기

어법에 맞는 문장이면서 의미도 분명해야 좋은 문장이다. 우리말은 글의 맥락에 따라 의미가 명확해지는 문장이 많다. 그러나 맥락을 고려하더라도 둘 이상의 의미로 해석되는 문장은 그 원인을 찾아 수정해야 한다. 또한 표현의 중복이 발생하는 경우 중복된 표현 중 하나를 삭제해 중복을 없애야 한다. 이 밖에도 문장의 의미가 모호할 때에는 문장을 다듬거나 맥락을 추가하여 의미를 분명하게 전달해야 한다.

1) 중의적 표현을 없애자

한 문장이 둘 이상의 의미로 해석될 때 이를 중의적 문장이라 한다. 문장의 중의성은 여러 이유에서 비롯되므로 중의성을 없애기 위해서는 그 원인을 찾아 문장을 수정해야 한다.

제가 번 돈으로 어머니께서 좋아하시는 차를 사 드렸어요.

이 문장은 '차'라는 어휘 때문에 중의적으로 해석된다. '차'는 '식물의 잎이나 뿌리, 과실 따위를 달이거나 우리거나 하여 만든 마실 것을 통틀어 이르는 말', '바퀴가 굴러서 나아가게 되어 있는, 사람이나 짐을 실어 옮기는 기관', '두 갈래 진 비녀의 하나' 등의 의미를 지닌 단어이다. 어휘적 중의성은 앞뒤 문맥을 통해 대부분 해

소된다. 그러나 앞뒤 문맥이 없다면 이 문장의 '차'는 여러 의미로 해석될 수 있으므로 '차(茶), 차(車), 차(釵)'와 같이 한자를 함께 적어 단어의 의미를 분명하게 제시해야 한다.

> 민수는 동생과 엄마의 선물을 준비했다.

이 문장은 문장의 구조 때문에 중의성이 발생하고 있다. '동생과 엄마'의 선물을 '민수 혼자서' 준비한 것인지, '엄마'의 선물을 '민수와 동생이 함께' 준비한 것인지 분명하지 않다. 구조적 중의성도 문맥에 따라 분명한 의미를 파악할 수 있다. 그러나 처음부터 중의성이 발생하지 않도록 문장을 쓰는 것이 좋다.

> 소심한 민수의 친구들은 화가 났지만 참을 수밖에 없었다.

이 문장은 수식어 '소심한'이 꾸미는 대상이 명확하지 않아 중의성이 발생한다. '소심한'의 수식 범위에 따라 문장의 의미가 달라지는데, 이 문장만으로는 민수가 소심한 것인지, 민수의 친구들이 소심한 것인지 알 수가 없다. 이 역시 문맥에 따라 중의성이 해소될 수 있지만, 애초에 쉼표(,)를 활용하거나 수식어의 위치를 달리하여 중의성을 없애는 것이 한결 좋은 방법이다.

2) 중복된 표현을 없애자

동일한 의미를 지닌 어휘를 한 문장에 중복해서 쓸 필요가 없다. 문장 안에 같은 뜻을 지닌 어휘가 반복해 나타나면 문장이 길어지고 읽기에도 불편해진다. 의미적 낭비를 초래하는 잉여적 표현을 찾아 간결하게 정리하면 효율적인 문장을 쓸 수 있다.

> 그 법안은 과반수 이상의 찬성으로 통과되었다.

이 문장에 쓰인 '과반수'는 '절반이 넘는 수'라는 뜻을 지니고 있어 '이상'의 의미와 중복된다. 그러므로 둘 중 하나를 없앤 '과반수의 찬성' 혹은 '반 이상의 찬성'으로 수정해야 한다.

> 이번 판결은 피해자 구제를 위한 어쩔 수 없는 불가피한 결정이었다.

이 문장에 함께 사용된 '어쩔 수 없는' 표현과 '불가피한'이라는 표현은 거의 동일한 의미로 사용되고 있다. 두 표현 중 하나를 없애야 간결한 표현을 만들 수 있다.

> 예상치 못한 갑작스러운 금융위기로 미국의 부동산 가격이 폭락하고 있습니다.

이 문장에 사용된 '예상치 못한'과 '갑작스러운'이라는 표현도 서로 유사한 의미를 지니고 있다. 같거나 비슷한 의미의 두 표현 중 하나는 중복된 표현이 되므로 어느 하나를 삭제하여 간결한 문장으로 만들어 주어야 한다.

우리말투 문장 쓰기

우리가 일상생활에서 사용하는 자연스러운 말투를 구어체라 하고, 글을 쓸 때 사용하는 딱딱한 말투를 문어체라 한다. 글쓰기에는 일반적으로 문어체를 사용한다. 우리가 흔히 사용하는 문어체 중에는 관습적으로 사용되는 일본어 번역투 표현이나 영어 번역투 표현이 많다. 번역투 문장이 모두 어법에 어긋나거나 의미적으로 불분명한 것은 아니다. 그러나 어떤 문장이 번역투 문장인지 정확히 알고 이를 버릇처럼 쓰지 않는 것이 중요하다.

1) 일본어 번역투를 우리말투로 바꾸자

> 학교는 구성원들의 전체 의견에 대해 조사하여 이를 정책에 반영해야 한다.

'~에 대해'라는 표현은 대표적인 일본어 번역투 표현이다. 마땅한 대체 표현이 없을 때도 있지만 대개는 적절한 조사로 대체할 수 있다. 이 문장에서 '~에 대해'는 뒤의 '조사하다'라는 서술어에 맞추어 조사 '~을'로 바꾸어 쓸 수 있다.

> 한국 사회에서 여성의 사회적 지위에 관하여 토론해 봅시다.

'~에 관하여'라는 표현도 글에 자주 쓰이는 일본어 번역투 표현이다. 이 문장에서 '~에 관하여'는 '토론하다'라는 서술어의 의미에 맞게 '~를 주제로'라는 표현으로 바꾸어 쓸 수 있다.

> 나눔과 배려는 공동체 생활에 있어(서) 가장 중요한 덕목이다.

'~에 있어(서)'도 흔히 사용되는 일본어 번역투 표현이다. 이 표현은 주로 '~에, ~에게, ~에서' 등의 조사로 자연스럽게 바꾸어 쓸 수 있다. 이 문장에서 '생활에 있어(서)'를 '생활에(서)'로 교체하면 자연스러운 우리말투 문장이 된다.

- 바로 이 부분이 글 전체에서 가장 주목을 요하는 대목이 아닐까 싶다.
  ➡ 바로 이 부분이 글 전체에서 가장 주목해야 하는 대목이 아닐까 싶다.
- 이 아파트에서 나온 쓰레기의 무게는 무려 2,600톤에 달한다.
  ➡ 이 아파트에서 나온 쓰레기의 무게는 무려 2,600톤에 이른다.
- 그는 걸어다니는 백과사전에 다름 아니다.
  ➡ 그는 걸어다니는 백과사전과 다름없다.
- 입주민 여러분들의 많은 이용 있으시기 바랍니다.
  ➡ 입주민 여러분들께서 많이 이용해 주시기 바랍니다.
- 살다 보면 누구나 자신의 실수를 인정하지 않으면 안 될 때가 있다.
  ➡ 살다 보면 누구나 자신의 실수를 인정해야만 하는 때가 있다.

앞의 문장들은 모두 우리가 습관적으로 사용하고 있는 일본어 번역투 표현들이다. 일본어 번역투 표현을 그대로 사용하다 보니 어색하고 딱딱할 수밖에 없다. 이런 표현을 우리말 문어체의 특징으로 잘못 인식하여 사용하고 있는 경우가 많다. 문어체를 사용한다 할지라도 자연스러운 우리말투 문장으로 바꾸어 쓰는 습관을 길러야 한다.

2) 영어 번역투를 우리말투로 바꾸자

> 나는 민수로부터 그 소문을 전해 들었다.

위 문장에 쓰인 '~로부터'라는 표현은 영어 번역투에 가까운 표현이다. '~로부터'라는 표현이 어법에 어긋난 것은 아니지만 우리말투 표현인 '~에게서'로 바꾸어 쓰면 훨씬 더 자연스러운 문장이 된다.

> 우리 대표팀은 최선을 다했음에도 불구하고 조별 예선에서 탈락하고 말았다.

'~에도 불구하고'라는 표현도 대표적인 영어 번역투 표현이다. 이 표현을 '~지만'으로 대체하여 우리말투 표현으로 바꿀 수 있다. 이 문장에서 '다했음에도 불구하고'는 '다했지만'으로 바꾸어 쓰는 것이 더 자연스럽다.

> 이번 조사를 통해 드러난 문제점을 보완하는 과정을 통해 사고율을 상당히 낮출 수 있을 것이다.

'~를 통해'도 우리가 자주 사용하는 영어 번역투 표현이다. 이 표현은 주로 '~에서' 등의 조사로 바꾸면 자연스러우며, 문맥에 따라 서술어를 적절히 활용하면 한층 더 우리말다운 문장으로 만들 수 있다. 이 문장에서 '조사를 통해'는 '조사에서'로 바꾸고, '보완하는 과정을 통해'는 '보완하면'으로 다듬어 주면 더 자연스러운 우리말투 문장이 된다.

- 모든 국민은 표현의 자유를 가진다.
  → 모든 국민에게는 표현의 자유가 있다.
- 생태계 파괴는 인간에 의해 초래된 것이다.
  → 생태계 파괴는 인간이 초래한 것이다.
- 중간고사 기간이라 시간 날 때마다 공부하는 중이야.
  → 중간고사 기간이라 시간 날 때마다 공부하고 있어.

위의 문장들은 자주 사용되는 영어 번역투 표현들이다. 영어의 'have' 동사나 수동태 표현을 그대로 번역하여 사용하기도 하고, 영어의 진행형 표현을 번역하여 그대로 사용하기도 한다. 익숙하다는 이유로 이런 번역투 표현을 그냥 지나치지 말고 자연스러운 우리말투 문장을 먼저 쓰는 습관을 길러야 한다.

좋은 문장 습관 기르기

1) 문장을 간결하게 쓰자

문장은 하나의 생각을 온전히 표현하고 전달하기 위한 글쓰기 단위이다. 한 문장에 하나의 내용만 담아야 그 생각을 효율적으로 온전히 전달할 수 있다. 길고 복잡한 문장은 쓰기도 어렵고 이해하기도 어렵다. 문장은 간결하게 쓰고, 긴 문장은 몇 개의 짧은 문장으로 나누어 쓰는 습관을 기르자.

어젯밤 친구들과 늦게까지 과음을 해서 아침에 늦게 일어나는 바람에 1교시 수업에 지각을 했으나 다행히 출석을 부르지는 않은 것 같았다.

→ 어젯밤 친구들과 늦게까지 과음을 했다. 아침에 늦게 일어나는 바람에 1교시 수업에 지각을 했다. 다행히 출석을 부르지는 않은 것 같았다.

위의 두 예시를 비교하며 읽어 보자. 첫째 예시는 한 문장에 여러 내용이 담겨 있고, 둘째 예시는 같은 내용이 세 문장으로 분리되어 있다. 한 문장에 여러 내용이 포함되어 있으면 우선 읽기 어렵고, 다음으로 이해하기 어렵다. 내용에 따라 여러 개의 문장으로 나누어 쓰면 눈이 편하고, 호흡도 쉽고, 내용도 잘 들어온다. 또한 긴장감과 힘이 느껴지는 문장을 쓸 수 있다.

2) 명사를 지나치게 나열하지 말자

문장에서 다른 성분을 생략하고 명사만 나열하면 문장은 짧아진다. 그러나 명사를 지나치게 나열한 문장은 읽기에 불편하고 정확한 의미 파악도 어렵다. 명사만 나열하는 문장보다는 명사의 서술성을 살리고 문맥에 따라 필요한 문장성분을 갖춘 문장을 쓰는 습관을 기르자.

대학 혁신교육 추진 방안 마련 토론회가 열렸다.
➜ 대학 혁신교육 추진 방안을 마련하기 위한 토론회가 열렸다.

이 문장은 명사가 지나치게 나열되어 있어 부자연스럽고 딱딱한 느낌을 준다. 나열된 명사 중 '마련'의 서술성을 살려 '마련하기 위한'으로 바꾸어 주고, 이에 맞추어 문장을 전체적으로 수정해 주면 좀 더 자연스러운 문장으로 만들 수 있다.

개인정보보호 관련 외국 사례 연구를 할 필요가 있다.
➜ 개인정보보호와 관련된 외국 사례를 연구할 필요가 있다.

이 문장도 마찬가지의 문제를 지니고 있다. 나열된 명사 중 서술성을 살릴 수 있는 적절한 명사를 선택하여 서술어로 바꾸어 주고 이에 맞추어 문장을 조정해 주면 더 자연스러운 문장이 된다. 이 문장에서는 '관련'을 '관련된'으로 '연구'를 '연구할'로 바꾸어 자연스러운 문장으로 수정할 수 있다.

3) 서술어를 분리하지 말자

한 단어로 표현하는 것이 자연스러운데도 굳이 두 단어로 분리하는 것은 비효율적이다. 한 단어의 서술어를 두 단어로 분리하여 쓰면, 읽기도 불편하고 문장의 마무리도 깔끔하지 않은 느낌을 준다. 한 단어로 쓸 수 있는 서술어는 분리하지 말고 한 단어로 쓰는 습관을 기르자.

- 납기일을 맞추기 위해 최대한 노력을 하겠습니다.

  ➜ 납기일을 맞추기 위해 최대한 노력하겠습니다.

- 노사 간 임금협상이 가까스로 타결이 됐다.

  ➜ 노사 간 임금협상이 가까스로 타결됐다.

하나의 서술어를 두 단어로 분리한 '노력을 하겠습니다'보다 '노력하겠습니다'라는 한 단어의 서술어로 쓸 때 더 좋은 문장으로 느껴진다. 마찬가지로 '타결이 됐다'라는 분리된 서술어보다 '타결됐다'는 서술어가 사용된 문장이 더 간결하고 강한 느낌을 준다.

4) 같은 표현을 반복하지 말자

한 문장 안에서 혹은 가까운 문장이나 전체 글에서도 같은 표현의 반복은 피하는 것이 좋다. 같은 의미를 전달할 수 있는 어휘나 표현은 다양하게 마련되어 있다. 원래의 의미를 훼손하지 않는 범위 안에서 다채로운 표현의 재료를 활용하여 문장을 쓰는 습관을 기르자.

수업시간에 해야 할 과제는 수업시간에 다 해야지, 수업시간에 마무리하지 못하면 계속 짐이 된다.

➜ 수업시간에 해야 할 과제는 강의실에서 다 해야지, 그때 마무리하지 못하면 계속 짐이 된다.

한 문장 안에 '수업시간에'라는 같은 표현이 반복되고 있어 지루하고 부자연스러운 문장이 되고 있다. 중복 표현을 적절한 표현으로 바꾸면 읽기도 편하고 자연스러운 문장이 된다.

후보자들은 이 제도에 적지 않은 문제가 있다고 말했다. 그들은 관계 부처에서 제도를 실시하기 전에 철저하게 준비하지 않았기 때문이라고 말했다. 또한 후보자들은 이 제도를 빠른 시일 안에 개선해야 한다고 말했다.

➜ 후보자들은 이 제도에 적지 않은 문제가 있다고 말했다. 그들은 관계 부처에서 제도를 실시하기 전에 철저하게 준비하지 않았기 때문이라고 지적했다. 또한 후보자들은 이 제도를 빠른 시일 안에 개선해야 한다고 입을 모았다.

계속해서 같은 표현, 같은 방식으로 문장이 끝나면 어색해 보이고 읽기에도 불편하다. 내용상 차이가 없는 다른 표현으로 바꾸어 문장을 끝내는 것도 좋은 방법이다. 필요할 경우 문장을 끝맺는 방식에 변화를 주어 '~다.'와 '~요.'를 함께 쓰는 것도 좋은 방법이다.

글쓰기 연습

1. 다음 문장을 올바르게 고쳐 써 보자.

1) 갖은 고생을 하면서 낯선 경기장까지 도착했지만 이미 끝나 버린 후였다.

2) 젊은 사람이 편안한 일보다 발전 가능성이 큰 일에 도전하는 사람이 많은 것은 정말 바람직한 일이다.

3) 키는 작달막하나 가슴팍이 떡 벌어진 게 여간 다부진 몸매였다.

4) 학생들은 선생님을 존경하고, 선생님 또한 존중하는 학교 문화를 만들자.

5) 환경 문제를 대처할 방안을 강구해야 한다.

6) 이번 사고의 책임은 안전수칙을 무시한 기업에게 있다.

7) 우리 대표팀은 불안한 수비와 문전 처리가 미숙하여 패배했다.

8) 택배 노동자들의 파업으로 택배상자들이 산더미처럼 쌓여져 있습니다.

9) 이번 사고는 안전불감증 때문에 발생한 인재(人災)로 보여집니다.

10) 교수님이 소개시켜 주신 회사에 인턴사원으로 지원해 볼 생각이다.

2. 다음 번역투 문장을 우리말투 문장으로 고쳐 보자.

1) 이제는 부모님께 사실대로 말하지 않으면 안 될 상황이 되었다.

2) 시민 여러분들의 많은 참여 있으시기 바랍니다.

3) 내일 오후 3시에 회의를 갖도록 하겠습니다.

4) 지금 열차가 들어오는 중입니다.

5) 학교로부터 약 2킬로미터 떨어진 곳에 괜찮은 카페가 문을 열었다.

팀 기반 활동

팀별로 다음에 제시된 활동을 완료한 후 발표해 보자.

1) 다음 문장이 어떤 의미를 지니는지, 왜 중의적으로 해석되는지 논의한 후 발표해 보자.

- 민수의 애인은 민수보다 돈을 더 좋아한다.
- 민수는 당당하게 취업하기 위해 공부하는 것이 아니라고 대답했다.
- 민수는 어제 그 선배와 통화하지 않았다.
- 이것은 민수의 사진이다.
- 부모님이 보고 싶은 훈련병이 많다.

2) 팀원들의 글에서 중의적 표현이나 잉여적 표현을 함께 찾고 수정해 보자.

2. 충실한 단락 쓰기

문장이 모여 단락(문단)이 된다. 그러나 단지 여러 문장이 모인다고 해서 단락이 되는 것은 아니다. 의미적으로 관련된 문장들이 짜임새 있게 연결되어 하나의 단위로 기능할 때 단락이라 한다. 의미나 생각을 전달하기 위한 하나의 체계를 글이라 할 때, 단락은 글이라는 체계를 구성하는 가장 실질적이며 기본적인 단위이다.

글 전체의 의미는 몇 개의 작은 의미들로 구성되는데, 글 전체의 의미를 주제라 하며 주제를 지지하는 작은 의미들은 단락이라는 단위와 직접적으로 연결된다. 글 전체의 주제를 구성하는 작은 의미들은 단락에서 만들어지기 때문이다. 좋은 문장만으로는 글 전체를 직접 구성하지 못한다. 여러 문장이 모여 단락이라는 더 큰 단위를 이루고 각 단락이 제 역할을 충실히 할 때 비로소 좋은 글이 탄생할 수 있다.

단락의 개념과 필요성

1) 단락의 개념

단락은 서로 관련된 몇 개의 문장이 유기적으로 결합하여 이루어진 글의 기본 단위로서, 하나의 중심적인 생각을 표현하기 위한 문장들의 집합이다. 글은 하나의 주제를 전달하지만, 단락은 하나의 중심생각을 전달한다. 단락이 전달하는 하나의 중심생각을 소주제라고 한다. 단락은 하나의 소주제를 효과적으로 표현하기 위해 관련된 문장들을 연결하여 만든 유기적인 덩어리이다.

예시 | 부캐의 유행과 가치관의 변화

부캐의 유행은 우리 사회의 변화된 가치관을 반영한다. 요즘 연예계는 부캐 전성기를 누리고 있다. 부캐란 부캐릭터의 줄임말로 멀티 페르소나라고도 한다. 멀티 페르소나라는 말은 '다중적 자아'라는 뜻으로, 개인이 상황에 따라 다른 사람으로 변신하면서 다양한 정체성을 표현하는 것을 의미한다. 부캐는 '놀면 뭐하니'라는 예능 프로그램을 통해 유행하기 시작했다. 이 프로그램에서 유재석은 유고스타, 유산슬, 지미 유, 유야호 등의 부캐를 성공적으로 소화해 냈다. 성공적 부캐의 등장은 대중문화계에 새로운 유행으로 이어졌다. 부캐의 유행에는 일과 집단 중심에서 개인의 행복 중심으로 변화된 우리의 가치관이 반영되어 있다. '워라밸(Work & Life Balance)'로 대표되는 새로운 가치관과 생활 방식에 어울리는 다양한 부캐들이 필요해진 것이다. 즉, 부캐의 유행은 자신의 만족과 행복, 그리고 또 다른 자신에 대한 관심과 맞닿아 있는 현상이다.

위 예시에서는 여러 문장이 모여 하나의 집합, 즉 단락을 이루고 있다. 이 단락에서는 '부캐의 유행은 우리 사회의 변화된 가치관을 반영한다'라는 중심생각을 전달하기 위해 여러 문장이 모여 유기적으로 협력하고 있다. 어떤 문장은 소주제를 직접적으로 드러내는 소주제문의 역할을 하고, 어떤 문장은 소주제를 다시 한번 반복하면서 강조하는 역할을 한다. 또 어떤 문장은 중심생각에 포함된 중요한 용어를 설명하기도 하며, 중심문장과 관련된 사례를 제시하기도 한다. 단락의 모든 문장들은 그 단락의 중심생각, 즉 소주제를 드러내기 위해 유기적으로 연결되어 있다.

2) 단락의 필요성

글을 읽으며 내용을 이해할 때 단락은 반드시 필요한 단위이다. 독자는 단락이라는 형식 덕분에 글을 편하게 읽고 쉽게 이해할 수 있다. 글을 읽으려 책을 펼쳤을 때 혹은 인쇄된 문서를 확인할 때 단락 구분이 없다고 상상해 보라. 그야말로 검은 부분은 문자일 뿐이고 흰 부분은 여백인 상황이 눈 앞에 펼쳐질 것이다. 우리는 글을 읽을 때 대체로 단락을 기준으로 하여 글의 구조와 내용을 파악한다. 누구도 글 전체를 통째로 읽고 한 번에 이해할 수는 없다. 단락은 부분 부분의 내용을 정리하면서 글을 읽을 수 있는 기회와 여유를 독자에게 제공해 준다.

단락은 글을 쓰는 사람에게도 유용한 단위이다. 글을 힘들게 쓰는 사람은 문장부터 고민하지만 글을 쉽게 쓰는 사람은 글 전체의 흐름부터 고민한다. 글을 보다 쉽게 쓰고 싶다면 글 전체의 주제가 무엇이며, 그 주제를 드러내기 위해 어떤 내용들을 어떻게 배열할 것인지 먼저 결정해야 한다. 이때 글 전체를 구성하는 각 부분과 내용에 해당하는 것이 단락과 단락의 중심생각이다. 글의 전체 구성과 내용이 단락을 기본 단위로 하여 이루어지는 것이다. 글의 개요를 단락 단위로 작성하는 이유도 여기에 있다. 단락은 글을 쓰는 사람에게 글의 각 부분이 담당하는 내용과 기능을 미리 가늠하게 해 준다. 단락은 글을 쓰는 사람이 글의 내용을 효과적으로 전달할 수 있게 한다.

단락의 형식과 구조

1) 단락의 형식

단락과 단락 사이의 경계는 약속된 형식으로 표시한다. 단락은 줄바꾸기와 들여쓰기로 시작한다. 글을 쓰다가 새로운 단락을 시작하려면 기존 단락을 마무리하고 줄을 바꾸어 다음 행에서 시작한다. 새로운 행으로 줄을 바꾼 후에는 들여쓰기로 새로운 단락이 시작됨을 표시한다. 들여쓰기는 적게는 한 칸 많게는 몇 칸 정도를 비워 여백을 둔 상태에서 단락의 첫 줄을 시작하는 방식이다. 한 단락 안에서는 문장이 끝나더라도 줄을 바꾸지 않은 채로 새로운 문장을 계속 이어 적는다. 이를 통해 단락이 지속되고 있음을 표시한다. 쓰던 단락을 마무리하고 새로운 단락을 시작하고자 할 때에는 다시 줄바꾸기와 들여쓰기를 하면 된다.

단락은 형식적으로든 내용적으로든 하나의 집합체를 이룬다. 그렇다면 단락은 어느 정도 크기의 집합이어야 할까. 즉, 어느 정도 쓴 후에 단락을 마무리하면 좋을까. 단락의 분량은 정해져 있지 않다. 글에 따라, 글을 쓰는 사람에 따라 단락의 분량도 달라질 수 있다. 단락에서 목적했던 바가 충분히 달성되었다고 판단되면 그 단락을 마무리하면 된다. 어려운 내용을 설명하기 위한 단락이라면 좀 더 긴 분량이 필요할 것이지만 쉽고 편한 내용을 전하기 위한 단락이라면 좀 더 짧은 분량으로도 충분할 것이다.

새로운 단락으로 바꾸어야 하는 기준도 명확하게 정해져 있지 않다. 계속해서 하나의 중심생각에 관한 내용을 다루고 있다면 단락을 바꾸지 않아도 된다. 그러나 다음과 같은 경우 새로운 단락으로 바꾸어 쓰는 것이 일반적이다.

단락을 바꾸는 경우

- 새로운 중심생각을 다루고자 할 때
- 새로운 이야기나 내용을 다루고자 할 때
- 시간이나 장소 등의 장면이 바뀔 때
- 인물, 상태, 동작 등이 바뀔 때
- 사건이나 현상이 바뀔 때
- 주장, 논점, 근거 등이 바뀔 때
- 문체나 화자가 바뀔 때
- 긴 인용문을 삽입할 때

2) 단락의 내부 구조

단락은 여러 개의 문장으로 이루어진다. 단락을 이루는 문장들은 역할에 따라 중심문장, 뒷받침문장, 맺음문장 등으로 나뉜다. 단락은 하나의 중심문장과 최소한 하나 이상의 뒷받침문장으로 구성된다. 그러므로 한 문장만으로 구성된 단락은 좋은 단락이라 할 수 없다.

단락의 중심생각이 담긴 문장을 중심문장이라 한다. 단락의 중심생각을 소주제라 하기 때문에 단락의 중심문장을 소주제문이라고도 한다. 중심문장은 단락의 중심생각, 즉 소주제를 전달하는 기능을 하는 문장이다. 중심문장은 단락 안에서 가장 중요한 단일 내용을 표현하는 완전한 문장 형식으로 작성해야 한다. 또한 자신의 언어로 표현하여 글의 진정성과 신뢰감을 살려야 한다.

뒷받침문장은 단락에서 중심생각을 지지하는 역할을 한다. 뒷받침문장은 중심생각을 자세하게 풀어 해설하거나 중심생각과 관련된 사례를 제공하여 독자가 중심생각을 쉽게 이해할 수 있게 한다. 또한 중심생각을 납득할 수 있도록 이유나 근거를 제시하기도 한다. 단락의 중심생각을 어떤 방법으로 얼마나 충분히 뒷받침하느냐에 따라 단락의 성패가 결정된다. 충실한 뒷받침문장은 글 쓰는 이의 성실함과 능력을 대변한다. 글의 주제나 단락의 중심생각에 대한 깊은 이해와 통찰, 풍부한 자료가 바탕이 될 때 훌륭한 뒷받침문장을 쓸 수 있다. 좋은 단락은 구체적인 뒷받침문장들이 중심문장을 굳게 지지하고 있는 단락이다.

맺음문장은 단락을 마무리하는 문장이다. 독자에게 단락이 끝남을 알리면서 단락의 핵심 내용을 상기시키는 기능을 한다. 주로 단락의 중심생각을 다시 말하면서 강조하거나 중심생각과 관련된 예측이나 제안을 담는다. '결론적으로, 요약하자면, 따라서, 이처럼, 결과적으로' 등의 표현으로 시작하는 것이 일반적이며, 소주제문의 내용을 다시 언급하되 다른 표현을 사용하여 단락을 마무리한다. 모든 단락에 맺음문장이 필요한 것은 아니다. 글의 어떤 부분을 마무리하는 단락이나 긴 단락의 경우에 맺음문장을 사용할 수 있다.

3) 단락의 종류

단락은 소주제문이 놓이는 위치에 따라 몇 가지로 구분할 수 있다. 소주제문이 단락의 맨 앞에 오면 두괄식 단락, 단락의 맨 뒤에 오면 미괄식 단락이라 한다. 소주제문이 단락의 맨 앞과 맨 뒤에 함께 등장할 경우에는 양괄식 단락이라 한다. 우리가 흔히 접하는 글에는 두괄식, 미괄식, 양괄식 단락이 주로 사용된다. 이 밖에도 소주제문이 단락의 가운데 위치하는 중괄식 단락과 소주제문이 단락에서 여러 번 반복해서 등장하는 병렬식 단락도 있다. 흔하지는 않지만 소주제문이 없는 무괄식 단락도 있다. 무괄식 단락은 주로 앞 단락과 관련된 사례를 제시하는 경우에 쓰인다.

두괄식 단락은 전달하고자 하는 뜻을 가장 간결하고 힘 있게 전달한다. 단락의 가장 앞에서 쓸 방향을 잡아 주기 때문에 단락의 내용이 흐트러지는 것을 막는 장점도 있다. 독자 입장에서는 중요한 내용을 먼저 알고 단락의 내용을 확인할 수 있게 해 주므로 내용을 이해하는 데 도움을 주는 방식이다.

미괄식 단락은 소주제문에 대한 근거나 설명을 먼저 충분히 제시하여 단락의 논리성을 강화하는 효과가 있다. 그렇기 때문에 소주제문의 내용을 이해하거나 소주제문의 주장에 동의하기 어려운 내용일 때 사용하면 좋다. 미괄식 단락을 적절히 사용하면 소주제문을 뒤로 숨겨 독자의 호기심을 자극하는 효과를 기대할 수 있다. 하지만 자칫하면 흥미와 집중을 잃게 하는 역효과를 부를 수 있으니 주의해야 한다.

단락 쓰기의 원리

단락은 형식적 요건과 내용적 요건을 모두 갖추어야 한다. 줄바꾸기와 들여쓰기는 단락이 갖추어야 할 대표적인 형식적 요건이다. 이 밖에도 단락을 작성할 때 반드시 고려해야 하는 내용적인 원리가 있다. 단락은 통일성, 완결성, 긴밀성 등을 갖추어야 한다.

1) 통일성

단락의 통일성이란 한 단락에서는 오직 하나의 중심생각만 다루어야 한다는 원리다. 단락의 모든 내용은 단락의 중심생각, 즉 소주제와 직접적으로 연관되어 있어야 한다. 단락의 모든 문장은 소주제문와 연관되어 있으면서 소주제문을 뒷받침해야 한다. 소주제문과 관련이 없거나 소주제문에 어긋나는 문장이 있으면 통일성을 갖추지 못한 단락이 된다.

예시 | 통일성을 갖추지 못한 단락

물을 마시는 것은 건강에 도움이 된다. 기본적으로 물은 우리 몸을 순환하면서 다양한 장기에 수분을 공급해 준다. 물은 몸속의 노폐물을 배출해 주며 체온 조절과 혈액 순환을 돕기도 한다. 적당량의 물을 섭취할 경우 저항력도 높아진다. 물을 통해 세포의 수분을 유지하면 외부 균에 대한 저항력을 기를 수 있다. 또한 이렇게 섭취된 수분들이 장기에 보충되면 신진대사도 활발해져 장 기능도 좋아질 수 있다. 피부에 수분이 보충되면 피부 건강도 좋아진다. 우리에게 물은 건강을 유지하기 위한 필수 영양제라 할 수 있다. 물을 마시는 것이 건강에 좋다고 해서 무조건 물을 많이 마실 필요는 없다. 상황에 따른 권장 섭취량을 잘 파악하고 적당한 양의 물을 섭취해야 한다. 또한 너무 차갑거나 너무 뜨거운 물을 마시는 것도 피해야 한다.

위 단락의 소주제문은 '물을 마시는 것은 건강에 도움이 된다.'라는 첫 문장이다. 이어지는 뒷받침문장들은 물이 어떻게 건강에 도움이 되는지를 자세히 다루면서 소주제문의 내용을 지지해 주고 있다. 그런데 단락의 후반부에 소주제문과 관련성이 떨어지는 문장들이 등장한다. 이들 세 문장은 소주제문의 내용과 직접적으로 연결되지 않는 '물을 마시는 방법'에 대해 적고 있다. 이 문장들은 단락의 통일성을 해치고 있으므로 이 단락에서 삭제해야 한다. 만약 '물을 마시는 방법'에 대해서도 언급하고 싶다면 단락을 바꾸어 새로운 단락에서 따로 다루어야 한다.

예시 | 통일성을 갖춘 단락

기숙사에 층별로 중간문을 설치해야 한다. 기숙사에 층별 중간문이 있으면 외부인의 침입을 효과적으로 막을 수 있다. 중간문을 열기 위해서는 중간문이 설치된 층의 카드키가 따로 필요하다. 카드키는 개인당 하나씩 지급되기 때문에 외부인이 현관을 통과하더라도 중간문용 카드키가 없어 각 층으로 침입할 수 없다. 또한 중간문이 있으면 내부적으로도 보안성이 향상된다. 중간문용 카드키를 소지한 사람만 해당 층을 출입할 수 있기 때문에 다른 층 거주자의 출입을 막을 수 있다. 이렇게 중간문은 외부인의 침입과 내부인의 불필요한 왕래를 방지해 주므로 기숙사의 각 층마다 중간문을 설치해야 한다.

이 단락의 소주제문은 '기숙사에 층별로 중간문을 설치해야 한다'는 것이다. 이 단락에서는 중심생각과 이를 뒷받침하는 근거를 표현한 문장들이 조화롭게 전개되어 있다. 단락에서 소주제문과 관련성이 없는 문장은 찾아볼 수 없으므로 이 단락은 통일성을 갖춘 단락이라 할 수 있다.

2) 완결성

단락의 완결성이란 뒷받침문장들이 소주제문을 충분히 설명하고 지지해야 한다는 원리다. 단락에서 제시된 중심생각은 단락 안에서 충분히 설명되어야 한다. 이를 위해 단락에는 중심문장뿐 아니라 이를 뒷받침할 수 있는 해설, 근거, 사례 등이 풍부하게 제시되어야 한다. 이야기를 시작했으면 끝을 보는 것이 완결성이라 할 수 있다. 독자가 단락의 소주제를 완전히 이해하여 궁금함이 남지 않도록 충분한 내용을 제시해야 한다.

예시 | 완결성을 갖추지 못한 단락

내 인생에서 가장 보람된 시절은 고등학교 3학년 기간이다. 고등학교 3학년은 누구에게나 힘든 시기다. 나에게도 이 시기는 잊지 못할 고통의 순간들로 남아 있다. 하지만 나에게 고등학교 3학년이라는 1년의 시간은 고통으로만 기억되지는 않는다. 이 1년 동안 나는 내 인생에서 최고로 알찬 시간을 보냈다고 자부할 수 있다. 나는 1년이라는 시간 동안 누구보다 열심히 살았고 원하는 성공를 거두었다고 말할 수 있다. 고등학교 3학년 시절은 정말 보람된 추억으로 내 기억에 남아 있다.

이 단락은 '내 인생에서 가장 보람된 시절은 고등학교 3학년 기간이다'라는 소주제문으로 시작된다. 이제 이 단락에서는 소주제문을 뒷받침할 구체적인 근거나 경험들을 제시하여 필자가 왜 그렇게 생각하고 주장하는지 독자에게 자세히 설명해야 한다. 그래야 독자가 필자의 생각과 주장에 공감할 수 있을 것이다. 그러나 이 단락에서는 소주제문의 내용을 더 이상 발전시키지 못하고 있다. 단락의 내용은 소주제문에서 한 발짝도 나아가지 못하고 제자리를 맴돌고 있다. 소주제문의 내용을 계속 반복하고만 있을 뿐 내용의 진전이 없으므로 완결성을 갖추지 못한 단락이다.

예시 | 완결성을 갖춘 단락

길고양이에게 먹이를 챙겨 주는 것은 좋지 않은 행동이다. 왜냐하면 포식자에게 먹이를 주는 행위는 포식자의 생존을 인위적으로 연장하여 도시 생태계를 교란시킬 수 있기 때문이다. 사람들은 자신이 키우지도 않을 길고양이에게 '불쌍하다, 예쁘다, 귀엽다'는 등의 이유로 먹이를 주곤 한다. 그런데 사실 고양이는 도시 생태계에서 최상위 포식자에 속하는 동물이다. 연구에 따르면, 미국에서는 고양이들이 연간 최소 13억 마리의 조류와 최소 63억 마리의 포유류를 죽인다고 하며 호주에서는 길고양이들이 연간 3억 7,700만 마리의 조류를 죽인다고 한다. 또한 고양이 같은 최상위 포식자들은 생존을 위해서가 아니라 연습이나 장난으로 사냥을 즐기기까지 한다. 도시 생태계에서는 길고양이가 단지 '불쌍하고 귀여운' 존재가 아니라 '공포스럽고 두려운' 포식자인 것이다. 따라서 도시 생태계의 교란을 막기 위해서는 길고양이에게 먹이를 주는 행동을 삼가야 한다.

이 단락에서 '길고양이에게 먹이를 주면 안 된다'는 주장을 펼치고 있다. 이 주장만으로는 독자를 충분히 이해시킬 수 없기 때문에 주장을 뒷받침하는 여러 이유를 제시하고 자세한 설명과 근거를 충분히 덧붙이고 있다. 독자는 단락에 제시된 소주제문이 아니라 이를 뒷받침하는 내용, 즉 소주제문에 대한 자세한 설명이나 근거가 얼마나 충분히 제시되고 있는가를 통해 단락의 완결성을 판단하게 된다.

3) 긴밀성

단락의 긴밀성이란 단락을 이루는 모든 문장은 서로 논리적으로 연결되어야 한다는 원리다. 긴밀성을 갖춘 단락은 매끄럽고 자연스럽게 읽힌다. 긴밀한 연결을 위해서는 논리적 연결고리를 잘 활용해야 한다. 문장들은 논리적 순서에 따라 배열되어야 하며, 적절한 접속어와 지시어를 활용하는 것도 좋은 방법이다. 다만, 접속어나 지시어를 지나치게 사용하는 것은 오히려 긴밀성을 해치는 결과를 초래하기도 하니 주의해야 한다. 다음 두 단락의 긴밀성을 비교해 보자.

예시 | 긴밀성을 갖추지 못한 단락

웹툰이 인기를 얻어도 불법 웹툰 사이트에서는 작가들에게 정당한 비용을 지불하지 않는다. 웹툰 시장의 가장 큰 위협은 저작권에 대한 인식 부족이다. 사람들은 작품을 감상하면서 비용을 지불하는 것에 인색하다. 무슨 정책이든 사람들의 마음이 먼저 움직여야 성공할 수 있다. 웹툰 몇 컷을 보는 데에 비용을 지불하는 것은 아깝다고 생각한다. 저작권에 대한 사람들의 인식을 개선할 필요가 있다. 사람들은 웹툰을 보면서 정당한 비용을 지불해야 하는 의무를 대수롭지 않게 여긴다. 웹툰을 보면서 정당한 비용을 지불해야 하는 의무를 대수롭지 않게 여기는 생각, 작품을 감상하면서 비용을 지불하는 것에 대한 인색함, 웹툰 몇 컷을 보는 데 비용을 지불하는 것을 아깝게 생각하는 태도는 불법 사이트를 통해 웹툰을 보는 것이 불법이라는 인식의 부재 때문에 발생한다. 최근 불법 웹툰 사이트가 급격히 증가하면서 웹툰 작가들의 피해가 속출하고 있다.

이 단락 안의 문장들은 논리적으로 연결되지 않은 채 뒤죽박죽 뒤섞여 있다. 논리적으로 정렬되지 않은 문장 순서 때문에 단락의 내용은 어렴풋이 짐작할 수 있을 뿐이다. 게다가 논리적 연결을 돕는 지시어나 접속어도 없기 때문에 문장 사이의 관계를 판단하기도 어렵다. 이렇듯 문장들이 논리적으로 긴밀하게 연결되어 있지 않은 단락은 그 내용을 분명히 파악할 수 없게 만든다.

예시 | 긴밀성을 갖춘 단락

웹툰 시장의 가장 큰 위협은 저작권에 대한 인식 부족이다. 최근 불법 웹툰 사이트가 급격히 증가하면서 웹툰 작가들의 피해가 속출하고 있다. 웹툰이 인기를 얻어도 불법 웹툰 사이트에서는 작가들에게 정당한 비용을 지불하지 않기 때문이다. 물론 사람들이 정당한 비용을 지불하고 웹툰을 본다면, 이런 불법 웹툰 사이트는 사라지기 마련이다. 하지만 사람들은 이러한 의무를 대수롭지 않게 여긴다. 사람들은 작품을 감상하면서 비용을 지불하는 것에 인색하다. 웹툰 몇 컷을 보는 데에 비용을 지불하는 것은 아깝다고 생각한다. 이러한 태도는 불법 사이트를 통해 웹툰을 보는 것이 불법이라는 인식의 부재 때문에 발생한다. 따라서 저작권에 대한 사람들의 인식을 개선할 필요가 있다. 무슨 정책이든 사람들의 마음이 먼저 움직여야 성공할 수 있다.

이 단락 안의 문장들은 논리적 순서에 따라 배열되어 있다. 문장에 사용된 지시어나 접속어들은 문장의 논리적 연결을 더욱 자연스럽게 만들어 준다. 긴밀성을 갖춘 단락은 그렇지 못한 단락에 비해 훨씬 더 읽기 쉽고 내용을 이해하기도 쉽다.

글쓰기 연습

다음 단락은 백범 김구 선생님의 「나의 소원」 중 일부 내용을 편집한 것이다. 뒷받침문장을 읽고 적절한 중심문장(소주제문)을 유추해 적어 보자.

____. 문화의 힘은 우리

자신을 행복하게 하고, 나아가 남에게 행복을 주기 때문이다. 지금 인류에게 부족한 것은 무력도 아니오, 경제력도 아니다. 인류가 현재 불행한 근본 이유는 인의(人義)가 부족하고, 자비가 부족하고, 사랑이 부족하기 때문이다. 인류의 이 정신을 배양하는 것은 오직 문화이다. 나는 우리나라가 남의 것을 모방하는 나라가 되지 말고, 이러한 높고 새로운 문화의 근원이 되고, 목표가 되고, 모범이 되기를 원한다. 그래서 진정한 세계의 평화가 우리나라에서, 우리나라로 말미암아 세계에 실현되기를 원한다.

팀 기반 활동

1. 다음 안내에 따라 팀별로 하나의 단락을 완성해 보자.

1) 팀에서 완성하고자 하는 단락의 중심생각을 정하고, 이를 소주제문으로 작성해 보자.

2) 팀원마다 뒷받침문장을 하나씩 제시하고 이를 적어 보자(해설, 근거, 예시 등).

3) 소주제문을 활용하여 내용은 같지만 표현은 다른 맺음문장을 작성해 보자.

4) 위 1)의 소주제문, 2)의 뒷받침문장, 3)의 맺음문장을 연결하여 양괄식 단락을 완성해 보자.

5) 팀원들과 함께 단락의 통일성, 완결성, 긴밀성을 검토하여 수정해 보자.

2. 다음 문장은 백범 김구 선생님의 「나의 소원」의 일부 내용을 한 문장으로 편집한 것이다. 긴 한 문장을 여러 개의 간결한 문장으로 나누어 쓴 후 팀원들과 비교해 보자.

세계의 인류가 너와 나의 구별 없이 한 집이 되어 사는 것은 좋은 일이고 인류 최고의 희망이며 이상이나 이것은 멀고 먼 장래에 바랄 일이지 현실의 일은 아니고 세계 시민의 크고 아름다운 목표를 향해 인류가 발전하고 전진하는 노력을 하는 것은 좋은 일이고 마땅히 해야 할 일이지만 이것도 현실을 떠나서는 안 되는 일이며 현실의 진리는 민족마다 최선의 국가를 이루어 최선의 문화를 낳아 길러서 다른 민족과 서로 바꾸고 서로 돕는 일이고 이것이 내가 믿고 있는 민주주의이며 이것이 인류의 현 단계에서는 가장 확실한 진리다.

최강민 책임 집필

제4장
윤리적 글쓰기와 올바른 인용

1. 윤리적 글쓰기와 표절

표절의 심각성

글쓰기와 관련해 심각한 문제가 있다. 바로 표절이다. 표절은 타인의 글을 무단으로 이용하면서 마치 자신이 쓴 것처럼 발표하는 것이다. 대학생들의 표절은 현재 심각한 수준이다. 표절이 발생하는 것은 학생들이 표절의 심각성을 제대로 인지하지 못하거나 제대로 된 인용 방법을 몰라서 발생할 수도 있다. 하지만 현재 대학의 글쓰기 교육에서 적절한 인용법과 출처를 표시하는 주석 쓰기를 가르치고 있다. 표절인 줄 모르고 표절하는 경우는 적다. 학생들은 표절의 심각성을 알고 있지만, 글을 손쉽게 쓸 수 있는 표절의 유혹에서 벗어나지 못하고 있다.

도둑은 자신이 어떤 집에서 물건을 훔쳤다는 것을 알고 있고, 부끄러워하는 마음도 한편 갖고 있다. 표절은 남의 글을 슬쩍해서 가져오는 글 도둑질이다. 표절을 하는 사람들 중에서 표절이 적발되면 잘못을 솔직하게 인정하지 않고 오히려 표절하지 않았다고 뻔뻔하게 변호하기도 한다. 표절을 하는 사람은 처음 부끄러운 마음을 갖고 표절을 했을 것이다. 그렇지만 점차 표절에 중독되면 이 부끄러움은 사라지고 뻔뻔함이 괴물처럼 들어섰던 것이다. 바늘 도둑이 소 도둑이 되는 것은 금방이다. 글쓰기 윤리를 확보하려면 이 뻔뻔함을 퇴치하고 부끄러움이라는 도덕성을 회복해야 한다.

대학생의 표절은 대부분 리포트를 쓸 때 발생한다. 리포트를 쓰려면 주제 선정, 자료 조사 등 구상하기 과정을 거치게 된다. 이 구상하기 과정은 일정 정도의 시간을 필요로 한다. 어떤 이유에서 구상하기 과정을 제대로 못했는데 리포트를 빨리 제출해야 하는 상황이 발생했을 때, 표절의 강한 유혹이 발생한다. 학생은 기한 내에 리포트를 제출하겠다는 조급한 생각에 인터넷에 접속해 주제와 관련한 여러 글을 찾아낸다. 그다음에 여러 개의 글을 조합하여 한 편의 리포트를 하루나 이틀만에 완성해 제출한다. 여러 글에서 문장을 가져와 조합하는 형태는 대표적인 짜깁기 표절이다. 짜깁기 표절을 할 때 이러한 사실이 혹시 적발될지도 모른다는 생각에 문장의 일부를 삭제하거나 서술어의 어미를 살짝 변용하기도 한다. 일부 문장을 첨가하기도 한다. 이러한 짜깁기 표절은 범죄 행위를 은폐하기 위한 고도의 술책일 뿐 표절 자체가 없어지는 것이 아니다. 학생들은 여러 글에서 문장을 가져왔기에 표절이 아니라고 주장하기도 한다. 아이디어와 문장을 그대로 가져오거나 약간 변용해서 사용하는 것은 명백한 표절이다.

어떤 학생은 짜깁기하는 시간마저도 투자하지 않는다. 리포트를 파는 사이트에 들어가서 돈을 지불하고 리포트를 구매하여 제출하기도 한다. 그 학생이 유일하게 쓴 것은 자신의 학과, 학번, 이름뿐이다. 다른 과목에서 제출한 리포트를 살짝 변용해 제출하기도 한다. 이것은 자기표절에 해당한다. 친구에게서 리포트를 빌려 약간 바꿔 제출하기도 한다. 이때 친구에게 글을 빌려준 학생도 친구의 도적질을 도와준 공범이다. 표절했을 경우 적발이 되지 않고 좋은 학점을 받을 수도 있다. 하지만 표절을 영원히 숨길 수는 없다. 상습화된 표절은 언제가 꼬리가 잡히는 법이다.

대학 글쓰기 강의를 하면서 학생들에게 리포트를 매번 받는다. 표절의 심각성에 대해 학기 초에 강의를 하지만 매 학기 반마다 몇 명의 학생이 표절로 적발된다. 만약 표절을 하지 않고 자신이 쓸 수 있는 범위에서 리포트를 나름대로 열심히 썼다면 A 학점을 받을 수 있는 학생도 있었다. 그 학생은 한순간 표절의 유혹에서 벗어나지 못하고 표절을 했다. 표절이 적발되었고, 그 학생은 좋은 학점을 받지 못했다. 한순간의 표절이 그동안 했던 수많은 노력을 물거품으로 만들었던 것이다. 한국사회에서 고위 공직자가 되겠다고 나선 사람들이 청문회에서 표절이 밝혀져 망신을 당하면서 퇴출되는 일이 주기적으로 발생하고 있다. 표절이라는 모래성을 쌓지 말고 글을 성실하게 쓰는 정직한 자세가 무엇보다 필요하다.

표절의 기준과 카피킬러

사회에서 표절의 심각성이 연속적으로 제기되면서 표절의 기준도 일정 정도 마련이 되었다. 2007년에 교육부는 표절 방지를 위해 '논문 표절 가이드라인'을 만들었다. 표절은 문장에서 여섯 단어 이상이 연쇄적으로 일치하는 경우, 생각의 단위가 되는 명제 혹은 데이터가 동일하거나 유사한 경우, 타인의 창작물을 마치 자신의 것처럼 이용하는 경우 표절이라는 것이다. 이것은 최소한의 표절 기준일 뿐이다. 여러 글의 문장을 조합하여 짜깁기한 글, 자기 글을 연속적으로 사용해 발표하거나 제출한 글, 조별 활동을 하면서 특별한 노력도 하지 않고 슬쩍 묻어서 조별 과제물을 제출한 글도 명백한 표절이다.

학생들은 표절 기준을 의식하면서 표절을 하지 않도록 노력해야 한다. 우석대 도서관 홈페이지에서 '연구윤리' 항목을 클릭하면 '표절 예방을 포함한 우석대학교 「연구윤리 확보를 위한 규정」'을 안내한다는 문구가 나온다. 그 부분을 그대로 소개하면 다음과 같다.

연구윤리 확보를 위한 규정[1)]

① 연구부정행위(이하 "부정행위"라 한다)라 함은 연구의 제안, 연구의 수행, 연구결과의 보고 및 발표 등에서 행하여진 위조, 변조, 표절, 부당한 논문 저자 표시 행위 등을 이루어진 다음 각 호의 행위를 말한다. 다만, 착오 또는 경미한 과실에 의한 것이거나 의견의 차이 등은 제외한다. (개정 2016. 1. 27.)

1. 위조: 존재하지 않는 연구 원자료 또는 연구자료, 연구결과 등을 허위로 만들거나 기록 또는 보고하는 행위 (개정 2016. 1. 27.)
2. 변조: 연구 재료, 장비, 과정 등을 인위적으로 조작하거나 연구 원자료 또는 연구자료를 임의로 변형·삭제함으로써 연구 내용 또는 결과를 왜곡하는 행위 (개정 2016. 1. 27.)
3. 표절: 다음 각 항목과 같이 일반적 지식이 아닌 타인의 독창적인 아이디어 또는 창작물을 적절한 출처표시 없이 활용함으로써, 제3자에게 자신의 창작물인 것처럼 인식하게 하는 행위 (개정 2016. 1. 27.)
   가. 타인의 연구 내용 전부 또는 일부를 출처를 표시하지 않고 그대로 활용하는 경우
   나. 타인의 저작물의 단어·문장구조를 일부 변형하여 사용하면서 출처 표시를 하지 않는 경우
   다. 타인의 독창적인 생각 등을 활용하면서 출처를 표시하지 않은 경우
   라. 타인의 저작물을 번역하여 활용하면서 출처를 표시하지 않은 경우
4. 부당한 저자 표시: 다음 각 항목과 같이 연구 내용 또는 결과에 대하여 공헌 또는 기여를 한 사람에게 정당한 이유 없이 저자 자격을 부여하지 않거나, 공헌 또는 기여를 하지 않은 사람에게 감사의 표시 또는 예우 등을 이유로 저자 자격을 부여하는 행위 (개정 2016. 1. 27.)
   가. 연구 내용 또는 결과에 대한 공헌 또는 기여가 없음에도 저자 자격을 부여하는 경우
   나. 연구 내용 또는 결과에 대한 공헌 또는 기여가 있음에도 저자 자격을 부여하지 않는 경우
   다. 지도학생의 학위논문을 학술지 등에 지도교수의 단독 명의로 게재·발표하는 경우
5. 부당한 중복게재: 연구자가 자신의 이전 연구 결과와 동일 또는 실질적으로 유사한 저작물을 출처 표시 없이 게재한 후, 연구비를 수령하거나 별도의 연구업적으로 인정받는 경우 등 부당한 이익을 얻는 행위 (개정 2016. 1. 27.)

1) 「연구윤리 확보를 위한 규정」, 검색일: 2022.01.19., https://library.woosuk.ac.kr/htmlmanager/service/2122

학생들은 리포트를 완성했다면 우석대 도서관에 접속해 카피킬러라는 프로그램을 이용해 보자. 그 절차는 다음과 같다.

'연구/학습지원' 항목을 마우스로 클릭하자.

↓

그다음에 '표절 예방' 항목을 클릭하자.

↓

마지막으로 '접속경로: 도서관 홈페이지 접속 다음 계정 자동 생성 바로가기'를 클릭하자.

이제 '카피킬러캠퍼스' 화면이 보일 것이다. 각자 자신이 작성한 리포트 파일을 문서 업로드 하자. 그러면 표절을 했는지 하지 않았는지 검사 결과가 바로 나온다. 검사 결과가 20% 이상이라면 표절을 의심할 수밖에 없다. 30% 이상의 결과가 나오면 표절 의심이 강해지면서 교수는 학생들의 리포트를 세심하게 검사하게 된다. 40% 이상의 결과가 나오면 거의 대부분 표절로 판정된다. 학생들은 리포트를 쓸 때 여러 글을 짜깁기하면 표절에 걸리지 않을 것이라고 생각할 것이다. 하지만 이 카피킬러로 검색을 해 보면 핵폭탄 같은 놀라운(?) 위력을 실감할 수 있다. 카피킬러에 걸리지 않을 정도로 표절하려면 표절하지 않고 제대로 된 글을 쓰는 것이 차라리 낫다고 생각하게 될 것이다.

올바른 인용

사람은 정직해야 한다. 정직한 사람은 자신도 의식하지 못하지만 아름다운 향기가 난다. 그 정직성은 글에도 자연스럽게 반영되어 아름다운 향기를 발산한다. 표절은 잠시 사람들을 속일 수 있지만 정직성에 기반하지 않는 글은 언제가 비윤리적인 악취를 풍기게 된다. 다른 사람들이 제대로 인정하지 않아도 소신을 갖고 자신의 글을 묵묵히 써 간다면 누적된 글쓰기 내공이 그 사람을 신뢰하도록 만든다. 누군가의 글에서 문장이나 생각을 가져오는 것은 부끄러운 일이 아니다. 오히려 다른 사람의 글을 인용하는 것은 자신의 주장을 더욱 빛나게 하는 조미료 역할을 한다. 타인의 글을 자신의 글인 것처럼 속이려 하지 말고 당당하게 가져와 출처를 밝히며 사용하자. 그렇게 하면 자신의 글도 살고, 인용한 글도 살게 된다. 대학생은 윤리적 글쓰기를 하면서 사회에서 어떻게 살아갈 것인지 자연스럽게 학습하게 된다.

대학 신입생은 정확한 인용 방법과 출처 표시 방법을 몰라 표절하고 있다는 사실조차 모를 수 있다. 글쓰기 수업에서 이것을 정확하게 배워야 한다. 인용만 제대로 해도 표절을 피할 수 있다. 기본적으로 인용은 자신이 인용한 부분이 어디서부터 어디까지인지 명확하게 밝히면 된다. 또한 이 인용문이 누구의 글이고 어떤 책 등에서 가져왔는지 밝히면 된다. 인용은 적절하게 사용할 때 빛난다. 인용이 지나치게 많다면 자신의 주장이나 생각이 별로 없는 글이 될 수 있다. 이 경우에 출처를 밝혔다고 하더라도 독창적인 글이 되기 어렵다.

인용의 원칙은 다음과 같다. 첫째, 인용할 대상의 글이 논거로서 충분한 타당성과 권위를 가져야 한다. 인용할 가치가 없는 자료를 인용해서는 안 된다. 둘째, 인용자는 자신이 인용한 글이 어디까지 인용한 것인지 명백하게 알 수 있도록 표시해야 한다. 셋째, 인용할 경우 관련한 주석을 정확하게 표시해야 한다. 자신이 직접 읽어 보지 않는 자료일 경우 반드시 주석에서 재인용임을 밝혀야 한다. 넷째, 인용문은 가급적 짧은 것이 좋다. 한 페이지가 넘어가는 인용을 피해야 한다. 다섯째, 인용자는 출처가 불분명한 자료를 이용해서는 안 된다. 신뢰성이 있는 자료만을 사용해야 한다.

인용에는 '직접 인용', '간접 인용', '재인용'의 세 가지 방식이 있다. '직접 인용'은 원문 그대로 인용한다. 맞춤법, 문장부호, 띄어쓰기도 원문 그대로 쓴다. 만약 원문의 일부를 바꾸기로 했다면 그 부분을 알려야 한다. 예를 들어, 인용하는 글이 옛날 서적이라서 현재의 띄어쓰기와 맞지 않아 읽는 것이 불편할 경우, 현대의 독자를 위해 현재의 띄어쓰기 원칙에 따랐다는 말을 표기해야 한다.(인용자: 현재의 띄어쓰기 원칙에 따름) '간접 인용'은 인용할 부분이 너무 많거나 앞뒤 문장 연결이 부자연스러울 경우 사용한다. 간접 인용의 경우 자신의 문장으로 요약하는 것이기에 원문을 훼손하지 않도록 주의해야 한다. 글을 쓰는 입장에서 보면 직접 인용보다 간접 인용을 하는 것이 좀 더 어렵다.

1) 직접 인용

저자의 글을 직접 인용할 경우, 3줄 정도의 문장은 큰따옴표(" ")를 사용해 묶어준다. 3줄 이상의 긴 글을 직접 인용할 경우 본문과 분리시켜 위와 아래의 한 줄을 비운다. 이때 인용문은 왼쪽과 오른쪽에 여백을 주고 본문 포인트보다 줄여 인용한다. 인용 표시인 큰따옴표는 붙이지 않는다. 인용한 문장의 끝에 각주라는 주석을 달고 출처를 밝힌다.

예시 | 직접 인용

작가 정한숙이 장편 『조용한 아침』에서 영재와 영식 가족을 등장시킨 것은 농촌의 빈곤으로 인해 한 가족이 비극적인 삶을 살아야 했다는 계몽적 메시지를 전달하기 위해서이다. 이 소설에서 당시 가난한 농촌의 모습은 다음과 같이 비참한 풍경으로 제시된다.

이른 봄부터 맨발로 새순과 메나 달래 같은 나무 줄기를 씹어 요기를 하고 갈증이 나면 소모양 아무 물에나 입을 대고 마구 마시다 설사가 난다. 설사가 심해져 이질에 걸린다. 배가 아프다고 해도 누가 아는 척해 주질 않는다. 굶어서 아픈 배가 아니고 먹어서 아픈 배니 아는 척해 주지 않는 것도 당연할지 모른다. 이질이 심해지면 피부가 빌빌 틀어진다. 그렇게 되면 맨발 벗고 호미와 바구니를 들고 나갈 기우도 없어져 어두운 방에 엎드려서 신음해야 했다.[1]

1) 정한숙, 『조용한 아침』, 청림사, 1976, 50~51쪽.

2) 간접 인용

간접 인용을 할 때 큰따옴표를 사용하지 않고, 별도의 단락으로 처리하지도 않는다. 따라서 어디서부터 어디까지 인용된 부분인지 명확하게 알 수 있도록 표기해야 한다. 그렇지 못하면 짜깁기 표절 의혹에 시달릴 수 있다.

예시 | 간접 인용

김현은 「왜 문학은 되풀이 문제되는가」라는 글에서 자신의 열정적 문학 독서 체험이 부모의 개입에 의해 방해받았다는 사실을 고백하고 있다. 아버지만이 아니라 어머니도 함께 김현의 문학 독서 체험을 제지하는 역할을 했다.[2] 여러분들은 이와 비슷한 독서 체험이 없는가? 만약 여러분들이 이와 같은 경험을 했다면 어떤 생각과 감정을 갈게 되었을지 스스로에게 물어보자.

2) 김현, 『한국문학의 위상/문학사회학』(김현 문학 전집 1), 문학과지성사, 1991, 39~40쪽.

3) 재인용

인용은 원문을 직접 보고 인용하는 것이 원칙이다. 하지만 다른 책에서 인용한 글을 보았는데 도저히 원문을 볼 수 없는 불가피한 상황이라면 재인용임을 밝히고 인용을 한다. 재인용의 경우 해당 글의 인용자가 실수를 하면 확인할 방법이 없어 같은 오류가 반복될 가능성이 있다. 따라서 원문을 직접 확인하는 것을 원칙으로 하고, 불가피한 상황이었을 경우에만 제한적으로 재인용을 해야 한다. 재인용을 할 경우 '~에서 재인용.'이라고 표기한다.

문학평론가 오창은은 『친애하는, 인민들의 문학 생활』에서 북한의 페미니즘 소설부터 반체제 지하문학까지 최신 소설 36편을 통해 북한 사람들의 모습을 논하고 있다. 저자가 소개하는 북한 소설들은 일반인들이 쉽게 접할 수 없는 자료이다. 학생들이 북한 소설 원문을 직접 확인하는 것은 어렵다. 서울 서초동 중앙국립도서관의 북한자료센터에 가서야 원문을 볼 수 있다. 이런 이유로 학생들이 이 글을 인용할 경우 재인용을 할 수밖에 없다. 다음 예문은 북한 작가 서청송의 「무지개」라는 단편에서 인용한 부분이다. 원문은 북한에서 2014년에 발간한 《조선문학》 제7호에 실려 있다.

예시 | 재인용

북한 작가 서청송은 「무지개」라는 소설에서 다음과 같이 언급했다.

> 누구에게 기대를 맡기든 돌아가는 시간은 같다. 기능 급수에 따라 차이는 좀 있겠지만 생산량도 거의 일치한다. 사람은 내세워 주면 된다. 그러나 한 사람 때문에 열 사람이 희생당할 때가 있다. 그것은 책임진 일군(일꾼)들에게 달려 있다. 일군들은 항상 대중의 우산이 된다고 하지만 그 대중 속에서 편안한 사람도 있다.[3]

3) 오창은, 『친애하는, 인민들의 문학 생활』, 서해문집, 2020, 71쪽에서 재인용.

글쓰기 윤리 준수 서약서

글을 쓸 때 글쓰기의 윤리를 지키고, 타인의 글을 인용할 경우 인용하는 습관을 가져야 한다. 많은 학교에서 표절에 대한 경각심을 높이기 위해 다음과 같은 글쓰기 윤리 준수 서약서를 학생들에게 작성하게 한다. 학생들은 형식적인 마음으로 준수 서약서를 작성하지 말고, 표절의 심각성에 대한 깊은 공감 속에 글쓰기 윤리 준수 서약서를 작성해야 한다.

글쓰기 윤리 준수 서약서

저는 글쓰기 과정에서 다음과 같은 연구 윤리의 기본 원칙을 준수할 것을 굳게 서약합니다.

1. 저는 타인의 글을 사용할 때 정확한 인용 표시를 하고 출처를 밝히겠습니다.
2. 여러 글에서 문장을 가져와 짜깁기 하여 글을 쓰는 표절 행위를 절대 하지 않겠습니다.
3. 타인의 창조적인 생각을 마치 자신의 생각인 것처럼 무단으로 도용하는 글을 절대 쓰지 않겠습니다.
4. 글을 쓰는 데에 도움을 준 저자에 대해 감사하는 마음을 늘 갖겠습니다.
5. 다른 과목에서 쓴 리포트나 친구가 쓴 리포트를 활용하여 학점을 따지 않겠습니다.
6. 저는 조별 활동에서 제대로 활동하지 않았음에도 불구하고 다른 조원들의 노력에 슬쩍 편승하여 과제물을 제출하는 부끄러운 행위를 하지 않겠습니다.
7. 저는 글쓰기 윤리를 손상시키는 어떠한 부정 행위도 하지 않겠습니다.

연구윤리정보센터(www.cre.or.kr)에 있는 연구윤리 및 연구부정행위에 대한 자료를 읽고 서약서를 작성하였음

________년 ______월 ______일

우석대학교 ________ 대학 ________ 학과(학부) 성명: __________ (서명)

2. 주석으로 인용을 완성하다

주석의 필요성과 종류

주석은 논문이나 리포트를 작성할 때 참고했던 자료의 서지 사항과 본론에서 언급한 내용에 대한 추가적인 설명을 본문과 별도로 삽입하는 것을 말한다. 리포트와 논문에서 주석을 사용하는 이유는 다음과 같다. 첫째, 인용의 출처를 밝히거나 부연 설명을 하기 위해 사용한다. 둘째, 본문에 해당 글을 집어넣을 경우 논리의 단절이 발생하거나 자연스러운 문장 흐름이 끊어지기 때문에 사용한다. 셋째, 학술적 글쓰기는 다양한 책과 논문 등의 도움을 받아 쓸 수 있는 것이다. 인용과 관련한 출처 표시는 자신의 글을 쓰는 데에 도움을 준 저자에 대한 감사의 표시이다. 넷째, 연구자가 인용을 하면서 관련한 정보를 세세하게 밝히는 것은 다른 연구자에게 도움을 주기 위한 것이다. 주석은 위치와 기능에 따라 다양하게 구분할 수 있다.

1) 위치에 따른 구분

(1) 내각주(內脚註)

내각주는 본문 안에 괄호를 적고 필자, 발행 연도, 인용된 페이지를 적는다. 괄호 안에 간단한 설명도 적을 수 있다. 내주(內註) 또는 본문주라고 한다. 본문 안에서 사용하는 내각주는 인용 출처에 관해 최소한의 정보만 적기에 본문을 집중해 읽을 수 있는 장점이 있다. 내각주는 각주의 편리함과 미주의 불편함을 절충하여 만들어 낸 형식이다. 내각주는 서지 사항을 본론에서 자세하게 밝히지 않았기 때문에 온전하게 확인하려면 참고문헌을 보아야 한다.

내각주 표기법

- 저자 이름을 언급하지 않고 인용하는 원문을 본론에 모두 적었을 경우, 그 문장의 끝에 소괄호를 적고 다음과 같은 형식으로 적는다.

  저자명, 발행 연도:인용된 쪽수 예 (홍길동, 2022:23)

- 본론에서 저자 이름을 언급했을 경우, 저자 이름 다음에 소괄호를 적고 다음과 같이 적는다.

  (발행 연도:인용된 쪽수) 예 홍길동(2022:23)에 따르면

내각주는 인용된 문장의 끝이나 저자 이름 다음에 소괄호 표시를 하고 서지 정보를 간략하게 적는다. 다음은 내각주의 사례이다. 내각주에 따르면 김영희가 2022년에 발간한 단행본의 102페이지에 전주가 매력적인 관광도시로 알려질 수 있었던 요인을 제시했다는 것이다. 책 제목은 나와 있지 않다. 책 제목을 확인하려면 글의 끝 부분에 있는 참고문헌을 통해 직접 확인해야 한다.

예시 | 내각주

한국인들은 전라북도에서 최고의 관광지로 전주를 손꼽았다고 한다. 김영희(2022:102)에 따르면 전주가 매력적인 관광도시로 알려질 수 있었던 요인을 다음과 같이 언급했다. 첫째, 전통적인 한옥마을이 잘 보전되어 있다는 것이다. 둘째, 전주 지역이 음식 문화가 다양하게 발달해 있다는 것이다. 셋째, 관광 인프라가 잘 갖춰져 있다는 것이다.

(2) 외각주(外脚註)

인용이 발생한 페이지 하단부에 내용과 관련한 설명이나 출처를 적는다. 각주(脚註)라고도 한다. 출처를 바로 확인하려는 전문 독자를 대상으로 한 학술 서적과 논문에서 주로 많이 사용한다. 외각주는 내각주처럼 자세한 서지 사항을 보기 위해 참고문헌 목록을 번거롭게 확인할 필요가 없다. 리포트는 소논문과 학술논문을 작성하기 위한 훈련 과정이기에 내각주보다 외각주를 많이 사용한다. 외각주는 본문 인용 뒤에 위첨자로 번호를 붙이고, 해당 페이지 아래에 번호를 적고 서지 사항이나 부연 설명을 적는다.

(3) 미주(尾註) 또는 후주(後註)

인용한 부분에 위첨자로 번호를 표시하지만 페이지 하단부에 주석을 달지 않는다. 보통 단행본의 경우 한 장이 끝나거나 책의 맨 끝 부분에 배치한다. 미주는 출처를 바로 확인하지 않고 본문 내용에 좀 더 집중하는 일반인 대상 단행본에서 많이 사용한다. 일반 독자의 경우, 본문의 가독성을 중시하고 인용의 출처나 부연 설명에 특별한 관심을 보이지 않기 때문이다.

2) 기능에 따른 구분

(1) 참조주(인용주)

인용의 출처를 밝히는 주석이다.

예시 | 참조주

---

2) 피에르 불, 이원복 옮김, 『혹성 탈출』, 태일소담출판사, 2011, 25쪽.

(2) 내용주(해설주)

본문에서 언급하기 힘든 추가적인 내용을 설명하거나 용어와 관련한 내용을 해설하는 형태의 주석이다.

예시 | 내용주

---

25) '노력'과 '노오력'이라는 단어의 의미는 다르다. '노오력'은 경제 불황과 청년실업의 발생 속에 개인이 아무리 노력해도 좋은 직장을 얻거나 성공하기 힘든 현실을 풍자하는 신조어로 '노오력'이라는 말을 사용한다.

외각주 사용법

컴퓨터에서 각주를 사용하려면 아래아 한글 기준으로 키보드에서 Ctrl 키를 누른 상태에서 영문자 N을 두 번 치면 페이지 하단에 각주 번호가 자동으로 생성된다. 외각주를 적는 기본형은 저자 이름, 책 제목, 출판사, 발행 연도, 인용된 페이지 순이다. 이 기본형은 상황에 따라 약간의 변화가 보인다.

예시 | 외각주에 사용하는 기호

- 단행본: 『난장이가 쏘아올린 작은 공』
- 개별 작품, 논문: 「코로나 19가 남긴 것」
- 연속 간행물: 《경향신문》
- 영화, 대중가요: 봉준호 감독의 〈기생충〉, 나훈아 작사 작곡의 〈테스형〉

1) 단행본

단행본의 문헌 정보를 외각주로 작성할 경우 다음의 순서에 따라 적는다.

저자, 책 제목, 출판사, 발행 연도, 인용된 페이지.

각주를 쓸 때, 동양 저서인 경우 저자의 이름은 성과 이름을 붙여 적는다. 서양 저서인 경우 이름, 성 순으로 적는다. 국내 단행본인 경우 책 제목에 겹낫표(『어린 왕자』)를 붙인다. 서양 책의 경우 책 제목에 겹낫표를 붙이지 않고 이탤릭체로 적는다. 영어권인 서양 책의 경우 출판사 소재지를 먼저 적고 그다음에 출판사를 적는다. 국내 저서인 경우 소재지를 생략하는 경우가 일반적이다.

각주에서 발행 연도는 단행본을 처음 발간한 연도를 적는다. 인용된 페이지의 표시는 쪽(또는 면)을 붙여 적는다. 신문을 인용할 경우 '면'이라는 단어를 사용한다. 영어로 표시할 경우 소문자 p에 마침표를 적고, 페이지 숫자를 적은 다음 다시 마침표를 붙인다.(p.13.) 여러 페이지에서 걸쳐 인용할 경우 소문자 pp.를 사용한다. 이때 물결표(~)를 사용해 연속된 페이지를 적는다.(pp.178~179.) 각주 영문 페이지 기호를 사용할 경우 틀릴 경우가 많으니 '쪽'이라는 한글 표현을 권장한다.(13쪽. 또는 178~179쪽.)

예시 | 단행본의 외각주 표기

1. 국내 단행본

1) 조세희, 『난장이가 쏘아올린 작은 공』, 문학과지성사, 1978, 77쪽. (권장)
= 조세희(1978), 『난장이가 쏘아올린 작은 공』, 문학과지성사, 77쪽. (허용)

2. 번역서

2) 유발 하라리, 조현욱 옮김, 『사피엔스』, 김영사, 2015, 45쪽. (권장)
= 유발 하라리, 『사피엔스』, 조현욱 옮김, 김영사, 2015, 45쪽. (허용)

3. 서구 서적

1) Michael J Sandel, *Justice: What's the Right Thing to Do?*, Farrar, New York: Straus and Giroux, 2009, p.137.

4. 페이지를 적는 다양한 방법

- 쪽수가 단면인 경우: 130쪽. (권장) = 130면. = p.130.
- 쪽수가 양면인 경우: 57~58쪽. (권장) = 57~58면. = pp.57~58.

2) 논문

논문의 문헌 정보를 외각주로 작성할 경우 다음의 순서에 따라 적는다.

저자명, 논문 제목, 게재지명, 권호수, 발간 학회, 발행 연도, 인용된 페이지.

논문의 제목을 쓸 때 홑낫표(「 」)를, 학술지는 겹화살괄호(《 》)를 사용한다. 학술지 이름 다음에 쉼표를 적고 몇 집이나 호수를 적는다. 학술지는 출판사가 아니라 학회를 통해 발간하는 형식을 취하기에 출판사 이름에 학회의 이름을 적는다. 공동 연구인 경우 저자 이름 사이에 가운뎃점(·)을 넣는다. 3명 이상의 저자가 있을 경우에 이름을 다 적지 않고 대표 저자 이름을 적는다. 예를 들어 '홍길동 외'라고 적는다. 공동 논문이어서 이름을 빼지 않고 적어야 할 경우 모두 적는다.

예시 | 논문의 외각주 표기

1) 홍길동, 「반공주의와 식민주의」, 《정신세계연구》, 제14권 제1호, 정신세계연구소, 2021, 211~212쪽. (권장)
= 홍길동, 「반공주의와 식민주의」, 《정신세계연구》 제14권 제1호, 정신세계연구소, 2021, 211~212쪽. (허용)

3) 신문 기사

신문 기사의 문헌 정보를 외각주로 작성할 경우 다음의 순서에 따라 적는다.

저자, 기사 제목, 신문 이름, 발행 연월일, 인용된 면.

신문은 페이지를 면으로 표시한다. 각주 표기에서도 쪽이라는 단어 대신에 면이라는 단어를 사용하는 것이 좋다. 인터넷에서 해당 신문을 보았을 경우에도 종이 신문을 기준으로 면수를 적는다. 인터넷으로 보아서 면수를 도저히 모를 경우 쓰지 않는다.

예시 | 신문 기사의 외각주 표기

1) 문강형준, 「자소서는 어떻게 '자소설'이 되는가」, 《한겨레》, 2016.04.30., 2면.

4) 인터넷 기사

인터넷 기사의 문헌 정보를 외각주로 작성할 경우 다음의 순서에 따라 적는다.

저자, 기사 제목, 매체 이름, 게재된 날짜, 인터넷 주소.

인터넷에만 게재된 글의 경우 각주를 적는 일반적인 방법을 따른다. 게재된 날짜가 없을 경우 검색 날짜를 적는다. 페이지에 해당하는 부분에 마우스 클릭을 하면 바로 갈 수 있는 인터넷 링크 주소를 적는다.

예시 I 인터넷 기사의 외각주 표기

1) 오영훈, 「내가 바이러스다」, 웹진 《문화 다》, 2021.02.02., http://www.munhwada.net/home/m_view.php?ps_db=culture_public&ps_boid=158&ps_mode=

5) 약식 기호

각주를 사용하다 보면 동일한 내용이 반복되는 경우가 많다. 이럴 경우 같은 내용을 또다시 적는 것은 비효율적이다. 각주를 효율적으로 사용하기 위해 약식 기호를 사용한다.

(1) ibid.(위의 책, 위의 글)

바로 위의 각주와 동일한 내용이면서 단지 인용된 페이지가 다를 경우에 사용한다. 영어로 사용할 경우 'ibid.'를 사용한다. 'ibid.'는 in the same place를 약자로 만든 것이다. 한글로 사용할 때 단행본일 경우 '위의 책'으로, 개별 글일 경우 '위의 글'로 표기한다. 가급적 한글로 사용할 것을 권장한다.

예시 I ibid.의 사용

1) 김태형, 『불안증폭사회』, 위즈덤하우스, 2010, 100쪽.
2) 위의 책, 150쪽. = ibid., p.150.

(2) op. cit.(앞의 책, 앞의 글)

바로 위의 책이나 논문이 아닐 경우 op. cit.을 사용한다. 한글로 사용할 경우 '앞의 책이나 앞의 글'이다. 'op. cit.'는 in the work cited의 약자이다.

예시 | op. cit.의 사용

---

1) 한병철, 김태환 옮김, 『피로사회』, 문학과지성사, 2012, 33쪽.
2) 알렉스 벤틀리 · 마크 얼스 · 마이클 오브라이언, 전제아 옮김, 『모방사회』, 교보문고, 2015, 145쪽.
3) 한병철, 앞의 책, 120쪽. = 한병철, op. cit., p.120.

(3) loc. cit.(같은 책, 같은 글)

바로 위에서 인용한 자료와 모든 정보가 동일한 경우 'loc. cit.'를 사용한다. 한글로는 '같은 책이나 같은 글'이다. 'loc. cit.'는 in the place cited의 약자이다. 이 기호를 사용할 경우 인용할 페이지를 추가로 적으면 안 된다.

예시 | loc. cit.의 사용

---

1) 피터 싱어, 김성한 옮김, 『동물 해방』, 연암서가, 2012, 214쪽.
2) 같은 책. = loc. cit.

예시 | 외각주의 사용

딜레마에서 탈출하기

딜레마(dilemma)란 두 개의 판단 사이에 끼어 어느 쪽도 결정할 수 없는 진퇴양난의 경우를 말한다. 이것을 선택하면 다른 쪽이 문제이고, 다른 쪽을 선택하면 이쪽이 문제가 발생한다. 딜레마 상황은 최선의 선택을 할 수 없는 상황이다. 그래서 딜레마에 봉착하는 사람은 최선의 선택이 아닌 차선을, 최악이 아닌 차악을 찾는다. 딜레마 상황은 필연적으로 두 길 중 한쪽 길의 선택을 권장한다. 각각의 선택은 그에 따르는 위험과 비용, 잠재적 이익 등이 따라온다. 학생들은 딜레마 문제를 해결하는 과정에서 비판적 사고력, 문제해결 능력, 창조적 사고력을 키울 수 있다.

영국의 윤리학자 필리파 풋은 1967년에 폭주하는 광석차라는 재난 앞에서 광부 5명을 구할 것인지, 아니면 1명을 구할 것인지 선택하는 딜레마의 질문을 던졌다. 이때 폭주하는 광석차는 어떤 수단으로도 멈출 수가 없다는 것이 전제되어 있다. 광부들도 광석차를 조기에 발견하여 피할 수 없는 상황이 전제되어 있다. 질문을 받은 사람은 선로 전환기를 작동시켜 5명을 구할 것인지, 1명을 구할 것인지 양자택일의 선택만 할 수 있다. 두 길 중에서 최선의 상황을 만들 수 없기에 아예 선택을 하지 않겠다는 사람도 있을 수 있다. 선택을 하지 않고 선로 전환기를 작동하지 않으면 광석차는 부딪쳐 광부 5명이 사망할 것이다. 그것은 결국 선로 전환기를 작동하지 않은 상황과 동일한 결과를 생산한다. 당신이라면 이때 어떤 선택을 할 것인가?

기타무라 료코는 『어떻게 사고할 것인가』(2018)에서 33가지 다양한 사고 실험을 통해 독자들에게 사고력을 확장시킨다. 이 책에서 3개의 실험이 폭주하는 광석차와 관련한 딜레마 문제이다. 기타무라 료코는 책을 읽는 독자의 머릿속에서 책을 통해 사고 실험을 한다. 이때 "실험 도구는 여러분의 윤리관과 지금까지 쌓아온 지식, 논리적 사고력, 집중력, 상상력 같은 것들이다."[1] 이 상황에서 하나의 명확한 정답은 없다. 여러분들은 각자의 상황에서 최악을 피하기 위해 여러분들이 가진 능력을 총동원해야 한다.

많은 학생들은 폭주하는 광석차라는 딜레마 문제에서 선로 전환기를 작동시켜 5명을 살리고 1명을 죽게 만드는 선택을 했다. 학생들이 다수를 살리는 선택을 한 것은 공리주의 원칙에 입각한 것이다. 영국의 철학자 제레미 벤담은 '최대다수의 최대행복'을 주장하며 양적 공리주의를 주장했다. 이 입장에 따르면 5명을 살리는 것이 1명을 살리는 것보다 공동체의 이익과 행복을 더 가져오는 것이다.

그렇다면 5명의 광부라는 설정은 동일한 상태에서 나머지 1명을 광부가 아니라 부모나 사랑하는 애인 1명이라고 설정을 바꿔서 학생들에게 어떤 것을 선택할지 물어보았다. 이때 많은 학생들은 부모나 애인 1명을 선택하는 결과를 낳았다. 앞의 문제에서 광부 5명을 선택했던 학생도 부모나 애인 1명을 선택했다. 여기에서 등장하는 것은 양적 공리주의가 아니라 질적 공리주의의 입장이다. 사람들은 익명의 상황에서 선택할 경우 다수를 선택했지만 자신이 사랑하는 사람이 철로에 있었을 경우 숫자와 무관하게 소수를 선택했다. 이러한 선택은 개인적으로 만족스러운 결과를 보인다고 할 수 있지만 사회 공동체의 입장에서 보면 바람직한 선택이라고 할 수 있을까? 당신은 광부 5명과 부모나 애인 1명을 선택해야 하는 딜레마 상황이라면 어떤 결정을 할 것인가?

폭주하는 광석차 문제를 변용하여 만든 영화는 알레인 드스로처스 감독의 〈스페셜 시큐리티〉(2017)이다. 이 영화에서 해병대에서 대위로 퇴역한 주인공 에디는 좀처럼 일자리를 찾지 못해 어렵게 살다가 쇼핑몰의 야간 경비원으로 취직하게 된다. 야간 근무조 책임자인 반스에게 업무 설명을 받고 첫 근무에 들어간 에디는 쫓기듯 도망쳐온 소녀 제이미를 구하게 된다. 잠시 후, 악당들이 등장해 에이미의 신병 인도를 요구한다. 악당들은 경비원의 목숨을 살려 줄 뿐만 아니라 많은 돈도 주겠다는 보상책도 제시했다. 이때 경비원 5명은 테이저 총과 케이블 타이로 무장했지만 악당들에 비해 형편없는 무장 상태이다. 쇼핑몰에서 휴대폰은 통화가 되지 않고, 외부에 연락할 유선 전화도 없다. 야간에 경찰 순찰차도 오지 않는다. 만약 당신이라면 악당으로부터 낯선 소녀를 살리기 위해 목숨을 걸고 싸우다가 경비원 전원 5명이 사망할 것인가? 아니면 소녀를 악당들에게 넘기고 경비원들의 목숨을 건질 것인가? 목숨을 걸고 싸우더라도 소녀를 구할 가능성은 매우 낮다.

폭주하는 광석차와 소녀 구출하기 문제를 해결하는 최선의 선택지는 없기에 딜레마가 발생한다. 사람들은 각자의 상황에서 최악을 피하기 위한 선택을 하게 된다. 광석차 딜레마 문제는 특정 상황을 염두에 두고 인위적으로 설정한 것이다. 현실이라면 또 다른 선택 사항이 존재한다. 창조적 사고는 두 가지의 선택 사항만이 존재하는 것처럼 보이는 상황 자체를 뒤집어 버린다. "창조적 문제 해결은 가능성을 확장하는 기술이다. 그것은 어떤 상황이나 과제 또는 문제를 새로운 관점에서 바라보고, 그렇게 함으로써 그 전에도 그 안에 들어있긴 했으나 분명하지 않았던 가능성을 열어 낼 줄 아는 능력이다."[2] 창조적 사고는 새로운 것을 상상하거나 무엇인가를 새롭게 만들어 낼 수 있다.

---

1) 기타무라 료코, 김정환 옮김, 『어떻게 사고할 것인가』, 까치, 2018, 11쪽.
2) 앤서니 웨스턴, 이주명 옮김, 『윤리문제에서 딜레마 뛰어넘기』, 필맥, 2007, 18쪽.

3. 참고문헌 작성법

리포트의 표지와 본문을 다 작성하고 난 다음 마지막으로 쓰는 것이 참고문헌이다. 참고문헌은 자신이 리포트를 쓰면서 중요하게 참조했던 자료를 적는 곳이다. 자신이 읽었지만 구체적으로 참고하지 않았던 자료들을 적을 필요는 없다. 자신이 직접적으로 인용하거나 중요하게 참고했던 자료들을 참고문헌에 올리면 된다. 참고문헌이나 각주만 봐도 필자가 어느 정도 공부를 했는지 알 수 있다. 특정 주제에 반드시 언급되어야 할 자료가 주석이나 참고문헌에 빠져 있다면 부실한 리포트나 논문으로 평가받을 수 있다.

교수들은 학생들이 제출한 리포트의 주석이나 참고문헌을 통해 이 학생이 얼마만큼 주어진 기간 내에 공부했는지 측정하는 도구로 활용하기도 한다. 학생들은 이런 점 때문에 자신이 읽지도 않고 참조하지도 않은 자료 목록을 참고문헌에 집어넣기도 한다. 하지만 자신이 쓴 글과 연관성이 별로 없는 참고문헌 목록은 오히려 글의 신뢰성, 진실성을 손상시킨다.

참고문헌은 국내 자료를 먼저 올리고, 국내 이외의 자료들을 나중에 쓴다. 번역서는 국내 자료에 올린다. 국내 자료는 저자의 이름을 '가나다' 순으로 적으면 되고, 국외 자료 중 서양 자료는 저자의 이름을 알파벳 'ABC' 순으로 적으면 된다. 필자가 여러 명이라면 3명까지인 경우 모두 적고, 그 이상일 경우 대표 저자 외 몇 명으로 적는다. 동일 필자의 책이나 논문을 여러 개 참조했을 경우 첫 번째에만 저자 이름을 적고, 다른 책의 경우 이름 길이만큼 가로줄로 표시한다. 이때 배열은 발행 연도 순으로 한다.

예시 | 참고문헌 작성

1. 자료

김현, 『김현문학전집』 1~16, 문학과지성사, 1991.

2. 논저

강계숙, 「『한국문학의 위상』의 현재성에 대한 고찰」, 《비교한국학》, 28권 2호, 국제비교한국학회, 2020.

오태호, 「김현 비평에 나타난 '문학주의적 특성' 연구」, 《우리어문연구》, 53집, 우리어문학회, 2015.

이동하, 「김현의 『한국문학의 위상』에 대한 한 고찰」, 《전농어문연구》, 제7집, 서울시립대 국문학과, 1995.

이명원, 『타는 혀』, 새움, 2000.

임규찬 · 최원식 엮음, 『4월혁명과 한국문학』, 창작과비평사, 2002.
작가와 비평 편, 『김현 신화 다시 읽기』, 이룸, 2008.
정과리, 「김현 비평의 현재성」, 『문학과 사회』, 2000년 여름호, 문학과지성사, 2000.
한래희, 「김현 비평 연구」, 연세대 대학원 박사논문, 2010.
Michael J Sandel, *Justice: What's the Right Thing to Do?*, Farrar, Straus and Giroux: New York, 2009.

글쓰기 연습

다음 사항을 외각주로 작성해 보자.

1) 클라이브 해밀턴이 쓴 "인류세"라는 책 가운데 17쪽에서 18쪽의 한 부분을 인용하였다. 이 책은 2018년 이상북스에서 발간했다. 번역자는 정서진이다.

2) 위 1)에서 인용한 단행본의 133쪽을 새롭게 인용하였다.

3) '죽음 사진과 공감애'라는 개별 글을 주형일이 썼다. '언론과 사회'가 발간하는 '언론과 사회' 29(3)에 실렸다. 인용된 페이지는 33에서 34이다. 발행 연도는 2021년이다.

4) 위 3)에서 인용한 글에서 22쪽을 새롭게 인용하였다.

5) 위 4)의 각주와 모든 것이 동일하다.

팀 기반 활동

1. 우석대학교 도서관 전자자료의 '학습DB/전자저널'에서 디비피아에 접속해 학술지 논문 한 편을 내려받자. 이것을 팀별로 공유하면서 올바른 주석과 인용의 문제를 토론해 보자.

2. 폭주하는 광석차 딜레마 등 윤리적 딜레마 문제를 선정하여 팀별 토론을 진행해 보자.

02

글의 탄생과 성찰

하채현 책임 집필

제5장
다양한 서술 방식

1. 글쓰기에서 서술

정의가 무엇이고 예시가 무엇인지 아주 잘 설명할 수 있으면서도 정작 자신의 글을 쓸 때는 어떤 서술 방식을 활용해야 하는지 찾아내지 못하는 경우가 있다. 정의, 예시, 비교와 대조, 분류와 구분, 묘사와 서사가 무엇인지 아는 것은 중요하지 않다. 이러한 것들은 글의 서술 방식을 이론적으로 규명하기 위해 만들어진 것이다. 중요한 것은 '필자가 표현하고 싶은 것을 얼마나 제대로 적절하게 글로 나타냈는가?'이다.

쓰려는 주제는 도달하려는 목적지에 해당한다. 만약 터키 이스탄불에 가려는 것이 목적이라면 이스탄불까지 어떤 수단으로 갈 것인지 결정해야 한다. 비행기를 탈 수 있고, 배를 탈 수 있고, 아니면 시간이 걸리겠지만 자전거를 타고 갈 수도 있다. 이처럼 넓은 관점에서 내가 표현하고 싶은 주제를 탐색하였다면 그 주제를 선명하게 만들기 위해서 어떤 방법을 쓸 것인지 고민하는데 이것이 서술 방식을 결정하는 과정이다.

잘 쓴 글은 글의 주제와 서술 방식이 제대로 들어맞는다. 필자는 주제를 가지고 글을 시작하지만 서술 방식을 고민하는 과정에서 내가 본래 가졌던 주제가 막연하거나 어느 부분에 결함이 있다는 것을 깨닫게 된다. 혹은 그 반대의 경우도 생긴다. 서술 방식을 일찌감치 결정하였는데 어디로 가는 것이 맞을지 고민하다가 서술 방식을 더 적절하게 구조화하기도 한다. 짧은 글 한 편을 200자 원고지 10매 정도라고 했을 때, 거기에는 다양한 서술 방식을 포함하게 된다. 서술 방식은 주제를 선명하게 만들기 위해서 사용하는 것이다. 말하자면 주제를 드러내는 것이 중요한 부분이지 서술 방식에 지나치게 매이게 되면 오히려 주제를 놓칠 수도 있다.

다음의 글은 덴마크에서 생활하고 있는 필자가 신뢰할 수 있는 사회가 어떠한지 드러내기 위해 쓴 글이다. 개개의 사례를 들었고, 조사 결과를 찾아 제시했다. 필자가 한국인이기 때문에 한국인과 덴마크인의 의식을 비교하여 서술하였다. 직접 겪은 일들을 구체적으로 보여주어 '신뢰 사회'에 대한 필자의 생각을 설득력 있게 제시했다.

코펜하겐 근교 주택가를 산책하던 중에, 쓰던 물건들을 진열해 둔 매대를 발견했다. 덴마크 사람들이 집에서 쓰는 물건이 궁금해 기웃거리며 구경을 하는데, 좀처럼 주인은 나타나지 않았다. 더러는 값이 나가는 물건이 보이는 주인 없는 매대가 불안하여 나라도 지켜봐야 하나 걱정하던 차에 간편결제 번호가 적힌 종이 한 장이 눈에 들어왔다. 마음에 드는 물건이 있으면 적힌 대로 결제를 하고 가져가면 된다는 것이다.

또 한번은 '신선한 달걀 판매 중'이라는 안내 문구를 따라 농가의 양계장에 들어가 본 적이 있다. 닭들이 자유를 만끽하고도 남을 것 같은 커다란 양계장 한쪽으로 작은 상점 같은 건물이 보였다. 열린 상점 문으로 들어가 보니 속이 들여다보이는 투명한 냉장고 안에 알이 실한 달걀이 나란히 줄지어 담겨 있었다. 신선한 달걀을 한번 먹어 볼 생각에 한참을 서서 주인을 기다렸지만 주인은 나타나지 않았다. 달걀을 포기하고 돌아 나오려는데, 냉장고 뒤편에 붙은 결제 안내가 보였다. 역시 달걀을 가져가고 적힌 번호로 결제하라는 안내였다.

덴마크 국내 여행을 하며 에어비엔비를 이용하면서도 비슷한 경험을 한 적이 있다. 예약을 완료하자 문자메시지로 열쇠를 넣어 둔 우체통 자물쇠의 비밀번호가 도착했다. 혹시 주인이 체크인을 도와주지 못할 경우에 참고하라는 정보가 아닐까 생각했지만, 체크인 당시 주인은 나타나지 않았다. 즐거운 휴가를 보내라는 메시지를 보내 주었을 뿐이다. 체크아웃을 하는 날에도 주인은 나타나지 않아, 우체통에 열쇠를 도로 넣어 두고 나왔다.

몇 번의 경험을 통해 덴마크의 많은 사람들은, '중고 물건들을 그냥 가져가 버리면, 달걀 몇 알을 슬쩍하면, 괴상한 여행객들이 집을 난장판으로 만들거나 세간을 들고 가 버리면 어쩌지?'와 같은 걱정은 하지 않는다는 결론에 도달했다. 덴마크 사람들은 이러한 현상을 신뢰의 결과라고 설명한다. 조사에 따르면 2020년 덴마크 국민의 서로에 대한 신뢰도는 70퍼센트에 이르며, 국가기관에 대한 신뢰 역시 70퍼센트를 웃도는 결과를 보였다. 덴마크인들은 신뢰를 바탕으로 높은 수준의 공공문화, 유연하고 행복한 공동체를 이루어 간다고 설명한다. 이들은 개인이나 공공기관이 상대를 고의로 속일 리는 없으며, 실무자들은 마땅히 맡은 업무를 최선을 다해 처리할 것이라고 믿는다고 한다. (중략)

이처럼 신뢰 사회라고 자부하는 덴마크에도 못 미더운 담당자들, 마음씨 곱지 못한 사람들로 인해 불이익을 당하는 일은 얼마든지 있다. 그럼에도 불구하고 이들은 서로를 믿는 일을 포기하지 않으려는 눈치이다. 완벽하지 못한 서로를 믿는 덴마크 사람들이 답답하게 보이기도 하지만, 부러운 날이 더 많은 것이 사실이다. 실수를 했어도, 시스템이 부실해도 한두 번은 고의가 아니었을 것이라고 믿고 넘어가 주는 사람들 곁이라면 잘못이 탄로 날까 거짓으로 숨기지 않아도 될 것이고, 스스로 잘못을 고치려는 용기를 내 볼 수도 있을 것이다.

– 구본희, 「허술하지만 든든한 신뢰 사회 덴마크」, 《작은책》, 제312호, 2021, 36~37쪽.

이렇게 구체적으로 쓰기 위해 서술 방식을 정한다. 구체적으로 써야 도달하려는 주제에 가까이 갈 수 있다. 쓰면서 필자의 생각이 다듬어지고, 주제가 모호하지 않고 일관되어야 전달력이 높아진다.

한 아이가 소풍을 갔다. 친구가 맛있는 도시락을 준비해 왔다. 아이가 그 도시락이 부러웠다.

"엄마, 저도 친구의 도시락처럼 싸 주세요."

"친구의 도시락이 뭐였는데?"

"맛있는 도시락이었어요."

아이의 대답이 이와 같으면 엄마는 아이가 원하는 도시락을 준비할 수 없다. 이 아이가 자신이 원하는 도시락을 싸고 싶다면(주제) 자신이 원하는 도시락에 대한 정보를 엄마에게 구체적으로 설명해야 한다. 이때의 설명이 바로 서술 방식에 해당한다.

글로 표현하는 것도 마찬가지다. 아이가 엄마에게 알아듣게 이야기해야 원하는 도시락을 엄마가 준비할 수 있듯이 필자는 독자가 알아듣게 이야기해야 한다. 그래야 독자로부터 예상 가능한 피드백을 받을 수 있다. 이와 달리, 만약 '나는 표현하고 싶은 주제가 있지만 서술하지 않겠어.'라고 말하는 필자가 있다면 그것은 글쓰기라기보다 '화두(話頭)'를 던지는 일이 될 것이다.

2. 글의 서술 구조

여기서 글을 서술하는 방법 몇 가지를 이론적으로 안내하고자 한다. 정의와 예시, 비교와 대조, 분류와 구분에 대해서 살펴볼 것이다. 이러한 서술 방식이 어떤 구조인가를 가늠하기보다는 필자가 실제 글을 쓰면서 발생하는 문제들을 중심으로 간략하게 살필 것이다. 분석과 묘사, 논증은 뒤에서 따로 다루기로 한다.

글쓰기의 원심력과 구심력: 정의와 예시

정의와 예시는 글에서 가장 먼저 활용해 볼 서술 방식이다. 정의는 글쓰기의 원심력에 해당하고, 예시는 글쓰기의 구심력에 해당한다.

1) 정의

정의(definition)는 대상의 범위를 한정하여 본질을 규명하는 것이다. 정의는 설명 대상의 본질이나 핵심을 명확하게 규정해 주는 서술 방법으로 알려져 있다. 설명하는 글을 쓸 때는 먼저 설명의 대상을 제시하고 그 특성을 개략적으로 밝혀 주거나, 대상의 개념을 정확하게 밝혀 준다. 설명하는 글의 첫머리에 놓이는 진술들은 정의를 통해 서술된다. 필자가 글을 쓰면서 가설을 설정할 때 필요한 것이 정의다. 세상에는 많은 정의가 이미 내려져 있으나 필자가 그 정의와 다른 관점이 있을 때 새로운 정의를 내리게 되고 실제로 글을 쓰게 된다.

예시 1 | 리터러시의 정의

문식성, 문해력, 리터러시의 쓰임은 조금씩 다릅니다. 나아가 '리터러시'의 의미는 역사적으로 변천되어 왔죠. 기본적으로 리터러시는 서양에서 발흥한 개념인데, 그 변화 양상이 꽤나 극적입니다. Literacy라는 단어는 원래 라틴어 '리테라투스(literatus)'에서 나왔다고 하는데요. 고대에는 '문학에 조예가 있는 학식 있는 사람'으로, 중세시대에는 '라틴어를 읽을 수 있는 사람'으로, 그리고 종교개혁 이후에는 '자신의 모국어를 읽고 쓸 수 있는 능력을 가진 사람'으로 정의되었다고 합니다. 시대에 따라 리터러시의 개념이 상당히 다르다는 점이 흥미롭죠. 고대에는 '문학과 학식'이, 중세에는 '라틴어'가, 근대 이후에는 '모국어'가 리터러시 개념의 중핵으로 제시되고 있어요. 여기에서 유추할 수 있는 것은 역사적, 사회적 맥락마다 리터러시에 대한 태도나 그에 대한 가치 부여 방식이 다르다는 점입니다. 불변하는 개념으로 존재하는 것이 아니라 맥락에 따라 적절한 의미가 구성돼 온 것이죠.

– 김성우, 엄기호, 『유튜브는 책을 집어삼킬 것인가』, 따비, 2020, 17~18쪽.

예시 2 | 비극의 정의

비극은 프롤로그와 삽화와 결미와 코로스의 노래로 구분되며, 코로스의 노래는 다시 등장가(parodos)와 정립가(stasimon)로 구분된다. (중략) 프롤로그는 코로스의 등장가에 선행하는 비극의 전체 부분이고, 삽화는 코로스의 전체 노래와 노래 사이에 삽입된 비극의 전체 부분이다. 결미는 코로스의 마지막 노래 다음에 오는 비극의 전체 부분이다. 코로스의 노래 중에서 등장가는 코로스의 최초의 발언 전체이고, 정립가는 단단장격 운율과 장단격 운율이 사용되지 않는 코로스의 노래이고, 애탄가는 코로스와 배우가 합창으로 부르는 비탄의 노래이다.

– 아리스토텔레스, 천병희 옮김, 『시학』, 문예출판사, 2002, 68~70쪽.

〈예시 1〉은 리터러시의 개념에 대한 정의를 어원으로부터 접근하고 있다. 그런 다음 시대적, 역사적 맥락에 따라 개념이 변화해온 과정을 제시하였다. 〈예시 2〉에서 아리스토텔레스는 서사극의 처음과 중간과 끝에 대하여 다음과 같이 정의를 내린다. 처음(프롤로그)이란 앞에는 없고 뒤에는 있는 것을 말한다. 중간(삽화)이란 앞에도 있고 뒤에도 있는 것을 말한다. 끝(결미)이란 앞에는 있는데 뒤에는 없는 것을 말한다고 한다. 세상의 진리들이 과학적으로 재증명되면서 새로운 정의들이 내려지는 중이다. 마찬가지로 철학적 논제들이 사회 문화의 변화로 인해 새롭게 정의되고 있다. 정의는 전환기에 많이 활용되는 서술 방법이라고 할 수 있다.

2) 예시

예시는 서술 방식 중에서 가장 독자를 '위한' 설명 방식에 해당한다. 예시는 아마도 글을 쓸 때 주로 앞부분(머리말, 서론 등)에 들어가는 경우가 많다. 예시는 대상을 알기 쉽게 이해할 수 있도록 구체적인 본보기를 들어 설명해 주는 기술 방식이다. 예시(for example)와 사례(case)는 비슷한 측면이 있다. 보통 예시는 예를 들어 보인다는 뜻으로 쉽게 설명하는 것이며, 사례는 바로 그 구체적 '예'에 해당한다고 한다. 예시는 사례를 포괄하는 개념이다. 사례는 귀납적인 결론 도출과 관련된다. 그래서 논문에 많이 사용되고 있다. 정의가 가설 설정이라는 점에서 연역적 사고를 사용하는 것이라면 사례는 다양한 예시를 통해서 일반론을 추출하는 과정이다.

정의와 예시는 논리 구조가 대조적이다. 정의가 연역적 방식으로 가설을 앞세우고 논리를 펼치는 것이라면, 예시는 여러 가지 다양한 것들을 모두 가져와서 일반화, 집단화한다. 작가가 누구인지를 밝히려는 시도는 다양하게 이루어져 왔다. 작가는 예민해서 '위기 앞에서 건재하기 어렵고, 아파하고, 가스가 새어 나오면 가장 먼저 죽는다고 작가 김형수는 말한다. 앵무새와 십자매를 예로 가져와서 작가가 어떤 사람인지 알기 쉽게 설명했다.

예시 1 | 작가는 어떤 사람인가에 대한 예시

학생들에게 들은 말이에요. 마릴린 먼로가 앵무새를 길렀대요. 앵무새가 어디서 들었는지 마릴린 먼로가 옷을 벗을 때마다 '나는 봤다, 나는 봤다' 하고 울었어요. 그래, 마릴린 먼로가 화가 난 나머지 앵무새의 머리를 잡아당기니 이마가 벗겨져 대머리가 되었어요. 그런데 어느 날 율 브린너가 놀러 왔는데 자기처럼 머리가 벗겨져 있거든요. 앵무새가 반가워서 "너도 봤니, 너도 봤니?" 했다는 거예요. 대저 앵무새란 따라 하는 새, 흉내 내기의 상징물로 사용됩니다.

반면에 십자매라는 새가 있습니다. 병영에서 키우지요. 군대 내무반 페치카에서 가스가 새어 나오면 병사들은 모두 질식합니다. 그런데 십자매는 아주 예민해서 가스가 조금만 새어 나와도 숨이 넘어가요. 보초를 서는 병사는 십자매가 죽으면 얼른 문을 열어 환기를 시키면 됩니다. 그럼 내무반의 병사들은 무사할 수 있어요. 잠수함의 토끼와 같지요?

작가는 어떤 존재일까요? 마릴린 먼로의 앵무새가 아니라 내무반의 십자매입니다.

– 김형수, 『삶은 어떻게 예술이 되는가』, 아시아, 2015, 36~37쪽.

예시 2 | 원본비평에 대한 예시

어떠한 복사판도 현존 문헌에서 찾을 수 있는 것보다 더욱 충실하게 저자의 최종적 의도를 회복하려고 노력하는 비판적 공정(工程)에 필적할 수 없다. 예를 들어,

셰익스피어의 『햄릿』에 대한, 알기 쉽고 만족스러운 본문은 다른 판본들을 참조하지 않고, 오직 사절판(四折判) 재판이나 이절판(二折判)의 어느 하나만으로는 구성될 수 없다. 『오델로』처럼 『햄릿』도 매우 복잡한 문제를 드러내고 있지만 그 요점은 단순한 수정본의 경우와 같다.

– 노드럽 프라이 외, 김인환 옮김, 『문학의 해석』, 홍성사, 1978, 61쪽.

셰익스피어의 작품을 예로 들어서 이본(異本) 논의를 하였다. 원본을 신중하게 번각하는 일이 편찬자의 가치 있는 직능이었다가 편집자의 수정, 교정, 다른 읽기를 합쳐서 제시하는 것 등을 허용하는 비판적 판본이 바람직한 것으로 여겨진다. 이 글은 이후 무한 복제의 시대를 열게 된 초기 인쇄술의 모습을 보여 준다. 매체의 발달로 복제가 자유로워지고 이와 함께 철학적으로는 불확정시대가 되었다. 복사본의 시대에 예시는 더욱 중요해졌으며 사례 연구도 자주 사용되고 있다. 진리가 새로 만들어지는 시대여서 여러 학술적인 글들이 사례를 통해 귀납추리를 하면서 결론을 도출한다.

글쓰기 연습

다음의 예문은 사례(case)이다. 어떤 부분에서 사례에 해당하는지 생각해 보고 필자가 이 사례를 통해서 이야기하려는 것이 무엇인지 써 보자.

'신선한 달걀 판매 중'이라는 안내 문구를 따라 농가의 양계장에 들어가 본 적이 있다. 닭들이 자유를 만끽하고도 남을 것 같은 커다란 양계장 한쪽으로 작은 상점 같은 건물이 보였다. 열린 상점 문으로 들어가 보니 속이 들여다보이는 투명한 냉장고 안에 알이 실한 달걀이 나란히 줄지어 담겨 있었다. 신선한 달걀을 한번 먹어 볼 생각에 한참을 서서 주인을 기다렸지만 주인은 나타나지 않았다. 달걀을 포기하고 돌아 나오려는데, 냉장고 뒤편에 붙은 결제 안내가 보였다. 역시 달걀을 가져가고 적힌 번호로 결제하라는 안내였다.

덴마크 국내 여행을 하며 에어비엔비를 이용하면서도 비슷한 경험을 한 적이 있다. 예약을 완료하자 문자메시지로 열쇠를 넣어 둔 우체통 자물쇠의 비밀번호가 도착했다. 혹시 주인이 체크인을 도와주지 못할 경우에 참고하라는 정보가 아닐까 생각했지만, 체크인 당시 주인은 나타나지 않았다. 즐거운 휴가를 보내라는 메시지를 보내주었을 뿐이다. 체크아웃을 하는 날에도 주인은 나타나지 않아, 우체통에 열쇠를 도로 넣어 두고 나왔다.

해결점을 도출하는 서술 구조: 비교와 대조

어떤 대상을 설명할 때 그 대상을 다른 대상과 견주어 가면서 설명하면 독자가 쉽게 이해할 수 있다. 비교와 대조는 설명 대상과 유사성이나 대립성을 지닌 사물이나 사실들을 나란히 놓고 견주어 가면서 기술하는 설명 방식이다. 비교는 두 대상 사이에 존재하는 공통점이나 유사점을, 대조는 두 대상 사이에 존재하는 차이점이나 대립점을 밝혀서 기술해 주는 것이다. 하지만, 설명하는 글에서 비교와 대조는 함께 나타나는 경우가 대부분이다.

비교할 때 유추(analogy)를 활용할 수 있다. 린다 플라워는 『글쓰기의 문제해결 전략』(1998)에서 글쓰기에서 유추의 유용함에 대하여 말한 바 있다. 플라워는 유추가 창의성에 관한 많은 심리학적 연구의 지지를 받고 있다고 말하면서 필자가 가진 아이디어를 능동적 독서라는 조립 세트를 이용하게 하는 것이 유추라고 하였다.

독서에 대한 사람들의 인식이 날로 변하고 있다. 스마트폰 출현 이후 책에 대한 인식도 급격하게 변하는 중이다. 독서와 시간에 대한 관계를 설명하는 방법으로 페냑크(2004)는 사랑하는 시간을 비교 대상으로 가져왔다. 독서와 사랑의 비교를 통해 인간의 삶에 존재하는 독서를 부각하였다.

예시 1 | 책 읽는 시간과 사랑하는 시간의 비교

책을 읽는 시간은 사랑하는 시간이 그렇듯, 삶의 시간을 확장시킨다.

만약 사랑도 하루 계획표대로 해야 하는 것이라면, 사랑에 빠질 사람이 어디 있겠는가? 누군들 사랑할 시간이 나겠는가? 그런데도 사랑에 빠진 사람이 사랑할 시간을 내지 못하는 경우는 한 번도 본 적이 없다.

나도 책을 읽을 시간이 좀처럼 없었다. 그렇지만 다른 일 때문에 좋아하는 소설을 끝까지 읽지 못한 적은 한 번도 없었다.

독서란 효율적인 시간 운용이라는 사회적 차원과는 거리가 멀다. 독서도 사랑이 그렇듯 그저 존재하는 방식인 것이다.

문제는 내가 책 읽을 시간이 있느냐 없느냐가 아니라(그렇다고 아무도 시간을 가져다주지는 않을진대) 독서의 즐거움을 누릴 마음이 있느냐 없느냐이다.

– 다니엘 페낙크, 이정인 옮김, 『소설처럼』, 문학과지성사, 2004, 160~161쪽.

책과 독서에 대한 현대인들의 패턴이 바뀌고 있다. 오디오북이나 전자책으로 독서를 하는 사람이 늘었다. 원고지에 글을 쓰는 사람이 없어지고 모두 키보드를 두드리는 시대였다가 이제는 손가락을 사용해서 웹에 자신의 원고를 저장하고 공유한다. 이처럼 매체의 변화로 이야기 작가가 하는 일도 변했다는 주장을 자넷 머레이는 하고 있다. 소설과 사이버드라마는 어떻게 다른지 다음 대조를 통해서 알 수 있다.

예시 2 | 빅토리아 시대의 소설과 사이버드라마의 대조

전 지구적으로 성행했던 빅토리아 시대의 소설들처럼, 미래의 사이버드라마 작가들은 수많은 캐릭터들이 빚어내는 복잡다단한 세계를 선사할 것이며, 동일한 사건을 다른 캐릭터의 시각으로 볼 수 있도록 입장을 바꾸게 해줄 것이다. 또, 우리를 특정한 마을로 들어가게 해서는, 몇 번이고 다른 사람들로 변장하게 함으로써 인간이 얼마나 다양한 모습들을 가지고 있는가를 깨닫게 해 줄 것이다. 우리 자신이 맡은 캐릭터의 눈으로 세상을 보는 일과 다른 사람의 눈으로 우리 자신의 캐릭터를 보는 일을 유동적으로 접맥시켜 주는 환경 속에서 우리는 어떤 저항할 수 없는 역할들을 맡게 될 것이다. 미래의 사이버드라마 작가들은 톨스토이의 『전쟁과 평화』처럼 거대한 전장과 단 한 사람의 군인만 보여 주는 것이 아니라, 굵직한 역사적 사건이 무수한 사소한 요인들의 총합으로 발생되는 과정을 보여 주고자 노력할 것이다. 이 모든 이야기 유형들은 오늘날 우리의 시점을 고정시키거나 초월하는 양자 모두에 대한 인간적 투쟁을 실현하는 방법이 될 것이다.

– 자넷 H. 머레이, 한용환·변지연 옮김, 『인터랙티브 스토리텔링』, 안그라픽스, 2001, 325쪽.

실제로 글을 쓸 때 해결점과 결론을 도출하기 쉬운 서술 방법이 비교하기다. 소설을 읽어 본 사람은 머레이가 말하는 사이버드라마의 유형을 충분히 이해할 수 있다. 소설을 읽을 때 우리는 다른 입장, 다른 캐릭터, 역사적 사건의 중층 구조 속에 놓이기 등을 예측하게 된다. 머레이는 가상 환경에서 협업을 통해 만들어진 이야기들이 구비전승 이야기들보다 울림이 적다고 하였다. 그렇지만 가상 현실의 진부하고 외래적인 기원을 가진 사이버드라마들이 참여자들의 우정을 돈독히 하고 정서적인 공감대를 형성시켜 줄 것이라고 기대하였다.

이처럼 비교와 대조는 독자의 이해를 돕는 서술 방식이다. 현대에 이르러 정책 연구에도 비교가 활용되고 있다. 예를 들어, 한국의 저출산을 해결하기 위해서 한국의 출산 정책과 다른 나라들의 출산 정책을 비교할 수 있다. 또는 대학생들의 글쓰기 실력을 높일 방안을 마련하기 위해서 각 대학에서 이루어지는 글쓰기 센터 글쓰기 상담 데이터를 비교할 수 있다. 대학 글쓰기 센터가 활성화된 곳과 비교적 새로 만들어져서 활성화 이전 단계인 대학의 글쓰기 사례들을 놓고 서술해 나갈 수 있다. 이런 식으로 비교를 활용하면 논의의 방향을 놓치지 않고 진행할 수 있다. 비교 대상을 찾기 위해서 유추를 활용한다면 말이다.

자르기와 묶기의 서술 구조: 분류와 구분

분류(classification)는 일정한 기준으로 묶는 설명 방식으로 예외가 있을 가능성이 있다. 반면에 구분(separated)은 전체를 통째로 자르기 때문에 예외가 있을 수 없다. 설명하려는 대상의 개념이나 범주가 매우 클 때는 대상을 구성하는 요소들을 나누어 설명하는 것이 좋다. 구분과 분류는 대상의 전체를 이루는 것들을 하나하나 나누고, 각각에 대한 설명을 합하여 전체를 설명하는 방식이다. 구분은 전체에서 부분으로 나누어 가면서, 반대로 분류는 부분에서 전체로 묶어 가면서 대상을 설명한다. 하지만 실제 글쓰기에서 이 둘은 거의 구별하기 어렵다.

그렇다면 언제 구분을 사용하여 쓰고 분류를 사용해서 쓸까? 이를 이해하기 위해서는 대상의 속성에 대한 이해가 선행돼야 한다. 설명하고자 하는 대상이 통째로 하나의 덩어리일 때는 구분을 사용한다. 원소의 종류를 설명하려고 한다거나 공기의 구성 성분을 설명 대상으로 했을 때는 구분을 사용할 수 있다. 이와 달리 아직 다 밝혀지지 않은 블랙홀의 종류를 설명한다거나 혹은 '대학생의 고민'처럼 범위를 알기 어려울 때는 분류를 사용할 수 있다.

인류의 언어는 어족(語族, language family)으로 묶여 있다. 어족은 언어학에서 하나의 공통된 조어에서 갈라져 나왔다고 추정되는 언어들을 통틀어 일컫는 말로 여러 지역에 걸쳐 있는 인도유럽어족, 우랄어족, 튀르크어족 등이 대표적이다. 어족을 묶을 때는 어순(語順)이나 조어(助語) 방식 등을 기준으로 분류의 방식이 사용된다. 그러나 분류한 어족에 포함되는 언어는 정해져 있으므로 구분에 해당한다.

예시 1 | 우랄-알타이 어족의 구분

우랄-알타이 어족(Ural-Altai 語族)은 세계 어족의 하나로 북부 아시아로부터 유럽 일부에 이르는 일군의 언어이다. 이를 우랄 어족과 알타이 어족의 둘로 크게 나누는데 우랄계에는 핀란드어, 에스토니아어, 헝가리어 등 외에 사모이드 제어(諸語)가 있으며 알타이어계에는 터키어, 몽골어, 퉁구스어, 만주어가 있으며 한국어가 이에 속한다.

예시 2 | 시의 갈래 분류

서정시는 일인칭 화자의 독백적인 발화로, 서사시는 서술자를 통해 인물의 행위와 사건을 서술하는 발화로, 극시는 등장인물 간의 대화를 통해 표현한다. 그러나 모두 시인의 생각이나 감정을 운율감 있는 언어로 형상화하는 시 문학의 중요한 갈래들이라 할 수 있다.

서정시, 서사시, 극시는 시의 갈래들인데 시는 그 밖에도 변종, 이종들이 출현할 수 있다. 예를 들어 최근에는 산문시라고 하여 시이면서 서사를 담은 시도 있다. 따라서 시의 갈래를 나눌 때는 분류를 사용할 수 있다.

3. 분석과 해석

1) 분석

분석(分析)과 해석(解析)은 깊이 있는 이해가 필요할 때 활용하는 쓰기다. 요즘은 전문가의 시대이기 때문에 분석적이고 해석적인 읽기와 쓰기가 성행하는 편이라고 할 수 있다. 분석적으로 쓰는 것이 쉬운 일은 아니다. 심리를 분석하거나 원인을 분석한다는 말이 있듯이 분석은 얽힌 매듭을 풀어서 문제를 단순하게 만드는 일이다. 본질을 잃지 않은 상태에서 예전보다 명료하게 만드는 것이 분석 쓰기이다.

평소 자신이 잘 알고 있다고 생각한 분야도 막상 쓰기 시작하면 막힐 때가 많다. 쓰기 시작하면서 잘 몰랐던 부분을 알게 된다. 또는 다 안다고 생각했던 분야에서 부족한 부분을 정확히 알게 되기도 한다. 이것이 쓰기가 주는 신비이자 성장 과정이다. 이때 분석의 힘이 길러지게 된다. 이를 장강명(『책 한번 써 봅시다』, 2020)은 '성장과 변화'라고 한다. 책을 쓴다는 것이 한 주제에 대해 집중력과 인내력을 가지고 다방면으로 검토하는 과정이라는 것이다. 성장과 변화를 겪어야 제대로 된 분석이 이루어진다.

작가 유시민은 『표현의 기술』에서 좋은 비평의 조건을 네 개 언급하고 있다. 좋은 비평은 분석적이고 합리적인 해석을 담고 있기 마련이다. 다음 네 개의 비평의 조건은 좋은 분석을 위한 조건도 될 수 있다.

분석적으로 쓰기 위한 조건

- 무엇에 대한 글인지 주제가 분명하다.
- 필요한 정보를 적절한 논리적 맥락으로 말이 되게 엮었다.
- 주제와 무관한 것을 끌어들이거나 엉뚱한 곳으로 가지 않고 처음부터 끝까지 주제에 집중했다.
- 꼭 맞는 단어와 표현, 자연스럽고 쉬운 문장으로 주장을 명확하게 전달했다.

– 유시민, 『표현의 기술』, 생각의 길, 2016, 206쪽.

"사실이 아닌 것을 사실처럼 쓰거나, 중요하지 않은 사실을 중요한 사실로 취급하거나, 중요한 사실을 누락하고 무시하거나, 사실에 대한 해석이 앞뒤가 맞지 않거나, 개인적 취향에 객관적 진리의 옷을 입"(『표현의 기술』)힌 쓰기는 제대로 된 분석이 되기 힘들다.

분석(analysis)은 합리적 이해가 필요한 대상을 설명하는 것이다. 분석을 통해 전문적이고 학문적인 쓰기로 나아갈 수 있다. 대개 우리가 분석적인 글을 접하는 경우가 드물다고 생각한다. 그러나 의외로 우리 일상에서 분석적 읽기와 쓰기가 필요한 경우가 많다. 예를 들어 코로나19로 인해 누구나 바이러스에 대한 분석적 글들을 해독하고 대처 방안을 찾을 수 있게 되었다. 또는 한반도 거주자로서 통일 비용과 분단 비용에 대한 분석적인 글을 접하고 자신의 관점을 세울 수 있게 되었다.

2) 해석

해석(interpretation)은 관점(point of view)이 있는 분석이다. 분석에 관계성을 높이는 설명 방식이다. 해석을 통해서 글에 의미가 부여된다. 관계성은 감정이입과 관련된다. 객관적인 분석과 합리적 이해 다음에는 감정이입 단계로 들어간다. 해석은 필자의 생각을 열어 두게 만든다. 쓰는 동안에 필자의 생각을 펼치는 과정이 이분법적인지 아닌지 고착인지 않은지 성찰하게 만든다.

예를 들어 1930년대 한국 사회는 근대화가 실행된 때다. 국도와 고속도로가 놓이고 철도와 항만이 구축되고 금융자본이 발달하고 도시화와 농촌개발이 활발했다. 이를 식민지 경제 개발의 우수성으로 논할 수 있다. 이와 달리, 여기에 관점을 넣어 수탈 구조의 체계화라고 말할 수 있다. 일본은 한국을 상대로 물자 수탈, 자원 수탈, 인력 수탈을 끊임없이 구축했다. 그렇다면 1930년대 한국 경제의 근대화는 수동적이고 피상적인 근대화에 불과하다고 판단해야 한다. 이와 같은 생각의 전개가 '해석'이다. 분석은 해석적 읽기에 의해서 타당성을 얻는다. 관점이 있다는 말은 모두를 위한 쓰기를 가능하게 해 준다.

다음은 이남호의 글이다. 사랑방이 갖춰야 할 탁자, 문갑, 책상 등에 대한 구체적인 해설이 들어 있다. 그림, 난초, 도자기까지 들어 분석적으로 접근하고 있다. 저자는 충분히 설명한 후에 사랑방의 미학이 주인의 감각, 간결하고 질박한 멋에 의해 완성된다는 해석을 달았다. 이처럼 분석은 구체적이어서 명료하고, 해석은 그럴만 하다고 고개를 끄덕이게 만드는 쓰기에 해당한다. '사랑방 실내의장(室內儀裝)'이라는 화제에 '멋을 내지 않은 멋'이라는 해석을 달아 의미를 부여했다.

예시 | 사랑방의 미학에 대한 분석과 해석

사방탁자나 문갑 그리고 서안 같은 나무가구들은 조선시대 사랑방 미학의 근간이 된다.

그러나 격식에 맞는 가구만으로 사랑방 미학이 끝나는 것은 아니다. 거기에 주인의 감각이 더해져야 사랑방의 미학은 완성된다. 방에 있어야 할 것은 두고, 없어야 할 것은 두지 말하야 하는 것이 사랑방의 격식인 셈인데, 이때 있어야 할 것들이 어떠한 수준에서 어떠한 방식으로 있는가에 따라 그 방 주인의 품격을 가늠할 수 있게 된다. 가령 벽에는 어떤 서화가 걸려 있고, 문갑 위에는 어떤 수석이나 난초가 있으며, 사방탁자에는 어떤 도자기가 놓여 있어 방의 분위기를 만들고 있는가 등등이 모두 주인의 인품과 미학적 감각을 드러내는 것이 된다. 즉 사랑방의 정갈하고 우아한 멋은 곧 주인의 멋이 되는 것이다.

이렇게 본다면 사랑방은 멋을 거부한 듯하면서도 실제로는 상당히 멋을 부린 공간이라고 할 수 있다. 그런데 그 멋은 많은 것을 참고, 버리고, 남기면서 마치 아무 멋도 내지 않은 것처럼 간결하고 질박한 것이다. 좋은 서화가 있어도 많이 걸지 않고, 귀한 책이 많아도 몇 권만 방에 두고, 너무 작아 책을 두 권 펼칠 수도 없이 자그마한 서안에 만족하는 멋이다.

– 이남호, 「멋을 내지 않은 멋 사랑방의 실내의장」, 『남김의 미학』, 현대문학, 2016, 118~119쪽.

4. 묘사와 서사

글을 구체적으로 쓰라고 한다. 막상 글을 써 보면 구체적으로 써지지 않는다. 이때 활용할 수 있는 서술 방식이 바로 묘사와 서사다. 어떤 점에서 묘사와 서사는 실용적인 쓰기(technical writing)에서 예술적인 쓰기(artistic writing)로 진화하는 지점에 있다.

1) 묘사

묘사(描寫, describe)는 어떤 대상으로부터 받은 인상을 그림을 그리거나 사진을 찍듯이 감각적이고 구체적으로 드러내 보이는 쓰기 방법이다. 묘사의 대상은 주로 대상의 외양(外樣)을 가리키지만, 그 밖에도 대상의 특징적인 성격이나 대상이 처해 있는 분위기와 정경(情景), 행위의 다양한 측면 등도 포함할 수 있다. 묘사가 '이것이 무엇이지?'에 대한 대답이라고 해서 대상에 관한 정보나 지식을 전달하려는 것은 아니다. 오히려 묘사는 대상에서 받은 생생한 인상을 구체적으로 전달하는 것이 주요한 목적이다. 그러므로 묘사는 독자에게 상상적 체험을 할 수 있도록 안내하는 것이 중요하다. 이를 위해 대상의 모습을 가능한 한 정확하고 풍부하게 재현하게 된다.

그러나 필자가 풍경이나 사물을 모두 다 그대로 기록한다고 해도, 독자가 필자와 똑같은 상상적 체험을 할 수 있는 것은 아니다. 대상을 완전하게 재현하는 것은 불가능하며, 설령 그럴 수 있다고 하더라도 대상을 지나치게 세밀하게 기술하면 오히려 독자에게 혼란을 일으킬 수 있다. 따라서 묘사에서 '선택과 배제의 과정'이 필수적이다. 필자는 그 대상으로부터 가장 강렬한 느낌을 받은 인상만을 그릴 수도 있고, 특별히 관심을 두고 있는 것을 중심으로 묘사할 수도 있다.

묘사와 서사를 생각해서 쓴다는 것은 대상을 구체적으로 설명하는 것으로 끝나는 것이 아니다. 구체적으로 대상에 접근하는 이유는 필자가 하고 싶은 말을 효과적으로 나타내기 위해서다. 김동리는 '모화'라는 인물이 사는 집을 묘사하고 있다. 모화의 집은 이끼가 끼고 잡풀이 무성하고 지렁이와 늙은 개구리들이 구물거리고 있다. 필자는 이 묘사를 통해서 인물 '모화'의 보통 사람과 다른 신비한 측면을 표현하였다. 앞으로 이 인물의 행동에 맞는 인물의 집을 그려 낸 것이다.

예시 | 「무녀도」 묘사

경주읍에서 성 밖으로 십여 리 나가서 조그만 마을이 있었다. 여민촌 혹은 잡성촌이라 불리는 마을이었다.

이 마을 한구석에 모화(毛火)라는 무당이 살고 있었다. 모화서 들어온 사람이라 하여 모화라 부르는 것이었다. 그것은 한 머리 찌그러져 가는 묵은 기와집으로 지붕 위에는 기와버섯이 퍼렇게 뻗어 올라 역한 흙냄새를 풍기고, 집 주위는 앙상한 돌담이 군데군데 헐린 채 옛성처럼 꼬불꼬불 에워싸고 있었다. 이 돌담이 에워싼 안의 공지같이 넓은 마당에는, 수채가 막힌 채 빗물이 고이는 대로 일년 내 시퍼런 물이끼가 뒤덮여, 늘쟁이, 명아주, 강아지풀 그리고 이름도 모를 여러 가지 잡풀들이 사람의 키도 묻힐 만큼 거멓게 엉키어 있었다. 그 아래로 뱀같이 길게 늘어진 지렁이와 두꺼비같이 늙은 개구리들이 구물거리고 움칠거리며 항시 밤이 들기만 기다릴 뿐으로, 이미 수십 년 혹은 수백 년 전에 벌써 사람의 자취와는 인연이 끊어진 도깨비굴 같기만 했다.

– 김동리, 「무녀도」, 『무녀도 · 황토기』, 민음사, 2005, 73~74쪽.

묘사란 대상의 지배적인 인상을 중심으로 기술하는 글쓰기이다. 필자는 눈 앞에 펼쳐지는 대상에 대해 가치 판단을 내리고, 가치 있다고 생각되는 것을 선택해야 한다. 중요한 것과 중요하지 않은 것, 집중적으로 묘사할 것과 묘사하지 않고 생략할 것을 판단한다.

묘사 쓰기에 다음 두 가지 원칙이 있다.

첫째, 화자의 위치를 적절하게 선택해야 한다. 고정된 위치에서 대상을 관찰할 것인지 아니면 화자가 대상을 중심으로 이동하면서 전체를 관찰할 것인지 결정한다. 그런 다음, 특정한 위치에서 묘사할 대상을 일정한 순서에 따라, 즉 근경과 원경, 전후좌우, 상하 등에 따라 나눈 후 대상을 체계적으로 그려야 한다. 글쓴이가 대상을 구성하고 있는 각 부분이 맺고 있는 상호관련성 및 부분과 전체의 조화 등을 포괄적으로 파악할 수 있는 위치와 시점을 확보할 수 있다면 대상을 재현할 수 있을 것이다.

둘째, 묘사의 태도를 결정해야 한다. 묘사의 태도는 글의 목적과 성격에 맞아야 한다. 객관적으로 대상을 설명하기 위한 것인지, 주관적인 느낌이나 인상을 기록하기 위한 것인지에 따라 묘사는 달라질 수 있다. 비유적 표현을 얼마나 활용할 것인가 역시 묘사의 태도에 따라 결정한다.

글쓰기 연습

다음의 글감으로 묘사문을 작성해 보자.

- 강의실에 앉아 있는 학생들의 모습
- 캠퍼스 풍경
- 내 옆자리 있는 친구의 얼굴
- 지금 내가 입은 옷

2) 서사

서사(敍事, narrative)는 사건의 진행 과정이나 사물의 움직임과 변화를 시간적 추이에 따라 구체적으로 풀어 이야기하는 쓰기 방법이다. 공간이 핵심적인 범주로 기능하는 묘사와 달리, 서사는 시간이 핵심적인 범주로 기능한다. 서사는 '무엇이 일어나고 있는가?' 하는 질문에 대한 대답의 형식으로 하나의 이야기 형식을 담고 있다. 이 이야기의 형식 때문에 소설을 서사의 대표적인 글쓰기 양식으로 거론한다. 서사에 속하는 글쓰기의 종류는 소설 이외에도 신문 기사나 일기, 한 인물의 전기나 행장, 형사들의 사건일지나 공사 현장의 보고서, 판검사의 공소장이나 판결문 등 우리 주변에서 얼마든지 찾아볼 수 있다.

서사의 외연을 글쓰기에만 국한하지 않고 다른 매체로 확장하면 TV의 코미디나 뉴스 프로그램, 스포츠 중계나 무용, 강의의 진행 등이 모두 서사다. 이를 서사 콘텐츠라고도 한다. 우리들의 일상생활 가운데 서사 아닌 것이 없다고 해도 지나친 말이 아니다. 서사는 우리들의 일상을 지배하고 있다고 할 수 있다. 서사가 성립되려면 '이야기(story)'와 그 이야기를 전달하는 '화자(narrator)'가 필요하다. 한편 화자가 이야기를 전달할 때 플롯(plot)과 시점(point of view)의 문제가 발생한다. 플롯이란 일련의 연속적인 사건들을 하나의 의미 있는 전체로 바꾸는 것을 말한다.

예시 | 「두부」 서사

나는 식민지시대에 태어났다. 개성에서 10킬로 정도 떨어진 산간벽지였다. 일찍부터 개화된 개성보다 훨씬 투박한 사투리를 쓰는 고장이었다. 그러나 이상하게도 우리 식구들은 서울 표준말을 썼다. 내가 우리집에서 쓰는 말과 동네사람이 쓰는 말이 다르다는 걸 언제부터 의식하게 되었는지는 잘 생각나지 않지만, 언어의 차이 때문에 스트레스를 받은 기억은 지금까지도 생생하다. 우리집은 그 고장 토박이가 아니었다. 19세기말 나라가 어지러울 때 과거에도 번번이 실패하고 생계도 곤궁해진 선조가 부자 친척의 배려로 그쪽으로 이주했다고 한다. 우리 집은 송도유수를 지내면서 많은 토지를 장만해 그 고장에서 떵떵거리며 살게 된 그 친척과 집을 나란히 하고 살았다. 그 집은 기와집이고 우리집은 초가집이었다. 두 집이 다 현재 살고 있는 그 지방 풍속보다도 떠나온 서울 풍속을 더 존중하며 살았다.

– 박완서, 『두부』, 창작과비평사, 2002, 172~173쪽.

천의무봉(天衣無縫)이라고 평가받은 박완서는 산문집에서 자신의 어린시절을 담백하게 표현했다. 여기에는 '식민지시대'라고 한 첫 번째 문장부터 서사적 맥락을 밝혀주고 있다. 게다가 개성에 있던 집의 위치와 이웃집까지 생생하게 표현했다. 이처럼 모든 글에는 묘사도 서사도 함께 있지만 주로 시간성에 의지하면 서사라고 하고, 공간성에 의지하면 묘사라고 하게 된다.

예시 | 영상을 보고 팀 활동으로 묘사 서사 쓰기(학생들의 팀 기반 활동 결과물)

- 아빠랑 딸이 같이 자전거를 타다가 아빠가 자전거에서 내려서 딸을 한번 안아주고 배를 타고 바다로 나감
- 그 이후 딸은 떠나간 아빠를 그리워하며 계속해서 그 자리를 맴돌았고
- 거센 바람을 맞아가면서 그 자리를 찾아갔고, 돌아갈 때는 바람을 맞아 더 빨리 갈 수 있었음

- 소녀가 된 딸은 친구들과 함께 자전거를 타며 아빠가 떠난 자리를 잠시 머물다가 지나감
- 결혼한 뒤 남편과 자식들과 함께 그 자리에 잠시 머묾
- 할머니가 되어서도 그 자리를 찾아옴
- 어느 날, 직접 밑으로 내려가 갈대를 헤집고 아빠가 타고 간 배를 발견함
- 그 뒤 아빠를 만남

위 〈예시〉는 학생 6명이 팀 활동으로 하나의 영상을 보고 서사 중심의 문장을 완성한 것이다. 이게 왜 '서사'인지 설명하는 자리에서 '소녀가 된 딸', '결혼한 뒤', '할머니가 되어서도'와 같은 시간의 흐름이 있어서 서사라고 학생들이 덧붙였다. 그러나 여기에는 시간이 담긴 플롯이 있을 뿐, 화자(narrator)와 시점(point of view)이 드러나지 않는다. 이야기(story)는 있는데 화자(narrator)가 없다. 화자를 설정하여 서사를 완성할 수 있다.

서사문에서 사건은 단순한 움직임을 나타내는 것이 아니라 의미의 연계성을 가져야 한다. 서사를 쓸 때는 움직임의 각 과정이 어느 한 중심을 향하여 서로 유기적으로 연관되도록 조직해야 한다. 특히 여러 가지 사건들이 하나의 중심(주제)을 부각시키는 데 도움이 되는 방향으로 작동하도록 주의를 기울여야 한다. 서사가 반드시 모든 사건과 행위를 시간적 순서에 따라 기술해야 하는 것은 아니다. 서사에서 다루고 있는 사건의 완결성을 해치지 않는다면, 의도적으로 시간적인 순서를 뒤바꾸는 일도 가능하다. 서사의 플롯은 이와 같은 사건의 배열과 관계가 있다.

일정한 시간 동안에 완결된 사건을 기술한다고 해서 그 사건과 관련된 모든 행위가 다 기술되어야 하는 것도 아니다. 묘사를 쓸 때 선택과 배제의 원칙이 중요한 것처럼, 서사 쓰기에서도 선택과 배제의 원칙이 필요하다. 서사의 대상이 되는 행위는 사건의 내용을 전달하기 위해 꼭 필요한 것만 서술되어야 한다. 우리는 일상생활에서 어떤 이야기를 전달하는 사람이 두서없이 횡설수설하여 도무지 무슨 말을 하는지 알아들을 수 없는 때가 있다. 서사에 담기는 사건과 행위들이 의미의 완결

성과 통일성을 갖추지 못하면 이런 일이 발생한다. 서사 쓰기를 할 때 중요한 것과 중요하지 않은 것, 본질적인 것과 본질적이지 않은 것을 구별하고, 그중에서도 가장 중요하고 본질적인 것을 포착하는 선택의 원리는 전달력을 높이는 쓰기 방법이다. 선택된 것들을 일정한 질서에 따라 조직함으로써 완결된 의미를 표현할 수 있어야 한다.

서사에서 시점(視點)이란 '화자'와 '표현된 세계' 사이의 관계이다. 즉, 시점이란 말하는 사람이 누구인가의 문제가 아니라, 누구의 지각과 사고와 감정을 통해 서사의 세계를 그리는가의 문제이다. 시점은 화자의 태도에 따라 전지적 시점과 제한적 시점으로 나뉘고, 화자가 서술된 세계에 등장하느냐의 여부에 따라 1인칭 시점과 3인칭 시점으로 나뉜다. 서사 쓰기에는 이야기의 성격에 따라 적절한 시점을 선택하여 서사적 긴장을 유지해야 한다.

글쓰기 연습

1. 앞의 〈예시〉(팀 활동 영상 보고 쓰기)를 화자와 시점을 선정하여 고쳐 써 보자.

2. 자신의 인생에서 가장 행복했던 순간을 서사 쓰기로 써 보자. (600자 내외)

5. 인과와 논증

우리는 하루에 수만 가지의 생각을 한다. 그 생각 중의 대부분은 그다지 논리적이거나 객관적이지 않다. 그 많은 생각 중에서 언어(말이나 글)로 표현되는 것은 일부에 불과하다. 대부분은 날아가 버려서 붙잡을 수 없다. 글쓰기를 하는 이유 중 하나가 바로 붙잡을 수 없는, 날아가 버리는 생각을 언어로 표현하기 위해서일 것이다.

논리적이거나 객관적인 생각이 많지 않으므로 그 생각을 붙잡아 적어 놓은 초안은 대개 비논리적인 경우가 많다. 내 생각을 써서 스스로 읽어보면 놀라는 이유가 바로 이 때문이다. '어, 내가 이렇게 어처구니 없는 생각을 했나?' 하고 느낀다. 그리고 바로 그 놀라움이 내 글을 바꾸는 힘이다.

글쓰기를 하면 생각이 정리된다고 말한다. 내가 써 놓고 논리적으로 다듬으면서 생각도 정리된다는 말이다. 즉, 필자의 생각이 '어처구니 없음'에서 '논리를 갖추기'로 바뀌게 된다. 그래서 김인환(2006)은 '문장의 규칙은 문장의 외부에서 문장에 가하는 명령이 아니라 문장의 내부에서 문장을 형성하는 약속'이라고 하였다.

세상에 독창성이 있는가? 독창성 혹은 창의성이란 무엇인가? 사실 독창성은 지금까지 있었던 발상들에 대한 학습에서 시작되는지 모른다. 예를 들어, 사과를 정말 사과처럼 그릴 수 있는 사람이 초현실주의 그림을 그릴 수 있다. 입체파 화가로 알려진 피카소는 대상을 생생하게 그리는 능력을 갖고 난 이후에 '생각하게 하는 그림'을 독창적으로 그릴 수 있었다. 마찬가지로 우리가 창의적인 글을 쓰겠다는 것은 논리적인 글을 잘 쓸 수 있는 사람에게 훨씬 유리하다.

생각도 그렇다. 생각을 독창적으로 하려면 정확한 인과(因果)를 인지하고 논리적인 생각을 하게 될 때 가능하다. 그럼 논리적인 생각이란 무엇일까? 생각은 보이지 않기 때문에 논리적인 글을 가지고 이야기해야 이해하기가 쉽다. 말할 때나 쓸 때나 필자가 무엇을 이야기하고 있는지 분명할 때 논리적이다. 다시 말해, 같은 분량이면 필요하고 중요한 정보가 많이 들어 있을수록 논리적이다.

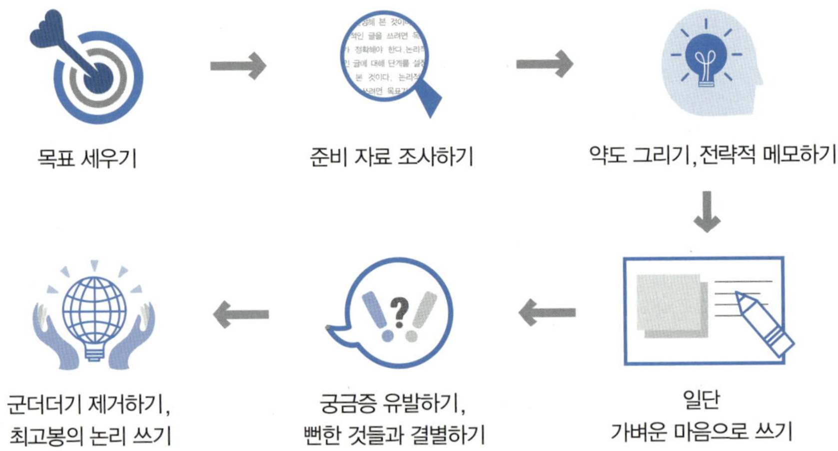

이 그림은 논리적인 글에 대해 단계를 설정해 본 것이다. 논리적인 글을 쓰려면 목표가 정확해야 한다. 글쓰기에서 목표란 내 생각에 도달하려는 목표 지점이다. 글의 도달점에 이르는 방법은 다양할 것이다. 어떻게 하면 자신이 생각하는 대로 도달할 수 있는지 알기 위해서 자료 조사를 한다. 앞서 말한 대로 창의성은 지금까지의 발상들을 파악한 곳에서 분사되어 나온다. 준비는 내가 도달하려는 곳에 내가 원하는 대로 도달하려는 노력이다. 준비되면 설계를 하고 초고를 마련할 수 있다. 논리적인 글은 뻔한 것과 결별하고 관습적인 해석에 가능한 한 크게 저항한다. 논리적인 글을 쓰려면 3단계 전략적인 메모하기와 5단계 발상의 전환을 하면 좋다. 마지막으로 글의 논리력을 유지하기 위해 하나의 단락에 하나의 개념만을 이야기해야 한다.

논리적인 글은 구체적이고 생명력이 있다. 구체적으로 쓰면 전달력이 높아진다. 부지런하게 내 글을 읽을 사람(독자)을 상상하면 구체적으로 쓰는 훈련을 할 수 있다. 구체적으로 쓰려고 노력하면서 필자성(筆者性)이 살아나게 된다. '이렇게 쓰면 독자가 알기 어려우니까 사례를 들어 볼까?', '쉽게 다가오도록 상상할 수 있는 길을 만들어 써 줘야겠어.' 등등 구체적으로 쓰는 일은 독자에 대한 필자의 배려심으로부터 온다.

솔직하게 쓴다는 것은 무엇보다 쉽지 않은 일이다. 취사선택하여 글감을 정하기 때문에 불편한 것은 피하고 보여 주고 싶은 것을 보여 주려는 심리가 있다. 그런 글에는 울림이 작동하기 어렵다. 솔직하게 쓴 글이 사람의 영혼을 어루만질 수 있다. 오프라 윈프리의 명언에 "남들에게 호감을 사려고 너무 애쓰지 마라."가 포함되어 있다. 남들의 호감보다 자신을 지키는 것이 중요하다는 말이다. 글쓰기를 통해서 우리가 도달하려는 최고의 가치가 내 성장이며 내가 논리력을 갖추어 나갈 때 비로소 성장이 이루어진다. 따라서 이렇게 구체성, 솔직함, 영혼을 담는 것을 논리적 글쓰기의 기본에 포함할 수 있다. 이제 논리적인 글에 논거를 싣는 전략으로 나아가 보자.

린다 플라워의 『글쓰기의 문제해결 전략』에는 글쓰기 전략이 상세하게 제시되어 있다. 연암 박지원은 린다 플라워가 글쓰기의 전략을 이야기하기 훨씬 전에 글짓기에 대한 다양한 논의를 펼쳤다. 다음은 전략과 전술이 전쟁에서 쓰이는 용어이어서 글쓰기를 전쟁에 빗대어 전략을 설명한 부분이다.

예시 | 연암이 말한 글쓰기의 전략

글자는 군사요 사상과 감정은 장수요 제목은 적국이요 옛일이나 옛이야기는 싸움터의 보루다. 글자를 묶어 구절을 만들고 다시 장(章)을 이룸은 대열을 지어 진(陣)을 시행하는 것과 같으며, 비유는 유격전에, 억양 반복은 백병전과 육박전에 해당하고, 제목의 뜻을 다해 결속하는 것은 적진에 돌입하여 적을 생포함과 같고, 함축을 중시함은 적의 노폐병을 사로잡지 아니함과 같고, 여운을 둠은 기세를 떨치며 개선하는 것과 같다. [『연암집』, 소단적치인(騷壇赤幟引)]

– 김인환, 『문학교육론』, 한국학술정보, 2006, 53쪽.

글자 이전에 사상과 감정이 있다. 연암은 글쓰기에 들어 있는 비유, 반복, 제목 짓기, 함축, 여운 등에 대하여 설명하였다. 연암이 살았던 당시의 전쟁을 생각하면 더 잘 이해할 수 있다. 여기서 '옛일이나 옛이야기'는 글쓰기의 재료 정도로 생각할 수 있다. 연암은 전쟁을 치르는 것처럼 전투적으로 끊임없이 글을 썼다.

논증의 원천

논리력은 창의력에서 나온다. 창의력은 노력하는 자에게만 온다. 여기서 노력이란 자료를 조사하고 다른 참고문헌을 확인하는 작업이 포함된다. 내가 하고 싶은 말을 다른 사람이 이해할 수 있도록 충분히 설명하기 위해서 노력해야 하고 그것이 자료 조사를 하는 이유이다. 이런 점에서 다른 사람에게 내가 하고 싶은 말을 이해시키려고 노력하는 과정이 논리적 쓰기를 추동한다고 말할 수 있다.

글을 쓰면서 내 글의 모순을 왜 찾아야 하지? 혹은 왜 내가 생각하는 것을 버려야 하지? 이런 생각이 들 수 있다. 재빠르게 내 잘못을 받아들일 수 있어야 합리적이고 논리적이고 객관적인 상황이 만들어지듯이 글에서도 고정관념에 휩싸이지 않으려면 내 논리를 계속 수정해야 한다. 그래야 논리가 탄탄해진다. 글을 쓸 때는 어느 때보다 앞뒤 전후 맥락을 넓고 깊게 살펴야 한다.

논증의 원천 중 하나는 내 글을 열린 결론으로 작성하는 것이다. 결론이 열려 있으므로 이때의 논증은 유연하다고 말할 수 있다. 부언하건대, 언제든지 수정할 수 있는 용기를 가지고 있는 글이 논리적인 글이다. 이것은 마치 부드러운 근육을 가지고 있어서 모든 일에 유연하게 대처하는 젊은이가 쉽게 방향 전환이 가능한 것과 같다. 글쓰기에서 방향 전환은 수시로 이루어질 수 있다.

글에서 방향 전환이 더 낫게(제대로) 이루어진 것을 '논리적인 수정'이라고 한다. 대개 논리적인 수정은 다른 사람이 이해할 수 없는 암호어(暗號語)를 최대한 제거하고, 누구나 접근할 수 있는 평이한 수준에서 이루어진다. 상대방에게 논리를 펼치기 위해서는 쉽게 설명할 수 있어야 한다. 내가 글을 쓰는데 자꾸 어렵게 설명하고 있다면, 문장이 평이하지 않다면 그때 필자인 나는 논리력이 부족한 것은 아닌지 점검해 보아야 한다.

내 글에 논리를 채우고 싶은가? 생각의 주요 주제를 참주제답게 명료하게 만들라. 그런 다음 구체적인 서술을 위해 다른 사람의 논리적인 글들 속에서 생각의 위치를 가늠하라. 이것이 진정한 자료 조사에 해당한다. 이제 논리적인 글쓰기를 출발하자.

예시 | 인간의 특장(特長)을 설명한 논리

우리는 당황스러울 정도로 침팬지와 비슷하다. 심각한 차이가 나타나는 것은 개체 수 150명이라는 임계치를 초과할 때부터다. 숫자가 1천~2천 명이 되면, 차이는 엄청나게 벌어진다. 만일 수천 마리의 침팬지를 텐안먼 광장이나 월스트리트, 바티칸, 국회의사당에 몰아넣으려 한다면 그 결과는 아수라장일 것이다. 그러나 인간은 그런 장소에 정기적으로 수천 명씩 모인다. 인간은 교역망이나 대중적 축하행사, 정치제도 등의 질서 있는 패턴을 함께 창조한다. 혼자서는 결코 만들 수 없었던 것들을 말이다. 우리와 침팬지의 진정한 차이는 수많은 개인과 가족과 집단을 결속하는 가공의 접착제에 있다. 이 접착제는 인간을 창조의 대가로 만들었다.

– 유발 하라리, 조현욱 옮김, 『사피엔스』, 김영사, 2015, 67쪽.

유발 하라리는 인간의 외형이 인간의 특징을 설명해주지 못한다고 말한다. 또한 인간의 도구 사용 능력도 3만 년 전이나 지금이나 별로 개선되지 않았다고 주장한다. 그는 일대일의 외형은 비슷하지만 150명이 넘으면 침팬지와 인간은 아주 달라진다는 점을 광장에 모여 있는 침팬지와 인간으로 상상하도록 했다. 또한 고대인과 아인슈타인의 손재주는 같지만 '막대기'와 '돌로 된 창'을 만든 일과 '핵탄두를 지닌 대륙 간 미사일'을 만든 일은 다르다는 것을 상기시킨다. 결국 유발 하라리는 세밀한 연쇄 고리를 만들어 인간이 협력하는 능력을 지닌 창조적 우수성으로 다른 동물과 구별된다는 점을 이야기한다.

팀 기반 활동

1. 정의, 분석, 분류, 원인과 결과 등 활용할 수 있는 문장의 규칙은 다양하다. 그중에서 비교와 대조는 필자가 문제의 해결점을 이끌기 쉬운 서술 방식이다. 주변에서 관찰이 가능한 내용을 뽑아서 비교하고 대조해 봄으로써 대상에 대한 본질에 더 다가가는 사고 훈련을 해 보자. 팀 활동을 통해서 나만의 고정관념이 있었다면 과감히 탈출해 보자.

   1) 내가 보는 나와 남이 보는 나를 비교 대조하기
   2) 아파트 생활과 주택 생활 비교 대조하기
   3) 기숙사 생활과 자취 생활 비교 대조하기
   4) 고등학교 생활과 대학 생활 비교 대조하기

2. 묘사와 서사는 실용적인 글쓰기에서 구체성을 실현하기 위한 최적의 서술 방식이다. 구체적으로 쓰려면 범위를 좁히고 세밀하게 좁혀 들어가 연쇄고리를 만들어야 한다. 이를 '선택과 배제의 원리'로 설명할 수 있다. 묘사와 서사의 기본 원리를 적용하여 구체성을 살리는 글쓰기를 팀 활동 과제로 수행해 보자. 다음 사항을 참고해 김득신의 그림 〈야묘도추〉를 보고 묘사와 서사 쓰기를 연습해 보자.

- 그림에 대한 주요 내용이 적절하게 들어가도록 한다.
- 그림의 주제가 선명하게 드러나도록 서술한다.
- 팀원 사이 협상을 통하여 핵심적인 부분을 뽑아서 묘사한다.

김득신, 〈야묘도추(野猫盜雛)〉

최강민 책임 집필

제6장
글의 탄생

한 편의 글을 완성하려면 '구상하기 → 표현하기 → 퇴고하기'의 3단계 과정을 거쳐야 한다. 사람들이 글쓰기를 어려워하는 것은 '구상하기' 과정을 충분하게 숙성하지 않은 채 '표현하기' 단계로 서둘러 진입했기 때문이다.

글쓰기 1단계인 구상하기에서 사람들은 글의 주제를 정하고, 주제를 빛나게 할 신선한 소재를 열심히 찾고, 개요를 작성한다. 일종에 설계도와 재료 확보의 과정이다. 글쓰기에서 구상하기는 일반적으로 가장 많은 시간이 소요된다. 구상하기 과정을 제대로 하지 않은 상황에서 글을 억지로 쓰려고 하면 탈이 나기 쉽다. 글쓰기 과제를 제출해야 하는 시간이 다가오지만 글을 쓰지 못한 경우 남의 글을 베끼거나 짜깁기를 하는 표절의 유혹에 빠지게 된다. 글을 표절하면 잠시 위기에서 탈출할 수 있다. 표절의 달콤함에 중독되면 매번 표절의 유혹에 시달리게 되고, 글쓰기 능력 향상을 기대하기 어렵다. 표절의 유혹에 빠지지 않으려면 구상하기 단계를 충실히 수행하면 된다.

글쓰기 2단계인 '표현하기'는 구상했던 내용을 글로 써 보는 과정이다. 머리로 생각했던 것을 쓰다 보면 생각했던 것과 실제 글 사이에서 차이가 발생할 가능성이 높다. 본격적으로 글을 써 보기 전에 '초고'를 쓰는 것은 시행착오의 가능성을 줄이기 위한 사전 테스트이다. 초고는 사전에 미흡한 점을 보완할 수 있는 좋은 기회이다. 구상하기 단계가 충실히 수행되었다면 표현하기 단계는 어렵지 않게 진행할 수 있다.

글쓰기 3단계인 '퇴고하기'는 글쓰기의 품질을 결정하는 중요한 단계이다. 퇴고를 한 글과 하지 않은 글은 천양지차(天壤之差)다. 퇴고하기 과정에 돌입하기 전 필자는 자신이 쓴 글과 잠시 떨어져 낯설어질 필요가 있다. 자신의 글을 낯설게 바라보는 것은 객관적 시선을 통해 글의 문제점을 파악하여 고칠 수 있기 때문이다. 퇴고하기를 통해 글의 품질을 높이는 작업이 끝났을 때, 비로소 한 편의 글이 탄생하게 된다. 이 완성은 또 다른 글쓰기의 출발을 알린다. 글쓰기의 매력에 빠지게 되면 글쓰기 과정 모두가 즐거운 모험의 순간이 될 것이다.

글쓰기 실력은 공부한 만큼 비례하여 실력이 바로 상승하지 않는다. 글쓰기 공부는 계단 오르기와 같다. 처음에 계단 오르기는 빠르게 진행된다. 그러다가 어느 순간이 오면 노력해도 실력이 늘지 않는 슬럼프 기간이 온다. 이때 좌절하여 노력을 멈추면 안 된다. 계속 정진하여 노력하다 보면 노력의 한계치에 다다르게 되고, 이때 글쓰기 향상이 한순간에 이루어진다. 이런 이유로 글쓰기 실력이 바로 늘지 않는다고 답답해하면서 글쓰기 공부를 포기해서는 안 된다. 한 걸음 한 걸음 구상하기, 표현하기, 퇴고하기라는 계단을 계속 올라가 보자. 이 과정을 계속 반복하다 보면 글쓰기 내공이 깊어지면서 정상에 도달할 수 있다.

1. 뼈대를 만들다: 구상하기

주제 정하기

글쓰기는 '주제 정하기'에서 출발한다. 주제(主題)는 자신이 쓰고 싶은 중심 생각이다. 학생들이 글쓰기를 어렵게 생각하는 것은 한국어 문장을 쓸 줄 몰라서가 아니다. 자신이 무엇을 써야 할지 막막하기 때문이다. 여기에서 필요한 것이 세상에 대한 지적 호기심이다. 글은 무엇에 대한 궁금증을 갖고 이 문제를 해결하려는 과정에서 나오는 산물이다. 지적 호기심은 주제를 발견하게 하는 레이다이다. 알려고 하려는 호기심이 없다면 무엇을 쓸지 발견하기 어렵다. 지적 호기심이 빈약한 상태의 학생들은 차라리 교수가 써야 할 주제를 미리 선정해서 주는 것을 고맙게 생각한다. 이 방식에 길들여지다 보면 글을 자생적으로 쓰지 못하고 타율적으로 억지로 쓰게 된다. 그 결과 대학생들은 대학을 졸업하면서 글쓰기도 함께 졸업하게 된다. 글쓰기는 대학 리포트 과제를 위해 쓰는 것만이 아니라 자신을 성찰하고 세상을 깊이 있게 이해하는 방법이기도 하다. 글쓰기는 일회성의 통과제의가 결코 아니다. 글쓰기는 평생을 함께해야 할 친구이다. 글을 잘 쓰고 싶다면 지적 호기심을 갖고 다양한 주제를 고민해 보자.

글의 주제에 대해 생각할 때, 자신이 관심을 갖고 절실하게 고민하는 문제를 떠올려 보자. 지구 환경, 사회적인 사건, 연애, 직업, 가족 등등 상황에 따라 다양한 것들이 고민의 대상일 수 있다. 그 고민의 대상 중 하나를 주제로 선정하면 된다. 머릿속에 자유롭게 연상되는 것을 백지에 적어 넣는 브레인스토밍(brainstorming) 방식을 활용해 주제를 선정할 수도 있다. 인터넷 검색, 신문이나 TV, 유튜브, 동료 학생들과 자유 토론 등에서 주제를 선택할 수도 있다. 이때 선택하려는 주제는 구체적인 것, 자신이 잘 알거나 관심 있는 것, 독자들의 관심을 끌 수 있는 것, 당대의 첨예한 문제와 연결된 것, 명료한 문장으로 표현할 수 있는 것, 한정된 시간에 쓸 수 있는 좁은 것, 비판적이면서 창조적인 문제의식이 담긴 것을 선정하면 좋다.

글 주제를 쉽게 결정하려면 평상시 꾸준한 독서를 통해 사고 능력을 확장해야 한다. 주제를 쉽게 결정하지 못하는 것은 주제와 관련한 내용이 머릿속에서 쉽게 떠오르지 않기 때문이다. 글쓰기 능력이 속성으로 완성하기 힘든 것도 꾸준한 독서를 통해 사고력을 확장시켜야 하기 때문이다. 꾸준한 독서를 통해 사고력 훈련이 되지 않은 학생들은 주제를 정해도 그 내용이 잘 생각나지 않는다. 그래서 무엇을 써야 할지 도대체 감을 잡기 힘들다. 그렇다고 바로 절망할 필요는 없다. 자신이 절실하게 고민하거나 좋아하는 주제부터 쓰기 시작하자. 주제와 관련한 내용이 잘 떠오르지 않으면 책이나 인터넷 검색을 통해 공부하면 된다. 글의 주제가 결정되어 관련된 독서를 하는 것은 단기적 처방이다. 평상시 독서 습관을 통해 자신의 머리를 지속적으로 자극해 사고력 훈련을 꾸준히 해야 한다. 이것이 글쓰기 고수가 되기 위한 장기적 처방이다. 대학생이라면 독서 계획을 짜서 최소 한 달에 한 권 정도 자발적인 독서를 해야 한다.

가주제, 참주제, 주제문 작성

가주제	→	참주제	→	주제문
잠정적 주제		구체적 주제		참주제를 구체적인 문장으로 표현한 것

처음 주제를 선정했을 경우 대개 범위가 넓다. '가주제'는 막연하면서도 폭이 넓은 포괄적인 주제로서 잠정적인 주제이다. '가주제'는 저자의 문제 의식이 잘 드러나 있지 않고, 대상의 폭이 지나치게 넓다. 그래서 가주제에 의거해 글을 쓰려면 범위가 너무 넓기에 개론적인 글이 나오거나 피상적인 수준의 글이 나온다. 좀 더 시간을 들여 주제의 범위를 좁혀 구체화시켜 참주제를 작성해야 한다. 예를 들어 '대학생의 취업'은 가주제이다. 이 문구는 필자의 생각이 잘 드러나지 않는다. '대학생의 취업을 위한 정부의 지원 대책'은 참주제이다. 졸업한 대학생의 취업을 위해 정부가 먼저 지원 대책을 마련해야 한다는 저자의 입장이 들어 있기 때문이다. 주제문은 '참주제'를 완결된 문장으로 구체적으로 표현한 것이다. 주제문은 '정부는 졸업한 대학생의 취업을 위해 다양한 지원 대책을 우선적으로 마련해야 한다'는 것으로 작성한다. 우리는 주제문을 읽으면 저자가 어떤 주장을 하고 있는지 확실하게 알 수 있다. 이처럼 '가주제(잠정적 주제) → 참주제(구체적 주제) → 주제문 작성'을 순차적으로 한다면 저자는 무엇을 써야 할지 명료하게 알 수 있다.

예시 | 가주제, 참주제, 주제문

- 가주제: 청년의 취업
- 참주제: 청년의 취업을 위한 정부의 지원 대책
- 주제문: 정부는 졸업한 청년들의 취업을 위해 다양한 지원 대책을 우선적으로 마련해야 한다.

글의 주제문을 작성할 때 요령이 필요하다. 주제문은 완전한 문장으로 작성하고, 의문문의 형태를 피해야 한다. 주제문이 너무 넓은 범위여서는 곤란하다. 주제문에는 하나의 내용만 작성해야 되고, 표현은 정확하고 구체적이어야 한다. 저자의 경우 주제문을 글의 나침반으로 활용해 주제에 벗어나지 않는 글을 쓰도록 노력해야 한다. 주제문이 글 앞에서 나올 경우 두괄식 글이, 끝에서 나올 경우 미괄식 글이, 서론과 결론 모두에서 나올 경우 양괄식 글이 된다.

주제문 작성 요령

- 완전한 문장으로 작성한다.
  - 예 지구의 온난화 문제에 대하여
    - ➜ 모든 국가들은 지구의 온난화 문제가 인류 공통의 문제라는 인식 속에 구체적인 국제협력 기구를 만들어야 한다.
- 의문문의 형태를 피하자.
  - 예 우리는 아프가니스탄 사람들을 도와주어야 하는가?
    - ➜ 우리는 독재 정권의 탄압을 피해 난민 신청을 하는 사람들을 인도적인 차원에서 도와주어야 한다.
- 너무 넓은 범위를 다루지 말자.
  - 예 동아시아의 평화를 위해 우리 모두 노력하자.
    - ➜ 배타적인 중화사상에 빠진 중국을 비판하여 동아시아의 평화를 이룩해야 한다.
- 하나의 내용만으로 작성해야 한다.
  - 예 남북 문제의 해결을 위해 양국의 지도자가 지속적으로 만나 대화하는 것이 필요하고, 이혼 위기에 직면한 부부들은 법원에서 문제를 해결하려고 해서는 안 된다.
    - ➜ 남북 문제의 해결을 위해 양국의 지도자는 정기적으로 만나 협상하는 열린 대화의 장을 만들어야 한다.
- 주제문은 표현이 정확하고 구체적이어야 한다.
  - 예 사람들은 연애하고 싶다면 용감해야 한다.
    - ➜ 연애하고 싶어하는 사람들은 용기를 갖고 사랑의 마음을 먼저 고백해야 한다.

글쓰기 연습

가주제, 참주제, 주제문을 자유롭게 각각 작성해 보자.

1) 가주제

---

2) 참주제

---

3) 주제문

소재 선정

- 소재: 글의 주제를 효과적으로 표현하기 위해 끌어모은 글감의 모든 재료
- 제재: 소재 중에서 실제 글쓰기에 사용된 글감의 재료

소재(素材)는 글의 주제를 효과적으로 표현하기 위해 끌어모은 글감의 모든 재료이다. 한 편의 글을 쓰려면 주제와 관련한 다양한 재료들을 개미처럼 열심히 수집해야 한다. 소재는 글에서 실제로 사용하는 것보다 몇 배의 양을 다양한 통로를 통해 구해야 한다. 소재는 자신의 지식과 개인적 체험, 취재와 인터뷰, 책·신문·인터넷·영상 등에서 다양하게 가져온다. 학생들은 수집한 방대한 소재 중에서 주제를 가장 효과적으로 빛낼 수 있는 재료를 취사선택한다. 이때 글을 쓰는 데에 실제로 사용한 글감의 재료가 바로 '제재'이다. 소재와 제재를 구별하기도 하지만 글감의 재료를 통칭하는 명칭으로 소재라는 용어를 쓰기도 한다. 이 책에서 소재와 제재를 따로 구분하지 않고 소재라는 용어로 통일해서 사용하고자 한다. 학생들은 글을 쓸 때 소재의 공통점, 차이점, 상호 연관성 등을 염두에 두고 글의 내용이 되

는 재료인 글감을 적절하게 배치해야 한다.

소재를 가장 효과적으로 사용하는 방법은 독창적이면서 흥미 있는 신선한 재료를 선택하는 것이다. 같은 주제를 쓸 경우에도 소재가 다르면 전혀 다른 글로 보인다. 신선한 소재를 발견해 사용하려면 신선한 재료를 발견할 수 있는 날카로운 눈과 열정적인 노력이 필요하다. 신선한 소재는 책상에 앉아 골똘하게 생각해서 떠오를 수도 있다. 그렇지만 광범위한 검색 신공을 발휘하고 자료를 찾기 위한 발품을 열심히 한다면 신선한 소재를 발견할 가능성이 한층 높아질 것이다.

교수가 리포트 과제를 요구할 경우, 학생들은 리포트 주제와 연관된 자료를 확보해야 한다. 가장 먼저 손쉽게 이용할 수 있는 것은 우석대학교 중앙도서관 사이트이다. 이곳에서 자신이 쓰고자 하는 주제와 연관된 단행본을 검색한다. 도서관에 책이 없다면 교보문고나 알라딘 등을 통해 단행본을 구입할 수도 있다. 단행본 검색이 끝났다면 주제와 관련한 학술지 논문과 잡지의 글도 검색할 필요성이 있다. 이때 이용할 수 있는 것이 전자정보(e-Resources)다. 학생들은 전자정보를 클릭하고 '학술DB/전자저널' 항목을 클릭한다. 그러면 다음과 같은 화면이 뜨게 된다.

이 중에서 DBpia(http://www.dbpia.co.kr/) 사이트는 학술지 논문과 잡지의 글을 검색하고 이용할 수 있다. KISS 사이트는 국내 학술지 논문만 전문적으로 검색할 수 있다. RISS(학술연구정보서비스) 사이트에서 검색어를 설정해서 클릭하면 석·박사 학위논문과 학술지 논문을 이용할 수 있다. 학생들은 전자자료를 통해 글에서 사용할 수 있는 소재를 손쉽게 확보할 수 있다.

개요 작성

글을 작성하기 전에 보통 글의 뼈대인 개요를 작성한다. 개요란 글의 전체적인 윤곽을 간략하게 적은 설계도다. 개요는 글의 전체적인 흐름을 파악하고, 중요한 내용이 빠지는 것을 방지하고, 내용의 중복을 피할 수 있다. 그 결과 개요는 글 전체의 균형을 유지하도록 만든다. 개요는 글의 내용을 두 가지 이상의 논점으로 나누어 대항목, 중항목, 소항목으로 분류하고 번호를 붙인다. 개요는 명사형의 문장으로 끝난 화제 개요와 완전한 하나의 문장으로 만든 문장 개요가 있다.

명사형으로 끝나는 화제 개요는 비교적 빠른 시간에 만들 수 있고, 추후에 내용 수정도 쉽다. 화제 개요는 분량이 적기에 일목요연하게 한눈에 볼 수 있다. 화제 개요는 글의 소제목으로 활용할 수도 있다. 이에 비해 하나의 완결된 문장으로 끝나는 문장 개요는 화제 개요에 비해 만드는 데에 좀 더 많은 시간이 걸린다. 추후 수정도 화제 개요에 비해 상대적으로 어렵다. 문장 개요는 문장으로 길게 작성되기에 글의 핵심 내용을 구체적으로 명료하게 표현할 수 있다. 문장 개요는 각 문단에서 중심문장으로 바로 쓸 수 있다. 화제 개요와 문장 개요는 각각의 장단점이 있기에 자신에게 맞는 것을 선택해 사용해야 한다.

예시 | 화제 개요

- 가제: 지역 도시 발전 방향
- 주제: 서울 중심주의의 문제점을 해소하기 위한 지역 도시 발전 방향
- 주제문: 서울 중심주의의 문제점을 해소하기 위해 정부와 기업은 지역 도시를 위한 근본적 대책을 세워야 한다.

1. 서울 중심주의의 문제점과 지역도시 발전의 필요성 (서론)
2. 지역 도시가 발전되지 못하는 다양한 이유 (본론)
3. 지역 도시를 발전시키기 위한 방안 1 (본론)
4. 지역 도시를 발전시키기 위한 방안 2 (본론)
5. 서울과 함께 성장하는 지역 도시의 미래 (결론)

예시 | 문장 개요

- 가제: 지역 도시 발전 방향
- 주제: 서울 중심주의의 문제점을 해소하기 위한 지역 도시 발전 방향
- 주제문: 서울 중심주의의 문제점을 해소하기 위해 정부와 기업은 지역 도시를 위한 근본적 대책을 세워야 한다.

1. 배타적인 서울 중심주의의 문제점을 파악하고, 상생을 위한 지역 도시 발전의 필요성을 제시하다. (서론)
2. 지역 도시가 발전되지 못하는 이유는 정부 정책의 실패와 미흡, 기업의 경제 논리 우선 때문이다. (본론)
3. 정부는 지역 도시를 발전시키기 위해 다양한 방안을 마련해야 한다. (본론)
4. 기업은 지역 도시의 시민을 소비자로만 볼 것이 아니라 함께 공존해야 할 공동체임을 잊지 말고 상생 기업이 되어야 한다. (본론)
5. 서울과 지역 도시가 함께 성장해야 지속적인 성장과 발전을 이룩할 수 있다. (결론)

글 제목 만들기

독자는 글의 제목을 통해 글과 처음 만나게 된다. 제목은 글의 내용을 함축적으로 독자에게 알려 주면서, 독자가 글을 읽을 수 있도록 유혹하는 페로몬(pheromone)을 발산한다. 글의 제목은 일종에 광고판이다. 독자는 글의 제목이 신통치 않으면 아예 글을 읽지 않을 가능성이 높다. 제목이 매혹적이라면 독자는 글을 일단 읽게 된다. 따라서 필자는 멋진 제목을 만들어 독자를 강렬하게 유혹해야 한다.

글을 쓸 때 처음부터 완벽한 제목을 만들지 않는다. 글을 쓰다 보면 처음에 구

초고 작성 요령

- 20~30분 정도 시간 제한을 한다. 1시간을 넘지 않도록 한다.
- 맞춤법이나 비문을 염두에 두지 말고 아이디어의 발상에 주안점을 둔다.
- 초고는 뜸 들이지 말고 가능한 한 빨리 쓴다. 쓰려고 하는 부분에서 더 이상 생각이 떠오르지 않으면 다음으로 빠르게 넘어간다.
- 나중에 많은 분량을 쓸 것을 염두에 두고 글을 배치한다.
- 한정된 시간에 더 나올 내용이 없다면 초고 작성을 종료한다.

서론 글쓰기

	전체 글의 구성
서론	독자의 관심을 끌 수 있는 내용이나 주제와 관련한 내용으로 시작한다. 세부적인 방법은 다음과 같다. ① 낱말을 정의하거나 개념을 소개하면서 시작하라 ② 구체적 사실이나 개인적 경험으로 시작하라 ③ 글의 목적을 밝히며 바로 시작하라 ④ 통계, 자료, 남의 말을 인용하면서 시작하라 ⑤ 자신과 상반되는 견해로 시작하라 ⑥ 질문을 던지면서 시작하라 ⑦ 구체적인 사회적, 역사적 사건을 언급하면서 시작하라 ⑧ 제목과 연관된 내용으로 시작하라 ⑨ 글의 전체적인 윤곽을 제시하면서 시작하라

글에서 서론은 도입부의 성격을 갖고 있다. 서론은 글의 전체적인 윤곽이나 전개 방향을 제시한다. 글쓰기 초보자들이 가장 쓰기 어려워하는 부분이 바로 서론이다. 서론을 시작한다는 것은 첫 문장을, 첫 문단을 작성한다는 것을 의미한다. 첫 문장과 첫 문단의 전개는 글쓰기의 방향이 결정되지 않은 상황에서 불가능하다. 개요를 작성하고 초고로 글쓰기를 연습했다고 하더라도 막상 첫 문장과 첫 문단을 쓰려면 쉽지 않다. 첫 문장과 첫 문단의 작성은 다음 문장과 다음 문단을 호출하게 된다. 글의 전체적 향방은 바로 서론에서 결정된다고 해도 과언이 아니다. 글의 제목을 통해 독자를 유인했다고 하더라도 서론에서 흥미를 주지 못한다면

독자가 글을 끝까지 읽는다고 보장하지 못한다. 서론에서 다양한 방법을 동원해 제목으로 유혹한 독자들을 꽉 붙잡아야 한다. 서론은 독자를 모으는 확성기 역할을 한다는 것을 명심하자. 서론의 실패는 곧 글쓰기 전체의 운명을 결정한다. 그래서 글쓰기 초보자는 고심하고, 고심한다. 어떻게 쓸 것인가? 무엇을 쓸 것인가? 나름대로 잠정적으로 결정했지만 망설일 수밖에 없다. 이 망설임이 글쓰기에 대한 진지한 고민과 맞물릴 때 글쓰기의 깊이가 확보된다.

서론을 전개하는 구체적인 방법은 다음과 같다.

1) 낱말을 정의하거나 개념을 소개하면서 시작하라

글의 주제와 관련한 용어나 개념을 소개하거나 정의를 내리면서 시작하면 앞으로 전개될 내용을 자연스럽게 말할 수 있다. 용어나 개념 풀이는 글의 전개 방향을 독자에게 알려주는 장점이 있다. 정진농은 『오리엔탈리즘의 역사』에서 에드워드 사이드가 말한 오리엔탈리즘에 대한 정의를 인용하여 소개하면서 글을 전개하고 있다. 정진농은 새롭게 유행한 오리엔탈리즘의 용어가 에드워드 사이드가 창안한 것이 아니라 이전부터 사용되어왔음을 언급한다. 이 책에서 저자는 오리엔탈리즘에 대한 용어나 개념을 그대로 수용하지 말고 주체적인 해석과 판단이 필요하다는 문제를 제기하고 있다.

예시 | 개념을 소개하는 서론

서양인의 이러한 오만한 사고와 이식에 대해서 준엄한 항의를 했던 책이 에드워드 사이드의 『오리엔탈리즘(Orientalism)』이었다. 그는 이 책에서 오리엔탈리즘을 "동양을 지배하고 재구성하며 동양에 대해 권위를 갖기 위한" 서양의 지배담론으로 규정하면서, 해박한 지식으로 분석하고 비난하였다. 그러나 오리엔탈리즘이란 사이드에 의해서 창안된 신조어가 아니며, 사이드가 내린 정의로서만 그 개념이 한정되는 것도 아니다. 그럼에도 불구하고 그동안 우리나라 학계, 또는 지성계의 오리엔탈리즘 논의에서는 그것이 마치 사이드에 의해 창안된 신조어인 양 받아들여지고, 또한 사이드에 의해 내려진 정의로서만 인식되고 통용되는 듯한 인상을 지울 수 없었다.

– 정진농, 『오리엔탈리즘의 역사』, 살림, 2003, 4쪽.

2) 구체적 사실이나 개인적 경험으로 시작하라

주제와 관련하여 자신이나 주변 사람들이 일상생활에서 겪은 체험, 보고 들은 사실, 사회에서 일어난 일 등을 말하면서 시작할 수 있다. 이 방식은 주제가 넓은 경우에 효과적이다. 최강석의 『바이러스 쇼크』는 메르스 전염병 발생 소식이 전해지면서 서울의 유명 식당에 사람의 발길이 끊어졌던 개인적 체험을 이야기한다. 저자는 이것을 통해 바이러스가 우리 생활에 미친 심각성을 이야기하면서 글을 시작한다. 이 책은 바이러스의 역사, 바이러스의 위험성, 바이러스에 대한 현명한 대처법 등을 논하고 있다. 세계동물보건기구 전염병 전문가인 최강석은 바이러스의 정체성을 알리는 것을 통해 다가오는 인류의 위기를 극복하고자 했던 것이다. 코로나19로 인한 많은 인명 피해와 사회경제적 손실이 발생한 상황에서 이 책은 많은 것을 생각하게 한다.

예시 | 개인적 경험을 이야기하는 서론

2015년 6월, 여름 기운이 완연한 어느 더운 날, 저녁식사 약속이 있어 서울의 한 단골 식당에 들어섰을 때의 그 광경을 아직도 잊을 수 없다. 그 식당은 꽤 넓은 규모임에도 평소에 미리 좌석 예약을 하지 않으면 자리를 잡기가 쉽지 않은 맛으로 꽤나 유명한 식당이었다. 평소 같았으면 손님으로 가득했을 그 시간에 테이블에 앉은 손님이라곤 단 하나의 테이블 바로 필자의 지인들이 전부였다. 식당 주인은 반가운 손님이 찾아온 듯 단 하나의 테이블을 위해 정성을 쏟았다. 그 당시 손님 발길이 뚝 끊긴 식당들에 대한 뉴스가 여기저기서 흘러나오고 있었다.

"아이고, 제발 저런 뉴스를 내보내지 말았으면 좋으련만, 이렇게 자꾸 내보내니 손님이 더 없어."

주인의 푸념이 이어졌다.

"메르스 환자가 여기 근처에 지나가지도 않았는데……."

– 최강석, 『바이러스 쇼크』, 매일경제신문사, 2016, 22~23쪽.

3) 글의 목적을 밝히며 시작하라

처음부터 주제와 관련한 자신의 생각을 단정적으로 제시하여 글의 목적을 분명하게 드러내며 시작할 수 있다. 주제와 관련한 적절한 예가 떠오르지 않거나, 글의 분량이 짧아 다른 말을 길게 늘어놓을 여유가 없을 때 적합한 방법이다. 이것은 다른 것에 비해 상대적으로 서론의 분량이 짧다. 경제학자 클라이브 해밀턴은 『인류세』(2017)의 서론 부분에서 홀로세가 끝나고 현재 인류세가 시작되었다고 말한다. 이 책은 지구 시스템 전반이 영향을 받는 인류세의 진행 속에 인류에게도 재앙이 닥칠 것임을 경고하는 내용으로 시작하고 있다. 인류세(人類世)는 인간의 활동이 지구 환경을 뒤바꾸면서 다양한 동식물을 멸종시키며 더 나아가 인류마저도 생존을 위협받게 되는 지질 시대를 이르는 말이다.

예시 | 주제에 대한 견해를 밝히는 서론

지구과학자들이 홀로세가 끝나고 인류세가 시작되었다고 믿는 주된 이유는 대기 중 이산화탄소 농도의 급격한 증가와 그로 인해 지구 시스템 전반에 미치는 연쇄적인 영향 때문이다. 해양 산성화, 생물종의 멸종, 질소순환의 혼란 등 시스템을 변화시키는 힘들이 이러한 주장에 힘을 실어 주고 있다. 산업혁명 초기 대량으로 석탄연료를 사용하기 시작했을 때부터 인간이 기후 시스템을 교란한 것으로 보인다. 대기 중 이산화탄소 농도는 그 이후 150년 동안 점진적으로 증가하다가 제2차 세계대전 이후 급증했다.

– 클라이브 해밀턴, 정서진 옮김, 『인류세』, 이상북스, 2018, 16~17쪽.

4) 통계, 자료, 남의 말을 인용하면서 시작하라

속담, 경구, 우화, 명언, 일화, 통계, 보도 자료 등을 인용하여 문제 제기로 유도해 가는 방법이다. 인용한 내용은 글의 논지에 적합하면서도 가급적 다른 사람들이 쓰지 않는 참신한 내용이 좋다. 인용할 경우 인용의 출처를 밝히는 것이 원칙이다. 직접 인용과 간접 인용을 적절하게 선택하자. 심리학자 김태형은 『자살공화국』에서 통계 수치를 인용하면서 한국의 자살 문제가 심각하다는 것을 부각시키면서 서론을 시작하고 있다. 저자는 한국인의 자살률이 높은 것은 돈 문제보다 관계의 부재로 인한 믿음의 상실과 고독이라고 주장한다.

예시 | 통계를 인용하는 서론

한국에서의 자살로 인한 사망자는 2014년 기준 1만 3,836명이다. 인구 10만 명당 자살자 수는 27.3명으로 OECD 가입국 중에서 12년 연속으로 1위를 차지하고 있다. 할에 약 38명, 2시간마다 약 3명이 스스로 목숨을 끊고 있다. 가히 자살공화국이라고 불릴 만하다.

– 김태형, 『자살공화국』, 세창미디어, 2017, 16쪽.

5) 자신과 상반되는 견해로 시작하라

자신의 주장과 상반되는 견해를 소개하면서 서론을 시작할 수 있다. 이는 주로 찬성과 반대의 두 가지 견해가 팽팽하게 나눠지는 논쟁형 글에서 많이 사용한다. 즉, 찬성의 입장에서 쓸 경우 반대의 견해를 서론에 제시하면서 본론으로 유도한다. 상대방의 입장을 일단 긍정적으로 검토하면서 자신의 견해를 밝히기 때문에 논의의 형평성을 객관적으로 유지할 수 있는 장점이 있다. 철학자 피터 싱어는 『동물 해방』(1975)이라는 책에서 동물 해방이 중대한 목표라기보다 다른 해방 운동의 서투른 모방으로 여겨질지도 모른다는 견해를 먼저 소개하면서 글을 시작한다. 동물 해방을 강조하는 철학자가 자신과 다른 견해를 먼저 언급하면서 글을 시작하고 있는 것이다. 이 책은 공리주의적 입장에서 동물 해방의 필요성을 설득력 있게 제시하고 있다. 동물을 대하는 인간의 태도 변화와 동물들에 대한 잔혹 행위의 금지를 촉구한 이 책은 동물 해방 운동의 바이블로 평가받고 있다.

예시 I 자신과 다른 견해를 소개하는 서론

'동물 해방'은 우리가 지향해야 할 중대한 목표라고 생각되기보다는 다른 해방 운동의 서투른 모방처럼 여겨질지 모른다. 실제로 "동물에게 권리가 있다"는 주장은 한때 여성이 권리를 옹호하는 논변을 조롱하기 위해 사용된 바 있다. 1792년 현대 여성 해방론의 선구인 메리 울스턴크래프트는 『어성의 권리 옹호』를 출간했다. 그 당시 대부분의 사람들은 그녀의 견해를 터무니없다고 생각했으며, 얼마 되지 않아 『짐승의 권리 옹호』라는 책이 익명으로 출간되었다. 이와 같은 풍자적 책의 저자는 여성에게 권리가 있다고 생각한다면 논의가 한 걸음 나아가 동물에게도 평등을 인정해야 할 것이라고 말함으로써 메리 울스턴크래프트의 논의를 반박하고자 했다.

– 피터 싱어, 김성한 옮김, 『동물 해방』, 연암서가, 2012, 27~28쪽.

6) 질문을 던지면서 시작하라

질문을 던지면 독자는 주제에 대해 좀 더 능동적인 자세를 갖게 된다. 질문하는 방식으로 서론을 시작하는 것은 간편한 구성 방식이기에 자주 활용된다. 이때 유의할 점은 서론에서 여러 개의 질문을 남발하지 말아야 한다는 것이다. 서론에서 질문을 했다면 반드시 본론에서 충분히 말해야 한다. 따라서 어떤 것을 쓸지 모르는 상황에서 페이지를 채울 목적으로 마구잡이로 질문을 던져서는 안 된다. 저자 이원석은 『인문학으로 자기계발서 읽기』에서 혜민의 『멈추면 비로소 보이는 것들』(2012)을 비판적으로 분석하면서 글의 서론을 다음과 같이 전개한다. 저자는 불교권 작가들의 약진을 어떻게 보아야 할 것인지 질문을 던지면서 서론을 시작한다.

예시 | 질문을 던지는 서론

이러한 불교권 작가들의 약진을 어떻게 보아야 할 것인가? 2012년을 불교 부흥의 원년으로 보아야 할 것인가? 우리는 그렇지 않다는 것을 알고 있다. 사실 승려들의 힐링 에세이 흥행은 종교 시장이 아니라 힐링 시장에서의 소비로 보아야 한다. 무엇보다 이들의 저작은 불교적인 색채가 강하지 않다. 특히 혜민의 저작은 불교의 가르침과 거리가 멀다. 이러한 따스하고 부드러운 치유 에세이들이 반영하는 것은 힐링을 필요로 하는 현대인의 고통스런 삶이며 이에 대해 힐링 시장은 적극적으로 응답한 것이다.

– 이원석, 『인문학으로 자기계발서 읽기』, 필로소픽, 2013, 204쪽.

7) 구체적인 사회적, 역사적 사건을 언급하면서 시작하라

역사적인 사건이나 최근의 중요 사건을 언급할 경우 독자들의 관심을 쉽게 이끌 수 있다. 이것은 역사적, 시사적 이슈를 통해 사회에 대해 저자의 주장을 발언하는 글에 적합한 방법이다. 다음의 글은 1943년 심재인이 일제의 법원에서 치안유지법 위반으로 재판을 받았던 역사적 사건을 언급하면서 시작한다. 『친일과 망각』은 친일파 후손들의 현재적 모습을 확인하면서 친일 청산을 통해 올바른 역사로 나아가는 길을 모색한 책이다. 이 중에서 한 부분인 「두 얼굴의 훈장」은 조선 독립을 꿈꾸다가 고문을 당했던 심재인이 나중에 대한민국에서 받은 훈장과 친일파들이 받은 훈장을 비교하는 글이다.

예시 | 역사적 사건을 이야기하는 서론

1943년 대구복심법원. 조선의 독립을 꿈꾼 청년이 재판을 받는다. 키 190cm에 이르는 건장한 체구다. '치안유지법' 위반으로 체포돼 1년 동안 경찰의 취조 과정에서 혹독한 고문을 당했다. 일본 유학을 다녀온 26살 심재인이다.

그런데 심재인은 유학 시절 풍채 좋던 몸은 사라지고 뼈만 앙상하게 남았다. 그의 사진은 일신의 영달을 버린 가시밭길, 독립운동의 험난함을 절절하게 보여 준다. 이 모습을 보고 심재인의 아내는 계속 울기만 했다고 한다. 심재인에게는 사후 1990년 건국훈장 애국장이 추서됐다.

— 김용진·박중석·심인보, 『친일과 망각』, 다람, 218쪽.

8) 제목과 연관된 내용으로 시작하라

독자들은 제목을 보고 글을 읽게 된다. 독자들은 서론을 읽을 때 제목과 연관된 내용을 기대하게 된다. 제목과 연관된 내용으로 서론을 시작하면 제목과 글의 연관성을 높일 수 있는 장점이 있다. 「살인 미세먼지와 인류 종말의 미래」라는 글은 미세먼지의 심각한 발생 문제를 언급하면서 글을 전개하고 있다. 이 미세먼지에 대한 언급은 글의 제목인 살인 미세먼지와 연관성을 갖고 등장한 것이다.

예시 | 제목과 연관된 내용을 언급하는 서론

눈을 뜬다. 청명한 하늘과 함께 시작하는 상쾌한 하루. 이러한 일상이 낯설게 느껴진다. 2019년 3월은 미세먼지와 함께 태동했다. 머리카락의 1/30 크기로 1급 발암물질인 미세먼지. 마스크를 쓴 사람들을 보는 것은 이제 익숙한 일상이 되었다. 언제부터인가 사람들은 수돗물을 불신했고, 마트에서 물을 사 먹거나 정수한 물을 먹었다. 만원 버스에 시달리던 사람들은 앞다투어 자동차를 구입했지만, 주차장으로 변한 도로는 매연으로 가득했다. 때가 되면 TV는 녹조라떼로 변신한 강의 알몸을 방송한다. 이것이 우리가 진정 희망했던 발전일까? 문제는 산업화, 근대화가 지구 곳곳에서 계속 추진될 것이기에 우울한 미래가 우리를 기다리고 있다는 점이다.

– 최강민, 「살인 미세먼지와 인류 종말의 미래」, 웹진 《문화 다》, 2019.04.18.

9) 글의 전체적인 윤곽을 제시하면서 시작하라

독자들은 서론에서 필자가 어떤 글을 쓸 것인지 요약해 언급할 것이라고 기대하고 있다. 자신이 쓰고자 하는 주제와 관련한 비판적 문제 제기와 앞으로 전개될 내용의 전체적 윤곽을 언급하면서 시작할 수 있다.

글쓰기 연습

다음의 주제로 서론을 작성해 보자.

- 청년들의 취업 문제
- 지구 환경의 위기와 인류의 슬기로운 대처법
- 4차 산업혁명 시대와 인문학
- 남녀 젠더 갈등의 해결 방안

본론 글쓰기

본론은 서론에서 제시한 논제에 대해 논리적 근거를 제시하여 논리적 정당성을 확보하는 부분이다. 독자를 설득하려면 논거는 주관적 논거보다 객관적 논거를 풍부하게 사용해야 한다. 본론은 일정한 기준에 따라 글이 전개되어야 한다. 본론을 쓸 때 서론에서 제시한 주제에서 벗어나지 않도록 조심해야 한다.

본론에서 문단을 쓸 경우 글쓰기 초보자는 두괄식형 문단 글쓰기를 하면 상대적으로 쉽게 글을 작성할 수 있다. 글쓰기 초보자는 미괄식 문단으로 가급적 쓰지 말자. 정반합의 글쓰기는 양쪽의 주장을 모두 비판하면서 새로운 해결책이나 대안을 제시하는 글에 적합하다. 문제원인 해결식 글쓰기는 원인 분석, 결과, 해결 방안 순으로 전개하면 무난하다. 열거식 글쓰기는 중요한 것을 먼저 언급하자. 비교와 대조의 글쓰기는 대상에 대한 공통점과 차이점을 명확하게 제시해야 한다. 본론의 분량은 서론과 결론보다 당연히 많아야 한다. 짧은 글인 3문단형 글쓰기에서도 본론의 분량은 다른 것에 비해 많아야 한다.

	전체 글의 구성
본론	일정한 논리적 기준에 따라 본론을 전개한다. ① 정반합의 변증법으로 글쓰기 ② 문제-원인 해결식 글쓰기 ③ 열거식으로 글쓰기 ④ 비교와 대조로 글쓰기

1) 정반합의 변증법으로

변증법의 글쓰기 방식은 서로 상반되는 주장을 먼저 제시한 다음 양자의 생각을 비판하며 제3의 주장을 제시하는 방법이다. 정(正)은 지배 담론이나 지배 질서로서 자신 속에 모순을 포함하고 있지만 비판적 성찰의 부족으로 이것을 알아차리지 못하고 시정도 하지 못한다. 반(反)은 그 모순을 자각하여 문제점들을 비판하는 단계이다. 합(合)은 정과 반의 문제점을 종합하여 새로운 담론이나 주장을 제시하는 것이다. 정반합이라는 변증법의 글쓰기는 기존의 문제점들을 지적하면서 새로운 대안을 제시하고자 할 때 적합하다. 다음은 중증 환자의 안락사 허용 문제를 정반합의 변증법 글쓰기로 논지를 요약했다.

예시 | 정반합의 변증법

- 정: 정상적인 몸으로 회복이 불가능한 중증 환자는 본인의 판단으로 안락사를 원할 경우 안락사를 허용해야 한다고 본다.
- 반: 준비되지 않은 안락사의 허용은 생명경시 풍조를 만연시킬 위험성이 있어 반대한다.

• 合: 의식이 있는 중증 환자의 경우 충분한 시간 동안 고민하면서 자신의 결정에 의해 안락사를 결정한 상황이라면 제한적으로 허용해야 한다고 본다.

2) 문제-원인 해결식으로

특정 문제가 발생한 원인을 차분하게 따져 그 문제점들을 차례로 비판하면서 글을 전개하는 방식이다. 글에서 원인만 분석해서는 곤란하고 극복하거나 대처할 수 있는 방안이나 해결책을 제시해야 한다. 정반합의 변증법 글쓰기는 기존의 문제점들이 두 개로 정리될 때 적합하고, 문제-원인 해결식의 글쓰기는 둘 이상의 원인들이 있는 상황일 때 적합하다. 한승동은 울리히 벡의 『위험사회』(1986)에 대한 서평을 쓰면서 세월호 사건의 발생 원인을 신자유주의의 착취 구조로 이야기하고 있다. 저자는 탈근대 사회에서 오히려 사회는 더 위험해져 가고 있다는 울리히 벡의 지적을 세월호와 연관시켜 말하고 있다. 세월호 사건은 탈근대의 신자유주의 체제의 문제점들이 집약적으로 드러난 결과라는 것이다.

예시 | 문제의 원인을 말하는 본론

세월호 사태도 다르지 않다. 지구 저편 독일에서 그 사건을 주시하던 한병철이 "세월호 사태의 진짜 살인범은 신자유주의"라고 했듯이, 불법적인 선체 변형과 싼 임금을 노린 비정규직 투입, 규정 위반, 관료와의 결탁 등 어린 학생들을 포함한 300여 명의 승객들을 죽음으로 몰아간 그 사건을 특정 회사나 특정인들의 부적절한 처신이 만들어 낸 돌출사건의 하나로만 파악해서는 그 실체가 보이지 않는다. 한반도의 지역 선박회사와 말단 관리들까지 얽어맨 전 지구적 신자유주의의 착취구조를 빼고는 그 사건을 설명할 수 없다.

– 한승동, 「새로운 근대로 가는 길」, 『사회를 말하는 사회』, 북바이북, 2014, 67쪽.

3) 열거식으로

이 방식은 일정한 기준에 따라 말하고자 하는 내용을 묶어서 정리하는 형태의 글쓰기 방식이다. '첫째, 둘째 또는 첫 번째, 두 번째' 식으로 나눠서 정리하는 것이 대표적인 열거식 본론 쓰기다. 이 방식은 자신이 말하고자 하는 내용을 깔끔하게 정리할 수 있는 장점이 있다. 한 문단 안에서도 쓸 수 있고, 여러 문단에 걸쳐서 사용할 수도 있다. 정신과 의사인 오카다 다카시는 『아버지 콤플렉스 벗어나기』(2015)에서 애착 관계를 통해 본 아버지의 유형을 애정이 깊고 강한 아버지, 자기애적인 아버지, 모성적인 아버지, 회피형 아버지로 분류한다. 이때 저자는 본론을 첫 번째, 두 번째, 세 번째, 네 번째로 나눠서 논지를 전개하고 있다. 다음은 세 번째인 모성적인 아버지 유형을 설명한 부분이다.

예시 | 열거식의 본론

세 번째 유형은 앞의 경우와 정반대로 옥시토신이 풍부하고 바소프레신이 빈약한 모성적인 아버지다. 아이에 대한 애정이 깊어 잘 돌봐 주고 아이와의 유대도 돈독하다. 하지만 공격성이나 행동력이 부족해서 평론하고 안정된 생활을 추구한다. 남성적인 매력이나 모험심도 모자라서 그다지 자극적이지 않지만, 가정적이고 육아에는 매우 협조적이다.

– 오카다 다카시, 박정임 옮김, 『아버지 콤플렉스 벗어나기』, 이숲, 2015, 44쪽.

4) 비교와 대조로

'비교와 대조'는 공통점과 차이점을 기준으로 내용을 정리하여 글을 전개하는 방식이다. 비교가 주로 공통점을 이야기한다면, 대조는 주로 차이점을 이야기한다.

서구의 '신데렐라'와 한국의 '콩쥐'를 비교해 보는 글을 한번 생각해 보자. 「신데렐라」는 1697년 프랑스의 샤를 페로가 쓴 동화다. 마음이 착한 신데렐라가 마법사의 도움으로 왕자가 연 무도회에 갔다가 왕자와 인연을 맺게 되어 결혼을 한다. 한국의 구전설화인 「콩쥐팥쥐」는 계모와 팥쥐의 괴롭힘 속에 고난의 삶을 살던 콩쥐가 원님이 주최한 잔치에 참가했다가 원님의 눈에 띄어 결혼을 하게 된다. 간략하게 살펴본 내용에서 알 수 있듯 두 이야기는 상당 부분이 유사하다는 것을 알 수 있다. 두 이야기의 공통점은 콩쥐와 신데렐라는 모두 어린 나이에 친엄마와 사별함, 악독한 계모와 계모의 딸이 괴롭힘, 콩쥐와 신데렐라의 친아버지는 모두 자신의 딸이 괴롭힘을 받고 있다는 사실을 모름, 잃어버린 유리구두나 신을 매개로 고난에서 탈출, 구원자로 남성 권력자의 등장이다. 이 공통점을 중심으로 비교하는 글을 전개하면 된다.

존 그레이는 세계적인 베스트셀러가 된 『화성에서 온 남자 금성에서 온 여자』(1992)에서 남성과 여성이 다른 언어와 사고방식을 가졌지만 오래 함께 살면서 서로가 다른 존재라는 것을 잊어버렸다고 말한다. 존 그레이는 여기에서 갈등이 시작된다고 말한다. 이 책에서 저자는 남자와 여자가 정보를 숙고하고 처리하는 방식이 매우 다르다는 것을 대조의 방식으로 주장하고 있다.

글쓰기 연습

다음의 주제로 본론을 작성해 보자.

- 청년들의 취업 문제
- 지구 환경의 위기와 인류의 슬기로운 대처법
- 4차 산업혁명 시대와 인문학
- 남녀 젠더 갈등의 해결 방안

	전체 글의 구성
결론	본문에서 주장하는 중심 생각을 압축적으로 요약해 표현한다. ① 요약해 강조하기 ② 요약해 주장하기 ③ 독자에게 당부하기

결론은 본론의 내용을 요약 정리해서 말하는 것이 일반적이다. 본론에서 다소 어렵게 논지가 전개되었다면, 결론에서 자신의 주장을 명료하고 간결하게 요약해서 제시한다. 글을 요약한 다음 미래에 대한 전망, 행동의 촉구 등이 들어갈 수 있다. 결론에서 하여튼, 아무튼, 어쨌거나 등의 단어를 사용해서는 안 된다. 이러한 말들은 필자가 논리적 근거와 무관하게 결론을 맺었다는 자기 고백의 말이기 때문이다.

본론의 내용을 요약하는 방식은 독자에게 지금까지 읽은 글을 상기시켜 주면서 정리해 주는 역할을 한다. 특히 긴 글이었을 경우 독자에게 본론의 글을 요약해서 정리해 주는 것이 필요하다. 반면에 짧은 글이거나 글의 내용을 상기시켜 줄 필요가 없다면 다시 요약할 필요는 없다. 요약할 때 본문 문장을 그대로 사용하지 말고 압축해 사용해야 한다. 다음은 본문을 요약하면서 결론을 맺는 대표적인 방식 몇 가지를 소개한다.

1) 요약하고 강조하기

이 방식은 본론의 내용을 간략하게 요점 정리하고 주제를 강조하면서 끝낸다. 서론에서 제기했던 문제와 본론을 요약하면서 끝내는 이 방식은 가장 널리 사용된다. 글에 안정감을 주기에 글쓰기 초보자들이 가장 많이 애용한다. 요약을 위해 '이와 같이, 이처럼, 앞에서 살펴본 것처럼, 위에서 말한 바와 같이~' 식의 표현 방식이 등장한다. 이때 유의할 점은 본론을 단순하게 요약하는 것이 아니라 압축해서 다르게 표현해야 한다는 것이다. 강조하는 방식은 '~이다, ~ 할 수 있다' 식으로 본론의 내용을 사실적으로 강조하면서 끝낸다. 박소진은 「세월호 참사를 통한 폭력과 신자유주의에 대한 재사유」라는 글에서 국가 폭력과 신자유주의의 연관성을 통해 세월호 사건에 접근한다. 저자는 '이 논문에서 ~밝혔다, ~살펴보았다'라는 식으로 본론을 요약하면서 결론을 전개하고 있다.

예시 | 본론을 요약하는 결론

이 논문에서 필자는 먼저 세월호 참사를 통해 신자유주의적 통치성의 개념을 통해 국가 폭력의 새로운 양상에 대해 고찰하면서, 왜 세월호 참사를 단지 전 정권의 무능력으로만 치부해서는 안 되는지, 왜 '신자유주의적 국가의 통치성'에 대해, 그 폭력의 새로운 양상에 대해 우리가 지금 다시 심층적으로 재사유할 필요가 있는지를 밝혔다. 다음으로 시민사회에서 폭넓은 공감과 연대와 달리 생경하게 드러난 '사회적 혐오'라는 또 다른 폭력의 양상에 대해 논의하고, 이러한 사회적 혐오가 신자유주의적 에토스와 맞닿아 있음을 밝혔다.

– 박소진, 「세월호 참사를 통한 폭력과 신자유주의에 대한 재사유」, 《문화와 사회》, 26(3), 한국문화사회학회, 2018, 174쪽.

2) 요약하고 주장하기

이 방식도 본문을 요약하는 것은 앞의 방식과 동일하다. 차이점은 필자가 자기 주장을 하거나 과제를 제시한다는 것이다. 주장을 펼치는 문장이기에 '~해야 한다'는 문장이 등장한다. 이때 유의할 점은 주장을 하면서 감정적인 언어가 아니라 합리적 논거로 주장해야 한다는 것이다. 박경태는 「한국사회의 인종차별」이라는 글에서 외국인 노동자, 화교, 혼혈인을 차별하는 한국의 현실을 비판하면서 인종차별에 반대한다는 주장을 '~해야 한다'는 식으로 결론을 맺고 있다.

예시 | 필자의 주장이 제시되는 결론

소수민들에 대한 정당한 대우는 제도적 차별의 철폐에서부터 시작되어야 한다. 버젓이 노동자로 일하고 있는 외국인들을 산업연수생이라는 명목으로 싸게 부리면서 근로기준법 적용대상에서는 제외시키는 악법들, 대대로 이 땅에서 태어난 꼬박꼬박 세금낼 의무는 부여하되 국민으로서 권리는 갖지 못하도록 화교들을 구속하는 제도들, 결국 먹고사는 것이 가장 중요한 일인데 번듯한 직장에서 화합의 문제로 혼혈인들을 내모는 기관들, 이런 것들이 우선적으로 변화되어야 한다. 인간은 성별, 종교, 나이, 출생지, 학벌 등에 관계없이 누구나 평등한 대우를 받아야 하고 이것이 법적으로 보장되어야 하는데, 그 목록에 민족과 인종도 반드시 포함되어야 한다. 그러나 그것들은 변화되어야 할 일부분에 불과하다. 개인들의 태도와 인식의 변화가 없는 상태에서 제도의 변화는 껍데기 뒤집어쓰기에 불과하기 때문이다.

– 박경태, 「한국사회의 인종차별: 외국인 노동자, 화교, 혼혈인」, 《역사비평》, 1999년 가을호(통권 48호), 역사비평사, 207쪽.

3) 독자에게 당부하기

이 방식은 본론에서 논의한 내용을 바탕으로 결론을 맺는다. 독자에게 당부하는 식의 결론 글쓰기는 독자에게 행동과 의식의 변화를 부드럽게 촉구한다. '~해야 한다'는 단정적 문체가 아니라 '~하기 바란다, ~했으면 좋겠다, ~것이다' 식의 완곡어법을 사용한다. 프랑스의 진보적인 목사 샤를 와그너는 『단순한 삶』(1895)에서 단순한 삶(simple life)의 개념을 서구에서 최초로 전파하면서 존재의 행복, 힘, 아름다움이 단순함의 정신에 원천을 둔다는 주장을 펼쳤다. 샤를 와그너는 결말 부분의 개별 꼭지 글에서 ' ~하자'라는 식으로 독자들의 동참을 유도하면서 부드럽게 결말을 맺고 있다.

예시 | 독자의 동참을 유도하는 결론

자연은 껑충껑충 나아가지 않고 느리고 확실한 진화를 거친다. 자녀에게 어떤 직업을 준비시키는 방법을 상상해 보자. 진전과 진보를 공중제비와 같은 과격한 훈련과 혼동하지 말자. 우리 아이들이 아버지들의 노력과 열망 그리고 소박한 정신을 업신여기도록 키우지 말자. 설령 재산을 모으지 못했다 해도 우리의 가난을 부끄럽게 여기는 그릇된 유혹에 빠지지 않게 하자.

– 샤를 와그너, 문신원 옮김, 『단순한 삶』, 판미동, 2016, 228쪽.

글쓰기 연습

다음의 주제로 결론을 작성해 보자.

- 청년들의 취업 문제
- 지구 환경의 위기와 인류의 슬기로운 대처법
- 4차 산업혁명 시대와 인문학
- 남녀 젠더 갈등의 해결 방안

다음의 글은 서론, 본론, 결론을 다 써서 완성한 우석대 학생의 글이다. 이 글은 코로나19라는 팬데믹 현상이 초래한 변화의 양상을 유럽 체험의 이야기를 통해 생생하게 전달한다. 이 글에서 서론, 본론, 결론이 어떻게 전개되고 있는지 함께 이야기하면서 글의 구조를 파악해보자. 글의 제목도 글의 내용과 어울리는지 생각해보자. 여러분이라면 글을 어떻게 시작하고, 자신의 생각을 어떻게 전개하고, 마무리를 했을지 생각해 보자. 이러한 글쓰기 이미지 트레이닝은 글을 쓰는 데에 많은 도움을 준다.

로마의 휴일

우지훈(우석대 학생)

지난 2년, 우리는 많은 것들을 잃었다. 누군가는 건강을 잃었고, 누군가는 돈을 잃었으며, 또 다른 누군가는 인간성을 잃었다. 평화롭던 세계가 '코로나19'라는 새로운 감염병으로 커다란 혼란에 빠졌으며 우리 일상의 모든 것은 바뀌었다. 나는 이 엄청난 변화를 이탈리아 로마에서 겪었다.

2019년 겨울, 유럽에 직접 가보고 싶다는 생각 하나로 무작정 서유럽 여행길에 올랐다. 영국을 시작으로 스페인, 벨기에, 프랑스, 이탈리아를 거치는 이번 여행은 내 인생 최고의 순간이 될 것이 틀림없었다. 그해 12월 31일 밤에는 런던에서 동갑내기 친구들과 잔뜩 취한 채 불꽃놀이를 보면서 새해를 맞이했으며, 스페인에서는 바르셀로나대학교 학생들의 초대를 받아 일주일간 학교 기숙사에서 지내기도 했다. 영어가 서툴러 손짓 몸짓을 동원하면서도 외국인 친구들과 종일을 함께 다닌 적도 있고, 여행의 막바지 경로였던 로마에서는 몇 달 동안 게스트하우스 직원으로 일할 기회도 얻었다. 이 모든 일은 나에게 값진 경험과 잊지 못할 추억을 비롯해 많은 것들을 가져다주었다.

이탈리아에서 만난 한 초등학교 선생님은 그동안 잊고 있던 꿈을 되찾게 해주었고, 자신의 꿈을 이루기 위해 스페인에서 유학하던 동갑내기 한국 친구들은 나에게 열정을 깨우쳐 주었으며, 양식을 배우던 한 예비요리사는 나에게 새로운 취미를 만들어 주었다. 여행은 말 그대로 완벽했다. 한국을 떠나기 전 가장 걱정했던 동양인에 대한 인종차별 같은 일도 생기지 않았다. 모든 이가 나에게 친절했고 먼저 호감을 표하며 다가와 친구가 되고 싶어 했다. 그렇게 나는 특별한 경험과 추억을 만들며 행복한 여행을 즐기고 있었다.

로마에서 게스트하우스 직원으로 일하고 있었던 2020년 초, 완벽했던 여행이 망가지기 시작했다. 세계 각국의 방송에서 동양에 끔찍한 바이러스가 발병해 엄청나게 많은 사람을 감염시키고 있다는 뉴스가 흘러나왔다. 얼마 지나지 않아 유럽에도 확진자가 발생했다는 소식이 들려오기 시작했고 동양인에 대한 시선이 달라지는 것을 느낄 수 있었다. 2월이 되자 내가 머물던 이탈리아에도 하루 2천 명씩 코로나19 감염자가 생겼다. 곧 사태 초창기의 중국을 방불케 하는 확진자 폭증세를 보이더니 감염 확진자 수가 최초 감염국인 중국을 추월하고 말았다. 동양인에 대한 차별과 혐오도 눈에 띄게 늘어났다. 일을 끝내고 길거리로 나서면 나를 포함한 동양인을 쳐다보며 멀리서부터 코와 입을 막는 사람도 있었고, 심한 경우 내 옆을 지나며 "코로나 비루스"라고 큰 소리로 외치기도 했다. 길거리에서 동양인에 대한 혐오 표현을 듣는 일이 흔해졌다.

생일에 방문한 베네치아의 가면 축제에는 가면을 쓴 사람보다 마스크를 쓴 사람이 더 많았고, 길거리에서 폭행을 당했다는 한국인을 만나기도 했다. 가장 기억에 남는 날은 게스트하우스에 휴가를 내고 이탈리아의 '티볼리'에 갔던 날이다. 기차를 타고 이동하는데 내 자리가 정해져 있음에도 불구하고 옆자리의 외국인이 "옆자리에 앉지 말고 다른 곳으로 가라"고 했다. 어쩔 수 없이 나는 빈 좌석으로 자리를 옮겼다. 기차에서 내려 마을을 구경하던 도중 초등학교 저학년 정도 돼 보이는 아주 작은 꼬마 아이 두 명이 다가와 "Corona is here!"이라고 외치며 나를 가리켰다. 그 아이들을 피할 수밖에 없었던 무력감에 나는 너무 비참했다. 어린아이들까지 동양인에 대한 혐오와 고정관념을 가지게 되었다는 생각에 분노와 슬픔, 절망이 함께 밀려왔다. 이날 이후 길거리로 나서는 것이 부담스러워졌고 길에서 마주치는 모든 사람의 시선에 신경이 쓰여 여행을 계속할 수 없었다. 얼마 지나지 않아 이탈리아 전국에 봉쇄령이 내려졌고 한국으로 가는 모든 항공편이 끊긴다는 소식이 들려왔다. 행복했던 그러나 속상하기도 한 수개월 간의 나의 유럽 탐험도 막을 내려야 했다.

전 세계를 휩쓸며 인류의 생명을 위협하는 팬데믹 상황에서도 우리가 잃지 말아야 할 무언가가 있다. 그것은 바로 '인간성'이다. 내가 여행하며 직접 몸으로 느낀 바에 따르면 코로나바이러스가 정말 무서운 것은 인간성의 상실을 가져온다는 점이다. 역사상으로 전쟁이나 전염병의 창궐은 인류에게 죽음만이 아닌 지성의 붕괴, 즉 인간성 상실을 가져오곤 했다. 그로 인한 인간성의 상실은 타인을 향한 폭력으로 이어져 수많은 사회적 약자들을 희생시켰으며 맹목적인 혐오 표현으로 되풀이되면서 누군가에게 씻을 수 없는 상처를 남겼다.

프랑스 작가 카뮈는 소설 『페스트』에 "입 다물고 침묵하는 사람들의 무리에 속하지 않기 위하여, 페스트에 희생된 그 사람들에게 유리한 증언을 하기 위하여, 아니 적어도 그들에게 가해진 불의와 폭력에 대한 기억만이라도 남겨 놓기 위하여, 그리고 재앙의 소용돌이 속에서 배운 것만이라도, 즉 인간에게는 경멸해야 할 것보다는 찬양해야 할 것이 더 많다는 사실만이라도 말해두기 위하여, 이 이야기를 쓰기로 결심했다."라고 적었다. 우리 삶에는 경멸해야 할 것보다 아름답고 고귀한 것이 더 많다는 것이다. 코로나바이러스는 우리가 서로 혐오할만한 부분을 보여주지만 그럼에도 불구하고 우리에게는 아직 사랑과 협력이라는 소중한 가치가 남아있다. 세상을 아름답게 만드는 것은 언제나 혐오나 증오가 아닌 사랑과 협력이었다.

여행 막바지에 만난 한 친구가 말했다 "이런 상황이라도 여행을 하면서 무언가 자그마한 것이라도 느끼고 배운다면 또 다른 삶의 계기가 되지 않겠어?" 순간 나는 세상을 또 다른 시각으로 바라보게 되었다. 여행 도중 혐오 표현으로 정말 속상했던 경험도 했지만 인종차별을 당하는 내게 다가와 미안하다며 대신 사과했던 외국인, 끝없이 쏟아지는 확진자에도 포기하지 않고 헌신하는 많은 의료인, 개인의 일상을 희생하고 사회적 거리두기를 지키는 시민들에게서 나는 희망을 보았다. 나는 우리 안의 '인간성'을 믿는다. 인간을 인간답게 하는 그 어떤 본질을 잘 지켜낸다면 머지않아 코로나가 종식되고 일상이 회복될 것이라 확신한다.

다가오는 날. 삶이 제 자리를 찾고 우리가 다시 만날 수 있다면 나는 또 여행을 떠날 것이다. 그때는 편견이나 혐오 없이 사랑과 이해로 가득한 보다 더 행복한 '로마의 휴일'이 펼쳐지기를 기대한다.

3. 새롭게 변신하다: 퇴고하기

글은 구상하기, 표현하기, 퇴고하기 단계로 이어진다. 이러한 과정은 순차적이기도 하면서 동시에 순환적인 과정이기도 하다. 유명 저자 중에서 일차적으로 완성한 글과 최종적으로 고쳐서 완성한 글이 다른 경우가 많다. 이것은 퇴고의 중요성을 말해주는 사례다. 퇴고는 자신의 글을 성찰하면서 미흡하거나 부족했던 점을 보완하는 최종 과정이다. 퇴고의 미학(美學)이라는 말처럼 퇴고의 과정을 거친 글과 그렇지 못한 글은 많은 차이가 난다.

글은 일반적으로 고치면 고칠수록 좋아진다. 퇴고는 바로 글을 고치는 것이다. 자신의 글을 완성했다고 처음 느끼는 순간, 글을 고쳐라. 남들에게 자신의 글을 보여 주고 미흡한 점을 지적받으면, 바로 다시 글을 고쳐라. 이제 정말 아무 문제가 없다고 생각하고 글을 발표하려는 순간, 다시 한번 자신의 글을 되돌아보라. 고칠 부분이 정말 없는가? 고칠 부분이 조금이라도 있다고 생각하면 다시 퇴고의 메스를 들어 고쳐라. 이렇게 한다면 글은 환골탈태하여 평범한 돌이 보석으로 새롭게 변신할 것이다.

단, 유의 사항이 있다. 자연스럽지 못한 퇴고, 진실을 숨기려는 태도, 도전적 문제 의식이 쇠퇴하고 세상과 적당하게 타협하려는 퇴고는 글을 좋게 하는 것이 아니라 오히려 망치는 개악의 퇴고다. 퇴고가 처음의 글보다 못하는 방향으로 진행된다면 아예 하지 않는 것이 낫다.

퇴고의 고수가 되면 좋은 글을 발견하거나 쓸 수 있는 눈이 생긴다. 퇴고의 고수가 되면 불필요하고 어색한 문장, 보완할 부분, 틀린 맞춤법, 자연스럽지 못한 문장들을 발견하고 고칠 수 있다. 퇴고의 고수가 되면 글쓰기에 대한 두려움이 사라지고 자신의 글 실력이 매일 향상되는 기쁨을 누릴 수 있다. 퇴고의 고수가 되면 글만이 아니라 자신의 삶이나 세계를 뒤돌아보며 성찰하는 눈도 갖게 된다. 누구든지 글에 대한 집중력을 갖고 정진하면 퇴고의 고수, 즉 진정한 글쓰기의 고수가 될 수 있다.

퇴고의 방법

1) 스스로 퇴고하기

글을 완성한 다음 제3자에게 글을 보여 줄 수 없는 상황이라면 스스로 자신의 글을 고칠 수밖에 없다. 글을 완성한 직후 바로 자신이 쓴 글을 보면 대상과 거리가 너무 가까워 객관적으로 글을 고치는 것이 어렵다. 며칠 기다렸다가 글을 다시 읽어보고 고치는 것이 좋다. 학생들의 경우 리포트 과제 제출일이 바로 코앞이라서 자신의 글을 오래 묵혀 두기는 힘들다. 그래도 최소 하루 정도 시간적 여유를 두었다가 퇴고의 시간을 갖는 것이 좋다.

2) 합평을 통한 퇴고하기

스스로 퇴고하는 것은 자신의 글을 객관적으로 볼 수 있는 학생들에게 효과적이다. 그렇지만 일반적으로 글쓰기 초보자들은 자신의 글을 객관적으로 보기 힘들다. 이런 상황에서 학생들이 독서나 글쓰기 소모임을 만들어 글을 객관적으로 평가받고 고치게 된다면 문제점들을 단기간에 고칠 가능성이 많다.

여러 사람들이 하는 합평은 몇 가지 지켜야 할 규칙이 있다. 나이가 자기보다 적다고 하더라도 반드시 존칭어로 말한다. 감정적인 언어로 상대방을 비판해서는 안 된다. 합평을 할 때 먼저 그 글이 가진 긍정적인 부분을 반드시 하나 정도 이야기하고, 그다음에 글의 문제점을 지적하는 것이 좋다. 합평을 할 때 상대방의 글을 꼼꼼하게 읽어 주어야 한다. 대충 읽고서 상대방의 글에 대해 이야기한다면 깊이 있는 합평이 이루어질 수 없다. 글을 쓴 사람은 다른 사람이 귀한 시간을 할애해서 자신의 글에 대해 말해 주는 것에 대해 감사하는 마음을 가져야 한다.

3) 제3자에 의한 퇴고하기

개인과 합평에 의한 퇴고 말고 자신보다 글을 잘 쓰는 사람에게 평을 듣고 퇴고하는 시간을 가질 수도 있다. 합평과 제3자에 의한 퇴고는 개인이 스스로 퇴고하는 것보다 시간과 공간의 제약을 받는다.

글쓰기 초보자는 합평을 통한 퇴고하기나 제3자에 의한 퇴고하기 방법을 많이 해보고 난 이후에 스스로 퇴고하기 방법을 사용하면 좋다.

퇴고의 4대 원칙과 점검 목록

글을 다 완성했다면 구성의 원칙, 부가의 원칙, 삭제의 원칙, 대체의 원칙이라는 퇴고의 4대 원칙에 따라 글을 다듬어야 한다.

1) 퇴고의 4대 원칙

(1) 구성의 원칙

아무리 좋은 내용이라고 하더라도 주제를 효과적으로 빛나게 하지 않으면 소용이 없다. 퇴고할 때, 주제가 잘 드러나도록 문단의 구성을 재배치한다. 적절한 위치에 있을 수 있도록 글의 일부를 이동시킨다.

(2) 부가의 원칙

빠지거나 정돈되지 못한 부분을 첨가·보충하여 표현을 상세히 한다. 첨가하고 보충할 경우 이것과 관련한 자료를 찾고 쓰기 위한 시간이 더 필요하다.

(3) 삭제의 원칙

여분의 군더더기 표현과 불필요한 내용을 삭제하여 글을 다듬는다. 식상할 정도로 많이 언급된 상투적인 내용, 자신의 주장을 오히려 훼손하는 자기모순의 글, 도덕적·법적 논란을 일으켜 사회에 물의를 빚는 내용, 인신공격성의 문장, 사실에 기반하지 않은 추측성의 내용, 주제와 무관한 문장 등을 과감하게 삭제해야 한다.

(4) 대체의 원칙

어색하거나 늘어지는 문장, 부정확한 단어들을 자연스러운 문장이나 정확한 단어로 바꾼다. 문장을 소리 내어 읽어서 어감이 좋지 않은 문장이나 단어가 있다면 바꾼다.

2) 퇴고 점검 목록

퇴고는 전체적인 면에서 먼저 주제와 구성을 따져본 이후, 개별 문장과 이휘를 살펴보는 방향으로 전개한다. 다음은 퇴고 점검 목록이다. 자체 진단 평가가 '하'가 많다면 자신의 글을 더 많이 퇴고해야 한다. 자체 진단 평가가 '상'이 많다면 퇴고가 잘된 것이라고 볼 수 있다.

글의 전체 구성과 내용에 대한 검토 사항

퇴고 내용	자체 진단 평가		
	상	중	하
1. 한 칸 들여쓰기는 잘 되었는가?			
2. A4 용지 한 장 기준으로 한 페이지에 4~5개의 문단을 만들었는가?			
3. 문단은 소주제문과 뒷받침 문장으로 잘 연결되었는가?			

4. 참신한 소재를 사용했는가?			
5. 주제에 어울리는 중요한 정보만 들어 있는가?			
6. 글의 논거는 타당한가?			
7. 글 전체에서 빠진 중요한 내용은 없는가?			
8. 글의 제목이 매력적으로 잘 표현되었는가?			

어휘와 문장에 대한 검토 사항

퇴고 내용	자체 진단 평가		
	상	중	하
1. 올바른 맞춤법을 사용했는가?			
2. 주어와 서술어의 호응이 잘 이루어졌는가?			
3. 문장은 간결하게 쓰여졌는가?			
4. 띄어쓰기는 일관되게 적절하게 사용되었는가?			
5. 용어를 정확하게 사용했는가?			
6. 중복된 군더더기 문장은 없는가?			
7. 어색한 문장은 낭독해서 자연스러운지 확인했는가?			
8. 문장과 문장 사이의 연결은 자연스러운가?			
9. 비유나 예시 등 표현 방식이 효과적으로 사용되었는가?			
10. 문장부호는 정확하게 사용했는가?			

첨삭 사례

다음은 우석대 학생의 글을 일부 가져왔다. 이것을 퇴고의 4대 원칙과 퇴고 점검 목록에 입각해 퇴고를 해 보자.

퇴고 전

저는 토마스 해리스가 출간한 양들의 침묵이라는 책을 선정하여 영화로도 보았습니다. 제가 책을 좋아하는 성격이 아니라서 읽고 나서도 이해가 되지 않는 부분이 있어서 영화로도 보아 이 책을 서평 하게 되었습니다. 토마스 해리스는 선과 악, 정상과 비정상, 구속과 해방, 욕망과 도덕, 광기와 이상 심리의 경계를 넘나들며 어디서도 볼 수 없는 독보적인 캐릭터를 창조해내는 스릴러의 거장이다. 양들의 침묵이라는 책은 은 토머스 해리스를 일약 세계적인 작가 반열에 올려놨다. 한니발 렉터는 정신질환 범죄자 수감소에 갇힌 식인 살인마이자 지적이고 예의 바른 전직 정신과 의사다. 이 작품은 한니발이란 캐릭터를 통해 인간의 가장 어두운 내면을 심도 있고 날카롭게 통찰하며 평단과 독자들 사이에서 '20세기 최고의 스릴러'로 평가받는다. 숨 막히는 추리와 폭발적인 반전, 소름 끼치는 차가운 문장들이 문학적 공포를 완벽하게 구현해낸다. 출간된 지 30년 이상이 지난 오늘날에도 이 작품은 여전히 '범죄 스릴러의 교과서'로 뜨겁게 회자되고 있다. 조디 포스터와 안소니 홉킨스가 열연한 동명의 영화는 1992년 미국 아카데미 시상식에서 작품상과 남녀 주연상을 비롯한 다섯 개 부문의 오스카상을 거머쥐었다. 1944년 2월 22일 출생한 조나단 드미라는 영화 감독의 작품인 영화이자 소설책으로도 나온 양들의 침묵이라는 책을 수업 통해서 보게 되었습니다. 저는 평소 책이나 서양 영화에 관심이 없지만 이번 수업을 통해 조금이나마 보게 되었습니다. 1991년 6월 15일 개봉한 양들의 침묵이라는 영화는 미국 소설가 토마스 해리스가 출간한 소설을 영화로 만든 것이라고 합니다. 1937년 12월 31일 출생한 안소니 홉킨스라는 영국 영화 배우의 신들린 연기로 매우 유명합니다. 희대의 천재 살인마 정신과 의사, 인육을 즐기는 한니발 렉터 박사의 이야기입니다. FBI 수사관 훈련생 중 가장 훌륭한 성적을 가진 클라리스 스탈링이 운동 중이었을 때, 갑자기 FBI 국장인 잭 크로포드가 사무실로 불러 가게 됩니다. 이유는 잭 크로포드는 수사의 난항을 겪고 있어 클라리스 스탈링의 도움을 받아 사건의 결정적 단서를 얻기 위해 부른 것이었습니다. 잭 크로포드는 자신의 수사에 도움을 주지 않고 비협조적인 한니발 렉터에게서 수사 정보를 알아 오게 하기 위한 계획이었습니다. 한니발 렉터는 원래 정신과 의사로 너무나도 인정 받은 사람이었습니다. 하시만 그는 끔찍하게도 자신의 환자를 죽인 후에 그 시체의 인육을 먹어 그것으로 인한 범죄로 감옥에 수감 중인 사이코패스입니다. 클라리스 스탈링은 몇 번이고 한니발 렉터를 찾아가 대화를 나누고 수사의 정보에 대해 알기 위해 도움을 청하지만 끝내 단서는 알지 못하고 한니발 렉터는 클라리스 스탈링에게 수수께끼처럼 단서를 줍니다. 처음에는 느끼지 못했고 생각하지도 못했지만 지금 생각해보면 한니발 렉터는 아마 자신이 다른 사람들보다 우월하다고 생각하고 있었기 때문에 '그러한 범행을 저지르지 않았을까?'라는 생각이 듭니다. 그리고 한니발 렉터가 자신을 찾아온 클라리스 스탈링한테 집요하게도 과거를 물었던 장면이 기억에 남습니다. 책과 영화에서도 동시에 느낀 것은 한니발 렉터는 영화에서 잠깐 나오지만, 그의 잔혹하고 무서운 표정이 기억에 남아서 그 장면이 계속 떠오릅니다. 그 장면이 가장 인상 깊고 가장 기억에 남습니다.

첨삭 사항

글의 제목이 없다. 한 칸 들여쓰기를 하지 않아 문단이 적절하게 나누어져 있지 않다. 서평은 주관적인 감상문이 아니다. 서평은 객관적인 글이기에 '나(저)'라는 1인칭 대명사를 사용하지 않는다. 문장에 불필요한 단어들이 많이 사용되었다. 불필요한 부분을 과감하게 삭제하자. 중복되는 문장이 많다. 삭제의 원칙을 적용해 과감하게 삭제해야 한다. 중간 부분에서 영화를 이야기한 부분은 맥락상 부적절하다. 단락은 하나의 덩어리로 뭉쳐야 하는데, 학생의 글은 여러 내용이 뒤섞이면서 정리정돈이 제대로 되어 있지 않다. 구성의 원칙에 입각해 문장들을 서론으로 이동시킬 필요성이 있다. 하나의 문단은 이질적인 것을 배제하고 동일한 것과 뭉쳐지는 배타적인 성향이 있다.

학생의 글은 서평 대상에 대한 심층적인 해석과 분석을 하지 않은 채 책상에 앉아 단편적인 기억에 의존하여 글을 쓴 것으로 보인다. 책을 한 번 정도 읽고 쓰려고 하니 책의 내용도 선명하게 떠오르지 않은 채 자신이 서평을 통해 무엇을 말하려고 하는지 정확하게 파악하지 못하고 있다. 다시 말해, 저자가 말하려고 하는 글의 주제가 선명하게 전달되지 못하고 있다. 글의 주제를 명확하게 설정한 이후 어떻게 써야 할지 충분한 고민을 충분히 한 다음에 글을 써야 한다. 이 학생의 글은 충분한 구상하기 과정을 거치지 않은 상태에서 과제 제출을 해야 한다는 조급함 때문에 글을 쓴 것으로 보인다. 서평의 일부에서 표절도 확인이 된다. 카피킬러라는 프로그램으로 검사하면 "선과 악, 정상과 비정상, 구속과 해방, 욕망과 도덕, 광기와 이상 심리의 경계를 넘나들며 독보적인 캐릭터"라는 문장이 표절되었음을 확인할 수 있다. "조디 포스터와 안소니 홉킨스가 열연한 동명의 영화는 1992년 미국 아카데미 시상식에서 작품상과 남녀 주연상을 비롯한 다섯 개 부문의 오스카상을 거머쥐었다."라는 문장도 표절 문장이다.

이 글에서 중심 내용은 글의 줄거리 소개가 거의 전부이다. 줄거리 소개도 미흡하다. 이 글에서 서평을 쓰는 저자의 독창적인 견해를 찾기 어렵다. 평단과 독자들 사이에서 20세기 최고의 스릴러라는 언급도 자신의 견해가 아니라 타인의 말을 빌려온 것에 불과하다. 중요하지 않은 정보를 뺀다면 고친 글에서도 더 많은 부분이 삭제될 것이다. 글을 고쳐 주려고 해도 쓴 내용에 중요한 정보가 없기에 더 이상 고칠 수가 없었다. 첨삭자가 해 줄 수 있는 것은 비문의 수정, 문체의 수정, 중복된 문장의 고치기 등 문장과 관련한 것이지 새로운 내용을 추가하기는 어렵다. 새로운 내용의 추가는 필자 자신이 해야 할 부분이다. 이 글은 책의 핵심 내용, 사회적 의미, 다른 텍스트와 연관성, 책에 대한 저자의 가치 평가, 책의 추천 이유 등 서평의 핵심적 부분이 빠져 있거나 미흡하다. 이 글은 1차 완성본에 가깝다. 전면적인 재검토 속에 퇴고하기를 통해 글을 새롭게 써야 한다.

퇴고 후

살인마 한니발 렉터의 공포

홍길동 학생

미국의 작가 토마스 해리스는 독보적인 등장인물을 만드는 스릴러의 거장이다. 『양들의 침묵』(공보경 옮김, 나무의 철학, 2021)은 토머스 해리스를 일약 세계적인 작가 반열에 올려놓은 소설이다. 이 소설은 조너선 드니 감독에 의해 영화로도 만들어져 흥행영화가 되었다. 〈양들의 침묵〉이라는 동명의 영화는 1992년 미국 아카데미 시상식에서 다섯 개 부문의 오스카상을 받았다. 한니발 역을 한 배우는 1937년생인 안소니 홉킨스이다. 그는 이 영화에서 신들린 연기로 한니발을 연기했다. 책을 읽고 나서도 이해가 되지 않는 부분은 영화의 내용을 참조했다.

소설의 주인공 한니발 렉터는 정신질환 범죄자 수감소에 갇혀 있다. 그는 희대의 천재 살인마 정신과 의사이자, 인육을 즐기는 비정상적 인간이다. 이 작품은 한니발이란 캐릭터를 통해 인간의 가장 어두운 내면을 심도 있고 날카롭게 통찰했다. 그 결과 평단과 독자들 사이에서 '20세기 최고의 스릴러'로 평가받는다. 숨 막히는 추리와 폭발적인 반전, 소름 끼치는 차가운 문장들이 문학적 공포를 완벽하게 구현해냈다. 이 작품은 출간된 지 30년 이상이 지난 오늘날에도 여전히 '범죄 스릴러의 교과서'로 뜨겁게 회자되고 있다.

FBI 수사관 훈련생 중 가장 훌륭한 성적을 가진 클라리스 스탈링은 FBI 국장인 잭 크로포드의 사무실로 불려가게 된다. 잭 크로포드는 자신의 수사에 도움을 주지 않고 비협조적인 한니발 렉터에게 수사 정보를 알아 오도록 스탈링을 활용할 계획이었다. 한니발 렉터는 정신과 의사임에도 자신의 환자를 끔찍하게 죽인 후에 그 시체의 인육을 먹은 사이코패스이다. 클라리스 스탈링은 몇 번이고 한니발 렉터를 찾아가 수사의 정보를 알기 위해 도움을 청한다. 한니발 렉터는 클라리스 스탈링에게 수수께끼처럼 단서를 준다. 책과 영화에서도 동시에 느낀 것은 한니발 렉터가 영화에서 잠깐 나오지만, 그의 잔혹하고 무서운 표정은 독자에게 인상적인 장면으로 기억된다.

※ 글을 여기서 끝내면 안 된다. 뒤 내용을 더 써야 한다. 세 번째 문단에서 언급하는 소설의 줄거리 부분도 제대로 된 내용이 다 나오지 못했다. 줄거리 부분을 좀 더 효율적으로 소개해야 한다.

글쓰기 연습

자신의 글을 친구나 동료에게 주고 퇴고해 보자. 퇴고의 4대 원칙과 점검 목록을 참고해 퇴고해 보자.

팀 기반 활동

다른 사람의 글이 지닌 장단점을 함께 언급하는 팀별 합평을 통해 자신의 글을 점검해 보자.

이재규 책임 집필

제7장
성찰의 글쓰기

1. 나를 쓴다는 것

글쓰기는 결국 '나를 쓰는 것'이다. 내 인생에서 무슨 일이 일어나고 있으며, 그것에 대해 어떻게 느끼고 생각하는지를 기록하는 것이다. 미국의 작가 조엔 디디온은 "나는 내가 무엇을 생각하고 보고 있으며, 그것이 무엇을 의미하고 내가 원하고 두려워하는 것은 무엇인지 알기 위해 글을 쓴다. 한마디로 내가 누구인지 알기 위해 글을 쓴다."라고 밝혔다. 지나온 경험을 기억하기 위해서, 스스로를 이해하기 위해서 글을 쓴다는 것이다.

글을 쓴다는 것은 내가 경험하고 관찰한 사건과 거기에서 생겨난 감정을 문자를 통해 표현하는 것을 말한다. 물론 비현실적인 세계를 상상하는 글쓰기도 있다. 직접 경험하지 않은 상상이라 해도 누군가의 경험을 읽거나 듣고 덧붙인 것이므로 결국 나 자신이 어떻게 수용했느냐에 따라 해석과 전달, 창조적 상상이 달라질 수 있다. 논리적인 글도 필자의 경험치와 동떨어져 존재하지 않는다. 인류가 상상해온 모든 것들은 이전 세대가 축적한 경험과 지식의 기록에 기반해서 이루어졌다. 개인사는 더 말할 것이 없겠다. 남의 이야기를 전할 때조차도 사실은 그것을 담는 목소리에 필자의 주관과 감성이 담겨 있다.

『치유의 글쓰기』의 저자 셰퍼드 코미나스 박사는 글쓰기는 가슴 속에 있는 삶의 찌꺼기들을 탁탁 털어놓을 수 있는 텅 빈 성찰의 노트와 같다는 것을 수천 명의 사람들이 참여한 글쓰기 워크숍 성과를 통해서 증명한다. 자신에 대해 글을 써 본 사람들은 글쓰기를 통해 "나 자신과 화해하면서 어느 때보다 평화로움을 느낀다." "두려움 없이 자기 감정을 표현할 수 있는 안전지대를 얻었다." "단지 내 자신의 기록일 뿐이지만 나중에 읽으면 삶에 무수한 불꽃을 부여해 준다." "직관으로 나가는 통로를 열게 되었다." "세상과의 조화를 통해 원만한 삶을 이루게 한다." "글쓰기는 과거를 탐구하는 데 도움을 주고, 좀 더 창조적으로 생활할 수 있게 도와준다." "글쓰기를 통해 몸과 마음, 그리고 영혼을 연결하는 다리를 놓게 되었다."라고 말한다.

『뼛속까지 내려가서 써라』의 저자 나탈리 골드버그는 "글쓰기는 인생을 두 번 살게 한다"라고 적었다. 살아갈 날들을 위해서 살아온 날들을 쓰면서 우리는 지나온 시간의 이면을 발견하고 감추어져 있던 진실을 대면하며 자기 삶의 흐름을 알게 된다. 어디로 가야 할지 방향을 잡게 되면 발걸음은 더욱 분명해진다.

2. 내 안에 숨어 있는 이야기

자신에 대해 글을 써 보라고 하면, 많은 이들이 자신은 너무 평범한 삶을 살았기 때문에 '쓸 것이 없다'고 말한다. 책을 많이 읽지 않았기 때문에 아는 것이 없다고 한다. 글쓰기를 지식 정보를 늘어놓는 현학의 글재주로 잘못 알아 온 폐해가 적지 않다. 쓸 거리도 있고, 쓸 수 있다는 어느 정도의 자신감도 있지만 '쓸 시간이 없다'는 게 또 하나의 핑계거리로 등장한다. 몇 줄 써 보기는 했지만 독창적인 게 없고 그저그런 넋두리인 것 같아 지워 버렸다는 사람도 있다.

나를 쓰기 위해서는 내가 살아온 날들을 우선 돌아봐야 한다. 무슨 일이 일어났던가, 내가 겪은 시간들의 의미는 무엇인가. 그 경험들은 나를 어떻게 변화시켰는가. 나는 무엇을 좋아하며 싫어하는가. 나는 어떤 삶을 희망하는가. 의외로 자신이 어떤 존재인지 또렷하게 적을 수 없다. 내 안에 어떤 이야기들이 숨어 있는지 미처 모르는 사람들이 많다. 자세히 들여다보지 않았기 때문이다. 모든 것이 뒤죽박죽 정리가 되지 않아 어지럽다면 어디에서부터 시작해야 할까.

세 줄로 적어보는 나의 연표

글을 쓰기 위해서는 내 자신에게 한 발 더 다가서야 한다. 어디에서부터 시작해야 할지 막막 하다면 우선 백지를 준비하고 연필을 든다. 흰 공간에 세 줄의 선을 긋는다.

첫 번째 줄에는 내가 태어난 해부터 지금까지 기억에 떠오르는 사건을 날짜와 간단한 제목 정도로 적어 둔다. 이력서 적듯이 초중고 입학과 졸업을 형식적으로 적는 것이 아니라 현재의 내 기억에서 비중 있는 사건을 시간의 흐름에 따라 배열해보는 것이다. 예를 들어 깊은 우정을 나눈 친구를 만난 해와 이름을 적어두면 거기에서 많은 이야기들이 흘러나올 수 있다.

두 번째 줄에는 부모와 형제 자매들 또는 나의 성장과 관련된 긴밀한 지인들과 나 사이에 일어난 일들을 적는다. 내가 세상에 나오는 인연의 첫 시작이 되는 부모의 만남이 언제 어디에서 이루어졌는지, 내 출생지 이전 부모님들 각자 고향은 어디인지, 추억의 장소와 사건은 무엇인지 사전 인터뷰를 할 수 있다면 더욱 좋을 것이다. 같은 공간에서 살아도 정작 가족 구성원 의 세세한 일은 모르는 경우가 많다. 마이크를 들이대면 의외의 이야기들을 들을 수 있다. 동생의 출생, 집의 이사, 부모님의 이직과 시련 등 가족 전체에게 영향을 미친 사건들이 일어난 해에 점을 찍고 간단한 설명을 붙여 둔다.

셋째 줄에는 사회적 사건이 나와 가족에게 미친 영향을 적어 본다. 조부모, 부모 세대에게는 일제 식민지 시기와 1945년 해방, 한국전쟁, 4 · 19와 5 · 18, 1987년 6월 항쟁, 1997년의 IMF 구제금융 신청과 같은 큰 사건이 자신들의 일생에서 큰 영향을 미쳤다. 2014년 세월호 사건, 촛불시위처럼 나의 출생 이후에 사회에 큰 변화를 준 사건과 제도의 변화 들을 적어 본다.

IMF 구제금융, 세월호 사건 등과 같은 사회적 사건은 그런 일과 무관하다고 여기며 살아가는 개인의 삶에도 크고 작은 영향을 미친다. 때로는 사회에서 일어난 격랑에 휘말려 개인의 소중한 삶이 곤두박질치기도 한다. 가족의 안위와 직접 연관된 대형 사고의 당사자는 아니었더라도 긴 호흡에서 봤을 때 세상을 대하는 나의 태도를 바꾼 일들을 적어 본다.

처음에는 단숨에 적었다가 수정하거나 덧붙여 보는 것이 좋다. 세 줄의 연표는 해마다 갱신하여 이전의 기록과 비교하면 개인사의 흐름을 파악하는 데 도움이 된다.

나	200...
가족	19...
사회	19...

일본의 저널리스트 다치바나 다카시는 '자기 역사'를 쓸 것을 권유한다. 이때의 자기 역사 쓰기란 단순히 개인사 서술 차원을 넘어서 "개인의 인생사가 그 사람이 살아온 시대를 반영할 수 있도록 역사적 사건에 눈을 돌려 함께 투영해 보는 일"이다. 개인이 살아낸 시대의 역사적 흐름까지 반영해 사회사로 발전시키는 과정을 통해 역사와 사회 속의 나를 발견하는 것이다. 자신의 경험과 감정을 객관적으로 바라보게 하는 것이다.

"개인의 역사가 곧 세계사다."라는 다치바나 다카시의 말은 나 자신에 대해 진솔하게 쓰게 된 다면 결국 사회와 세계를 이해하는 눈을 갖게 된다는 것이다. 세 줄의 연표를 작성해 보면 나와 사회, 세계와의 연관을 새삼 확인하게 된다. 개인사의 중요한 순간들을 하나씩 적어 가면서 내 인생에 영향을 미친 사회와 역사의 흐름을 재발견하게 되고 그 시간과 장소가 놓인 맥락을 새롭게 이해할 수 있게 된다.

인생에서 가장 중요한 순간 발견하기

처음부터 지난 시간의 일을 다 쓸 수는 없다. 하나씩 기억 속의 중요한 순간들을 써나가보는 게 중요하다. 짧은 메모 형식으로 연표를 작성해 보았다면 이제 조금 더 긴 문장으로 몇 가지 질문들에 답할 시간이다. 처음부터 완성된 좋은 문장을 쓰겠다는 욕심에 잔뜩 긴장한 어깨의 힘을 빼고 친구와 대화하듯이 쉽게 답을 써 본다.

글쓰기 연습

자신의 오래된 기억에 대해 글을 써 보자.

1) 내가 자란 곳의 날씨는 어떠했나?

2) 내 돈을 내고 사 본 첫 물건은 무엇인가?

3) 내가 처음 들었던 노래는 무엇인가?

4) 어린 시절 동네에서 자주 들리던 소리와 냄새는 어떠했나?

5) 어린 시절 놀이 중 하나를 떠올린다면?

나의 취향과 꿈으로 나를 설명하기

나는 어떤 사람인가. 외모와 말투 등 겉으로 보이는 것과 쉽게 드러나지 않는 내면의 모습 둘 다를 묘사해야 나라는 사람이 입체적으로 느껴지게 할 수 있을 것이다. "지금 당신이 먹고 있는 것이 당신이 어떤 사람인지 말해 준다"는 말이 있듯이 지금 내가 좋아하는 것들의 목록과 꿈이 어떤 설명보다 분명하게 나를 드러내는 것일 수 있다. 나는 어떤 개성을 갖고 있는지 하나씩 답변해 보자.

글쓰기 연습

내가 좋아하는 것들에 대한 질문을 스스로 던져 보고 답을 적어 보자.

1) 가장 좋아하는 장소와 이유는?

2) 나의 버킷 리스트는?

3) 내가 좋아하는 노래 세 곡은?

4) 인생 책을 한 권 고른다면?

5) 즐겨 먹는 음식은? 그 맛을 글로 표현한다면?

지금 내 마음속을 차지하고 있는 것에 먼저 집중하기

무엇을 써야 할까, 머리 속이 온통 헝크러져 있을 때에는 빈 종이에 씨줄과 날줄을 각각 10개씩 그어 빈칸을 만든다. 어떤 선입견도 없이 마음 속에서 먼저 떠오르는 단어를 한가운데에 적어 넣고, 바로 그 곁에 다음에 떠오르는 단어를 연달아 써넣는다. 단어는 누군가의 이름일 수도 있고 절박하게 해결해야 할 남은 일의 목록일 수도 있겠다. 그렇게 점차 외곽으로 옮겨 가며 빈칸을 다 채우고 나면, 지금 나를 사로잡고 있는 생각의 지도가 완성된다.

오랫동안 운동을 하지 않아 굳어진 몸을 준비 체조 등으로 풀어 주듯이 글이 막힐 때에는 이렇게 마음의 근육을 풀어 주는 예비운동을 하는 것이 좋다. 단순해 보이는 빈칸 채우기이지만 자신 안에 또아리 틀고 있던 문제들의 핵심에 접근할 수 있게 해 주고 사물들의 연관, 무의식의 깊은 우물을 들여다볼 수 있게 해 주는 강력한 도구이다.

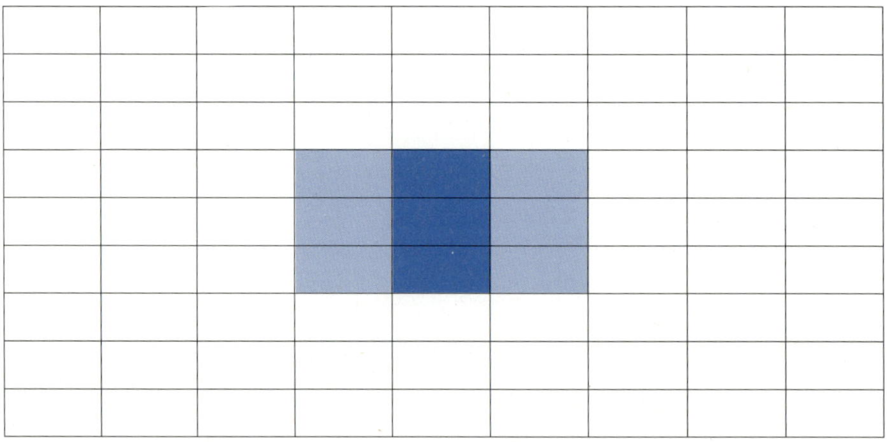

3. 한 걸음 더 들어가기

사물의 본질에 다가서는 방법은 한 걸음 더 가까이 가서 자세히 들여다보는 것이다. 한 걸음의 차이가 결정적으로 클 때가 많다. 거리를 좁힐뿐더러 시선을 바꿔

보는 것도 필요하다. 상대방의 시선에서 나를 바라보고 타인의 눈길로 자신을 찬찬히 훑어보자. 글쓰기에서 종종 필자를 애태우는 것은 기억의 세부가 흐릿할 때이다. 사진, 오래 사용해온 물건 등 직접 감각하고 기억을 되살릴 수 있는 사물이나 도구를 오래 관찰하고 만져 보면서 한 걸음 더 들어가본다.

사진 한 장을 골라 자세하게 써 보기

소장하고 있는 사진 중에서 자신이 직접 경험한 장소와 시간을 담고 있는 사진을 고른다. 사진을 천천히 들여다보고 누가 있으며, 옷차림은 어떤지, 배경에는 어떤 계절이 담겨있는지 관찰한다. 기억을 떠올려 사진 찍기 전과 후에 있었던 일을 포함해 사진이 불러낸 이야기를 일정 시간 써본다. '사진 열 장으로 말하는 나'라는 주제로 사진과 글을 묶어 본다면 더 많은 이야기를 끌어낼 수 있을 것이다.

늦게 온 사춘기

장예지(우석대 학생)

지금은 불이 꺼진 대동 곡물 상회가 나의 휴대전화 안에서 선명히 빛나고 있다. 이 가게는 외할머니, 외할아버지께서 평생 일하고 살아오신 경주에 있던 쌀집이다. 10년 전 원래 가게가 있던 부근에서 유물이 발견되었고, 반강제적으로 사진에 보이는 곳으로 이사를 했다. 이 사진은 쌀집이 이사하고 간판을 바꿨을 때, 어두운 밤과 반대로 밝게 빛나던 간판이 잘 어울려서 찍었던 것 같다. 그리고 3년 전, 쉼 없이 일해 온 쌀집은 외할머니, 외할아버지와 함께 나이를 먹고 은퇴했다. 이 사진을 찍을 때만 해도 외할머니, 외할아버지께서 평생 쌀집을 하는 줄만 알았다. 하지만 쌀가마니를 들어 올리시는 외할아버지의 힘이 예전과 같지 않은 것을 눈으로 직접 보았을 때, 쌀집 안에 멈춰 있던 어린 나에게 머리를 한 대 맞은 것만 같았다. 1년에 한두 번밖에 가지 못했던 곳이지만 왠지 모를 정겨

움이 낯가리는 나를 반겨 줬다. 잡곡의 텁텁한 냄새와 여기저기 날아다니는 쌀 벌레들, 엄마에게 주고 싶은 마음에 가득 만들어 놓으신 외할머니의 반찬 냄새, 그리고 달달한 감주의 향이 내 머릿속에 선명히 남아 있다. 나는 이 사진을 보면 엄마가 생각난다.

아빠의 직장 때문에 전주에 살게 된 엄마는 경주에 가면 볼 수 있는 다른 모습이 있다. 억센 사투리와 큰 목소리, 경주 곳곳을 누비며 모르는 곳이 없는 골목대장 같은 모습. 나는 엄마의 이런 모습이 참 좋다. 엄마는 외할머니 외할아버지와 많이 닮았다. 외면적인 모습뿐만 아니라 성격까지 말이다. 조금은 무뚝뚝 하지만 마음은 여린 우리 엄마. 아주 살갑게 안아 주시지는 않아도 미소를 짓고 있는 외할머니의 얼굴과 경주를 떠날 때쯤엔 꼭 새벽같이 나가셔서 황남빵을 손에 쥐여주시는 외할아버지의 다정함 속에서 나는 엄마를 느낀다. 경주와 경주에 존재하는 많은 것들이 엄마를 만들었구나 싶다. 그리고 엄마의 갱년기가 심해진 요즘, 나는 내가 경주와 같은 존재가 될 수 없음에 좌절하곤 한다.

최근에 엄마는 부쩍 눈물이 많아졌다. 눈물을 조금 보이는 것이 아니라 정말 엉엉 운다. 나도 눈물이 많은 편이다. 화가 나지만 화를 내지 못하는 성격인 탓에, 스트레스를 푼다는 핑으로 침대에 머리를 박고 눈물을 쏟아 낸다. 나는 나의 이런 우는 모습을 잘 안다. 하지만 엄마가 우는 모습은 너무나도 낯설다. 그렇기에 나는 그런 엄마를 선뜻 달랠 수 없었다. 오히려 짜증을 냈다. 당황스러운 탓일까, 놀란 탓일까. 꼭 사춘기 때의 나와 엄마가 바뀐 것만 같았다. 사춘기 때의 나는 감정적이고, 속상한 일이 많았다. 너무 많이 울던 내게 질렸는지, 엄마와 아빠는 그만 울라는 말밖에 하지 않았다. 그럴 때마다 나는 나중에 어른이 되면 그러지 말아야지 하고 다짐했었는데, 엄마에게 되레 화를 내다니. 나는 아직도 이렇게 어리고 철없다. 엄마가 무너지고 있었을 때, 나는 그저 방관하고 있기만 했다는 생각에 마음에 굴곡이 선명하게 패여 시리다.

외할머니 외할아버지와 함께 살지 않고, 4남매 중 애매한 둘째로 태어났던 우리 엄마. 어렸을 적 사춘기를 겪을 새가 없었던 엄마에게 뒤늦게야 사춘기가 온 것만 같다. 차이점이 있다면 나는 사춘기를 겪으며 강해졌지만, 엄마는 사춘기를 겪으며 약해지고 있다는 점이다. 시간이 지날수록, 엄마의 손바닥 위에 놓인 알약들이 내게는 무겁게 다가온다. 나는 이 알약들보다도, 경주 쌀집에 있는 쌀 한 톨의 무게보다도 가벼운 그런 딸일지도 모른다. "엄마도 엄마는 처음이라 많이 부족한 것 같아. 미안해"라는 말을 가끔 하는 엄마. 전주도 처음, 딸도 처음이었을 엄마에게 내가 너무 많은 것을 바라 왔다는 생각이 든다.

이 글은 어쩌면 저 사진을 보기 전부터 있던 나의 죄책감으로부터 시작되었을지 모른다. 옹졸했던 과거의 내가 남기고 간 마지막 양심 같은 것일 수도 있다. 그러니까 이 글은 전하지 못할 편지 같은 것이다. 부끄러워서 차마 말로는 표현하지 못한다는 핑계로 마음에 응어리로 남아 언젠간 후회로 변할, 그런 글들 말이다. 항상 앞서 걸어갔던 내가 엄마와 발맞춰 걷는 법을 이제야 알았다고 하는 나의 사과 편지.

가족사 쓰기

가족 사이에는 사랑과 헌신만이 존재할까? 부모는 늘 아이들을 위해 희생하고 올바르기만 한가? 요구되는 역할에 피로와 어려움은 없을까? 자식이라 할지라도 부모에 대한 순간순간 격렬한 원망은 없을까? 윤리 교과서가 말하는 것과는 다르게 실제 삶에서는 수많은 갈등의 원형이 가족 안에서 먼저 일어난다. 일생에서 가장 깊은 상처는 '가족이라는 전쟁터'에서 얻는 것이라는 점을 인정할 때 진솔하게 쓸 이야기가 많아진다.

나를 성찰하고, 진정한 자아를 발견하며 치유하는 과정은 진실과 마주치는 고통스런 여정이기에 쉽고 편안한 길은 아니다. 가족의 기억과 역사는 개인마다 매우 다르고 특별한 모습이기 때문에 섣부른 재단과 결론으로 유도될 수 없다. 가족 이야기를 쓰는 것은 그래서 마음자리를 살피는 섬세한 접근이 요구된다. 이야기의 당사자인 구성원들의 목소리를 귀기울여 듣는 과정이 먼저 요구된다. 보통의 인터뷰처럼 몇 개의 질문지를 들고 마이크를 들이대어서는 실체의 진실을 마주치기 어렵다.

글 쓰는 이를 인터뷰어로 설정하고 부모님, 형제자매들과 나와의 관계를 글로 쓰는 과제를 안았다면 먼저 몇 가지 질문들을 자신에게 먼저 던져 보자.

- 나의 부모님을 다섯 단어로 표현하면?
- 나와 내 어머니(아버지)와의 관계를 한 단어로 표현하면?
- 나의 인생을 다룬 영화를 제작한다면 메인 테마로 사용할 음악은?
- 내가 듣기에 가장 지겨운 말은?
- 단 2주만 살 수 있다면 남은 이들에게 내가 하고 싶은 일은?
- 나의 가장 어두운 비밀은?

위의 질문들에 답하는 글들을 처음에는 짧게 서서히 분량을 길게 써 보면서 자신 안에 웅크리고 있는 오래된 기억을 만나 보라. 부모, 형제자매와 간직하고 있는 공통의 추억도 서로의 기억이 다를 수가 있다. 기억은 사람의 처지에 따라 편집되기 쉬우며 한순간의 인생에 지배되기 쉽다. 첫 과제로 수행한 세 줄의 연대 표를 놓고 자신의 기억과 가족 구성원 중 다른 이의 기억을 대비해 보자. 상처와 원망이 있는 기억일수록 한 걸음 더 들어가서 봐야 한다. 타자의 이야기를 듣고 그 정황을 최대한 객관적으로 복원한 뒤 그 순간에 존재했던 자신의 감정을 낱낱이 날것으로 적어 보라.

앵글을 바꿔 가며 나 아닌 다른 이의 시선에서 그날의 행동과 감정을 느껴 보고 처음에 썼던 날것의 감정과 대비해 보라. 어린 시절의 '그 사건'에 대해서 이번에는 길게 써 보라.

아버지의 얼굴에 살짝 당황한 기색이 지나간다. 앞에 서 있는 이 여자가 당신의 딸은 분명한데, 이름이 가물가물하거나, 아니면 몇째 딸인지 흐릿한 거다. 그러고 보니 어머니 아버지 얼굴 본 지도 거의 한 달이 지났다. 나는 짐짓 장난스럽게 물어본다. "아빠, 제가 몇 째게요?" 아버지는 부끄러운 듯 미소를 지으면서 대답한다. "셋째, 아니면 넷째인데……." 나도 웃으면서 맞장구를 친다. "맞아요, 저 넷째에요. 넷째 희령이." 그러자 아버지는 무거운 짐을 내려놓은 듯 만족스럽게 웃는다. "그래, 그래. 내가 알지." 나는 문득 아들이 하나밖에 없어서 다행이라고 생각한다. 자식이 여섯이나 되면 나도 아버지 나이에 그 이름과 순서를 만날 헷갈릴 것 같다.

언니들과 부모님 모시고 여행을 가는 날이다. 차를 타고 달리면서 모두들 가족여행의 옛 기억을 되살린다. 미국에 살면서 잠시 귀국한 셋째 언니가 아버지와 튜브를 타고 경포대 앞 바위섬까지 헤엄쳐 갔던 적이 있다고 말한다. "설마, 그게 가능한 일이야? 언니가 상상한 거 아니야?" 넷째라서, 차에 탈 자리가 없어서, 그 여행에서 제외되었던 내가 되묻는다. "진짜야. 아빠가 나만 튜브에 태워줘서 기억해. 내가 아빠에게 중요한 딸이 된 기분이었거든." 중요한 딸! 차 안에 있던 딸들이 모두 웃는다. 여섯이나 되는 자매들 틈에 끼어서 자라다 보면 늘 '중요한 딸'의 자리가 고프고, 목마르다. 맏딸이나 막내로 태어났으면 조금 덜 절박했을지도 모른다. 아들도 아닌 둘째 셋째 넷째 다섯째 딸은 운명적으로 덜 중요한 자식들인 것이다.

경포대에 도착한다. 언니들과 나는 바다 위에 떠 있는 바위섬들을 바라보며 고개를 끄덕인다. 오, 저 정도면 튜브 타고 갈 수 있었겠네. 우리는 또 웃음을 터뜨린다. 덩달아 함께 미소 짓던 아버지가 주춤주춤 바다를 향해 걸어간다. 아버지 고향은 원산이다. 드물게 떠났던 가족여행은 거의 동쪽 바닷가에 다녀오는 일이었다. 새벽에 일어나 졸린 눈을 비비며 어딘지도 모르는 곳을 향해 달려가던 기억이 떠오른다. 고만고만한 딸들을 차에 태우고 달리다가 어둠 속에서 희뿌옇게 길들이 밝아 올 때, 아버지는 무슨 생각을 했을까. 바닷가를 거슬러 올라가면 반드시 있겠지만, 없는 것이나 마찬가지인 고향이 그리웠을까.

물 빛깔이 하도 예뻐 사진을 찍으려고 나도 아버지 뒤를 따라간다. 아버지는 바다를 한참 바라보다가 허리를 굽혀 모래밭에서 무엇인가를 줍는다. 조개껍질들인가. 카메라를 보라고 아버지를 부르자, 허리를 펴고 손을 흔든다. 다시 주춤주춤 나에게 다가온 아버지는 손에 쥐고 있던 것을 건네준다. 하얀 깃털이다.

손바닥 위에 놓인 깃털 두 개를 보면서 나는 어리둥절해진다. 이건 뭔가. 내가 이 사람의 딸인가, 어머니인가. 아니다, 그게 아니다. 이건 그냥 한 동네 사는 개구쟁이 꼬마가 바닷가에서 주운 신기한 사물을 지나가던 아주머니에게 보여 주는 장면이다. 어리숙한 할아버지와 애매한 아주머니가 아무 사연도 인연도 없는 시공간에서 마주 보고 미소를 짓고 있는 장면이기도 하다. 나는 문득 깨닫는다. 이제 이 사람과 나 사이에는 아버지와 딸이라는, 끈끈하면서 동시에 이리저리 꼬이고 비틀린 인연들이 많이 걷혔구나. 좋지 않은가, 사랑에 배고프고 목마르지 않은 무덤덤함이, 누가 더 중요하지도 덜 중요하지 않지도 않은 홀가분함이, 이 무심한 선량함이.

여름을 떠나 보낸 바다는 앓고 난 뒤끝처럼 청명하고 텅 빈 느낌이다. 갈매기들이 오락가락 날아다니는 바다를 뒤로하고 떠난다. 모래밭 어딘가에 아버지가 건네 준 하얀 깃털을 두고 와야 할 것 같다. 그러나 차마 버리지 못하고, 나는 그것을 슬그머니 주머니에 넣는다.

– 부희령, 「하얀 깃털」, 『무정에세이』, 사월의책. 2019, 328~330쪽.

한국전쟁으로 월남한 아버지가 남쪽에서 가족을 이루고 살아왔지만 끝내 털어내지 못한 마음의 한 자락을 딸의 시선을 통해 보여 주는 글이다. 다 드러내지는 않았지만 역사와 개인이 만나는 지점과 세대를 넘어 각기 살아가는 가족 구성원들의 갈등과 성장, 이해의 시간을 잘 담아냈다.

미리 써 보는 나의 죽음: 조문보 쓰기

스스로 자신의 삶을 글로 펼치는 것을 자서전이라 한다면, 생의 마지막에 이르러 고인의 일대기를 추모객들에게 들려주는 것은 조문보이다. 일본의 경우에는 슈카쓰(終活, well-dying) 서비스라고 해서 한 사람의 아름다운 마무리를 거들어 주는 신종사업이 열풍이라고 한다. 슈카쓰 품목 중 하나에 '엔딩노트'가 있다. 고인이 살아온 이야기를 간략한 연표나 약력으로 또는 이야기로 적도록 하는 것인데 우리나라에도 몇 년 전부터 조문보를 제작하는 경우가 많아지고 있다. 글쓰기와 관련해서 일반적인 자서전, 평전 외에 자신의 마지막을 맞아 생애를 총결하는 글을 미리 써보는 것은 내 일생의 중요한 순간이 언제였던가 진지하게 돌아보게 하고 꿈을 찾아 가는 과정에 더욱 진력하게 해 주는 효과가 있다. 조문보 쓰기는 일종의 임종체험처럼 삶에 대한 자세를 경건하게 바로잡아 주며 아직 완결하지 못한 인생 문제를 분명하게 드러나게 한다.

글쓰기 연습

다음 사항을 참고해 자신의 묘비명 또는 부고장 형식을 통해 간략한 생애사(약전)을 써 보자.

- 출생 과정과 가족의 인연을 밝힌다.
- 고인이 살아온 곳의 자연 풍광을 적는다.
- 고인 일생을 요약할 수 있는 꿈과 일을 적는다.
- 고인이 남긴 유산(핏줄과 정신, 영향력)을 적는다.
- 고인이 끝내 이루지 못하고 아쉬워한 일을 적는다.

4. 치유와 자기 발견의 글쓰기

"내 인생을 소설로 쓰면 한 열 권은 될 거야." "특별하게 경험한 것이 없는 것 같아서, 딱히 쓸 게 없어요." 나이 든 분들은 자신 안에 이야기가 넘친다고 말하는 반면에 10대나 20대 젊은이들은 경험이 많지 않아서 쓸 것이 없다고 한다. 경험의 양에서 나이에 따라 차이가 나는 것은 분명하지만 오래 살았다고 해서 세상의 진기한 체험을 다 할 수 있는 것은 아니다. 다만 나이 듦에 따라 세상일에 조금 더 여유를 갖고 보게 되고 자신의 이야기를 보편적인 경험 중의 하나로 받아들이는 데에서 차이가 날 것이다. 20대에도 인생의 주요한 감정을 대부분 겪게 되고 진정한 자신을 발견하는 기쁨을 누리기도 한다.

보다! 보이지 않는 것

이민주(우석대 학생)

나는 7개월 반 만에 미숙아로 태어났다. 태어나자마자 많은 치료를 받았지만, 미숙아 망막증이라는 판정을 받고 점점 시력을 잃어 갔다. 유치원에 들어가면서는 시력이 많이 떨어져 밝은 빛만 감지할 수 있게 되었다. 결국 나는 특수학교에 입학했고, 그곳에서 나와 같은 시각장애 학생들과 지내는 것에 익숙해져갔다. 하지만 선생님들께서는 비장애인 친구들과도 어울리는 시간을 많이 가지라는 조언을 하셨다.

그러나 마음처럼 쉽지만은 않았다. 비장애인 친구를 만나면 괜히 위축되고 내가 부족해 보였다. 무슨 이야기를 해도 친구들과 잘 소통이 되지 않았고, 놀림만 받는 것 같았다. 그러다 보니 비장애인 친구와의 만남이 망설여지고 급기야 함께하는 자리를 피하게 되었다. 중학생이 되면서부터는 공부를 핑계로 아예 친구들을 멀리했다.

중학교 2학년 가을이었다. 학교 미술 선생님께서 사진 수업에 참여할 의사가 있는지 물으셨다.

"세상에! 시각장애 학교에서 사진 수업이라니……." 당황스러웠다.

"사진을 찍으려면 조금이라도 시력이 있어야 가능하지 않은가." 망설였지만, 나만의 카메라를 갖고 싶어 사진 수업에 참여하기로 결심했다. 나도 비장애인들처럼 사진으로 나의 소중한 추억을 차곡차곡 간직하고 싶었다. 나뿐만 아니라 우리 반 친구 3명도 함께 사진을 배우기로 했고, 첫 수업이 다가올수록 기대가 되었다.

사진 수업 첫날, 우리는 수업 시작 30분 전부터 교실에 와서 선생님들을 기다리고 있었다. 서울에서 재능기부 사진작가 선생님들께서 내려오셨다. 드디어 기대하던 수업이 시작되었고, 선생님들께서 카메라의 구조, 기능을 간단히 설명해 주셨다. 그리고 카메라를 하나씩 선물로 받았다. 카메라를 받았을 때의 기분은 아직도 잊을 수 없다. 카메라는 다른 선물들과 다른 기분을 느끼게 해 주었다. 상자를 열 때, 가슴이 뛰었고, 설렜다.

카메라를 만지고 눌러보면서 자신감도 생겼다. 선생님들과 밖에 나가 소리에 귀 기울이며 뭔가를 만져 보고, 풍경 사진도 찍고, 주변 사람들도 담아 보았다.

선생님과 함께 사진을 찍을 때는 자신감이 생겨 사진수업을 선택한 것이 참 잘한 한 일이라는 생각이 들었고, 열심히 배우면 나도 멋진 사진을 찍을 수 있을 것만 같았다. 그러나 혼자 사진 찍을 때는 사람들 시선에 신경 쓰여 선뜻 나서지 못했다. 사진을 배우기 전에 가졌던 생각처럼 주변 사람들이 나를 어떻게 바라볼지 걱정되었다. 좋지 않은 시선으로 볼 것만 같아 카메라를 갖고 밖에 나가는 것이 창피하기까지 했다. 사진을 찍고 있는 내 모습을 사람들이 보는 것도 싫었지만, 내가 찍은 사진을 비난하고 놀릴 것만 같았다.

우려는 현실이 되었다. 그해 겨울, 학교에서 피자 만들기 체험을 갔을 때였다. 내가 만든 피자를 찍기 위해 카메라를 들었을 때, 주인 분이 카메라를 고장 낸다며 만지지 말라고까지 하셨다. 나는 화가 났지만 꾹 참았다. 그리고는 "이 카메라는 나의 것"이라고 말씀드렸다. 그 분은 믿을 수 없다는 듯 계속 같은 말을 이어갔다. 눈물이 흘렀다.

사진을 배운 지 6개월이 지나자, 선생님이 전시회를 할 수 있는 좋은 기회를 만들어 주셨다. 전시회 날짜와 장소가 정해지자 설렜다. 내가 찍은 사진을 사람들에게 보여 준다는 게 아직은 창피하지만, 나도 할 수 있다는 것을 보여 주고 싶었다.

선생님께서 전시할 사진을 몇 장 골라 주셨다. 나는 사진 설명을 듣고 그에 대한 짧은 글을 썼다. 사진 찍을 때의 느낌, 무슨 의도로 사진을 찍었는지 등을 담은 글을 사진액자 밑에 붙이기로 했다.

전시회 날, 많은 사람들이 전시장을 찾았다. 내 사진을 보고 이런저런 좋은 말씀을 해 주시니 무척 기뻤다. 비록 내가 찍은 사진을 직접 볼 수는 없지만, 사람들의 소감을 듣고 있으면 마치 유명 작가가 된 것만 같았다. 게다가 사진을 프린트해서 만든 엽서를 챙겨 가는 것을 보니 더 열심히 해야겠다는 생각이 들었다.

첫 전시회를 마치고 사진을 찍는다는 것에 다시 한번 생각해 보았다. "앞을 보지 못하는 시각장애인도 듣고 느끼고 만지며 사진을 찍을 수 있구나. 비록 초점이 잘 맞지 않고 잘린 사진이지만 나에게는 소중한 한 장의 작품이 될 수 있겠구나." 그때부터 나는 정성을 다해 사진을 찍기 시작했다. 매년 가을 서울시청 시민청에서 사진전을 열었다. 다시 새로운 작품을 사람들에게 보여 주는 기회가 생겼다. 2018년 겨울에는 사진 수업을 함께 받는 친구들, 재능기부 선생님과 1박 2일로 '사진 찍는 4총사'라는 제목의 방송 다큐멘터리를 찍었다. 방송물은 청주방송을 시작으로 전국의 민영방송 채널에 방영되었다.

나는 지금도 꾸준히 사진을 찍고 있다. 청주, 충주, 서울 등지에서 올해까지 아홉 번의 전시회도 가졌다. 이제는 남의 시선을 의식하지 않고 자유롭게 사진을 찍는다. 여행을 가면 사진 찍는 것은 당연한 일이 되었고, 주변 사람들에게 '나는 사진 찍는 사람'이라고 이야기할 정도로 자신감을 갖게 되었다. 사진 수업을 시작하지 않았다면 상상도 할 수 없는 기적의 내 모습이다.

사진은 나를 변화시켰다. 불가능을 가능케 했고, 사진을 보면 해냈다는 성취감도 든다. 힘들다고 포기해 버렸다면, 지금의 내 모습은 어땠을까. 사진에 감사하고, 선생님께 감사하고, 잘 견뎌 준 내게 감사하다. 내 생애 최고의 순간은 카메라 셔터를 누를 때이다. 그리고 사진을 찍는 매일 매일이 기적이고 축복이다.

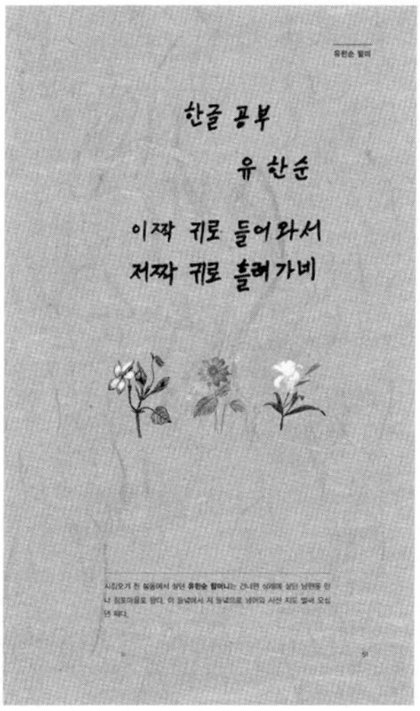

어느 날 우연히 접하게 된 사진이 자신을 변화시킨 과정을 잘 쓴 글이다. 시각장애를 갖고 있는 사람이 사진을 찍을 수 있을까, 흔히 갖게 되는 편견을 넘어 자신을 발견하고 스스로 치유하며 성장해 가는 주인공의 모습이 이 글을 통해 사진처럼 선명하게 인화되어 있다.

오랜 세월 땀 흘리며 아름답고 때로 슬프게 살아왔으나 문자를 해독하지 못해 자신의 감정을 제대로 표현할 수 없었던 고령의 할머니들이 글자를 깨치고 처음으로 쓴 시들을 묶은 책(『할미그라피』, 2016)을 읽으면 글쓰기야말로 얼마나 큰 소통과 공유의 도구인가를 새삼 깨닫게 된다. 이분들이 더 일찍 문자와 글쓰기를 알았더라면 더 많은 이야기들을 세상에 들려줄 수 있었을 것이다.

지금 자신이 지나가고 있는 시간을 글로 붙들어 두자. 사소한 순간들, 작은 기쁨과 슬픔, 아쉬움과 미련을 적어 두자. 견딜 수 없는 분노와 고통이 있다면 잠깐 숨을 돌리고 적어 보자. 가장 기억이 생생할 때, 생동하는 감각으로 한 번뿐인 자신의 시간을 기록해 두면 그 순간은 언제고 꺼내 볼 수 있는 불멸의 시간이 된다.

글은 누구를 위해 쓰는가

글은 불행한 사건과 고통을 겪는 나를 분리한다. 글쓰기는 의식이 개입되는 과정이어서 글을 쓰면서 차분하게 내가 겪은 일, 감정을 정리하고 전체의 모습을 살펴볼 수 있다. 내면에 뭉쳐 있던 감정을 타인에게 전달되는 형태로 만들다 보면 사건과 감정을 보다 입체적으로 보게 된다. 대단한 글이 아니어도 그렇다. 메모처럼 남겼던 글조차 잘 모아서 읽다 보면 나의 감정을 외부인의 마음으로 들여다보게 된다. 반복적으로 하는 표현, 주로 다루는 주제, 자주 등장하는 인물, 차마 표현하지 못하고 글로만 남겨 둔 마음까지…… 쓸 때와 읽을 때의 시차를 두고 관찰해 보면 글쓴이의 생각과 감정이 보다 구체적으로 드러난다. 그리고 타인이 나의 글을 읽었을 때 새롭게 생성되고 의미가 확장되는 과정을 지켜보는 것도 흥미롭다. 글을 쓰고 나누면서 누구나 다 고통을 겪고 있다는 사실을 알게 되면 비로소 고통도 견딜 만해진다.

– 오희승, 『적절한 고통의 언어를 찾아가는 중입니다』, 그래도봄, 2022, 229~230쪽.

글은 '나 자신'을 쓰는 것이지만 그 글과 마주한 독자인 남을 향해 있다. 타인에게 들려주는 말의 형식을 취하지만 끝내는 자신에게 돌아오는 것이기도 하다. 글을 쓰면서 우리는 잠시 자신을 벗어나 객관의 눈이 된다. 고립된 자아가 세상을 향해 내미는 손. 글을 통해 우리는 타인과 지나온 세계, 미래와 연결된다. 고통은 가벼워지고 기쁨은 배가된다. 개체로서 유한한 삶이, 쓰고 읽히며 서로 이어지는 무한한 우주로 확장된다. 그러므로 글쓰기란 우리의 시원을 찾아가는 긴 여정이자 다가올 미래를 미리 맞이하는 모험의 길이기도 하다.

우리는 고립에서 벗어나 누군가와 소통하기 위해 글을 쓴다. 누군가와 나누기 위해 글을 쓴다는 점을 잊지 말자. 글쓰기에는 절박함이 담겨 있다. 말하라. 우리에게 주어진 시간은 유한하다.

– 나탈리 골드버그, 『인생을 쓰는 법』, 페가수스, 2013, 59쪽.

팀 기반 활동

팀에서 1 : 1로 상대를 정하고 서로 바꿔 가며 상대방을 인터뷰하고, 독자들에게 소개하는 탐방 기사 형식으로 글을 써 보자. 살아온 길, 꿈과 취향, 직업, 책과 영화, 노래 등 어떤 이야기로 접근해도 좋다.

5. SNS 시대의 공감 글쓰기

누구나 발신자, 작가, 미디어

격식을 갖추어 작정하고 쓰는 글쓰기는 두렵다. 하지만 문자나 카톡, 인스타그램, 페이스북 등 SNS에서 타인들과 소통하는 짧은 글을 부담스러워 하는 사람은 거의 없다. 이모티콘에 실어 보내는 자기 감정의 표현은 누구나 즐겁고 가볍게 처리한다. SNS 사용자가 폭발적으로 늘고 있는 뉴미디어 시대는 바야흐로 '쓰기'의 소통 시대이다. '셀럽'으로 호칭되는 인기인뿐만 아니라 기업과 정치인, 평범한 개인에 이르기까지 뭔가를 쓰고, 보내며 자신을 알리고 소통하고 있다. 새로운 인맥, 친구들을 손끝으로 쉽게 만나는 신천지에 매료되어 하루종일 SNS를 붙들고 사는 이도 적지 않다. SNS에서는 〈^^〉, 〈ㅠㅠ〉, 〈ㅎ〉, 〈넹〉을 비롯해 다양한 표정의 그림말(이모티콘)이 널리 쓰이고 대개 구어체 중심으로 대화를 이어 간다. 무엇인가를 주장하는 글에서도 읽는 이의 감정과 처지를 고려하여 짧고 빠른 시간 안에 강력한 인상을 주는 문장들이 선호된다. 사진이나 동영상 첨부 같은 다중매체 형식이 혼재되는 것도 특징이다. 이처럼 글쓰기의 본디 목적인 정보의 공유도 중요하지만 많은 이들과 '공감할 수 있는 소통', '설득할 수 있는 소통'을 위한 짧은 글쓰기의 힘이 그 어느 시대보다 중요해졌다.

누구나 발신자, 작가, 미디어가 되면서 이제 매체의 경계도 무너지고 있다. 거대 방송국이 대자본과 전문장비, 인력으로 일방적인 정보를 송출하던 매스미디어의 시대가 가고 소셜네트워크의 시대, 개인 미디어의 시대가 활짝 열리고 있는 것이다. 이는 일시적 흐름이 아니라 진정한 개인의 시대가 열리는, 돌이킬 수 없는 시대적 변화의 반영이다.

'관계의 6단계 법칙(6 degrees of separation)'에 따르면 세상에 있는 모든 사람들은 최대 6단계 이내에서 서로 아는 사람으로 연결될 수 있다고 한다. SNS의 세계는 그러한 관계의 연결망을 바탕으로 사람들 사이의 평판이 얼마나 중요한 요소인지를 실증해 준다. 신제품을 막 출시한 기업의 비즈니스, 선거를 앞둔 정치 여론도 지인들 간에 주고 받는 대화와 평판에서 승부가 결정된다. 이 때문에 기업과 정당에서는 인적 네트워크를 정보기술과 결합시켜 제품의 판로와 정당 지지에 유리한 여

론을 만들려는 필사적인 노력을 기울이고 있다. 개인들 간의 관계 설정에서도 이 네트워크 평판의 힘이 압도적으로 작용한다.

'쓰기'의 소통시대에서 복합적 콘텐츠의 중핵 역할을 하는 글쓰기는 그야말로 필수다. 그러나 실제로는 많은 사람들이 글쓰기에 대한 부담으로 어려움을 겪고 있다. 내 이야기가 잘 전달되고 있는지 의구심을 가지면서, 보다 효과적인 글쓰기의 방법은 없는지 고민을 털어놓는 사람들이 많다.

SNS는 글쓰기 최고의 훈련장이다

정식 글쓰기 수업 한 번 제대로 받아본 적이 없는 현장 노동자가 우연히 인터넷 유머 게시판에 재미로 글을 올렸다. 글들이 독자들의 반응을 얻자 용기를 얻어 연재를 하게 되었고 지지와 격려 속에 『회색인간』이라는 소설집을 출간했다. 오랫동안 베스트셀러 대열에 오르며 기성 작가들의 판매량을 압도한 김동식 소설가의 사례는 SNS야말로 글쓰기에 필요한 최고의 훈련장이라는 것을 입증한다. 책으로 묶여 나오기 이전에 인터넷 게시판에서 수많은 독자들의 사전 독서와 조언으로 문장을 다듬으며 자신의 스타일을 만들어낼 수 있었던 김동식 작가의 사례뿐만 아니라 SNS에서는 독자와 필자가 함께 맞물리며 글을 완성해 가는 경우가 적지 않다. 단지 글을 업로드하는 것만으로도 누구나 독자를 가질 수 있고 독자의 반응을 실시간으로 확인할 수 있다는 것이야말로 인터넷 글쓰기가 보통 사람들에게 주는 큰 매력이다.

SNS는 훌륭한 작가, 독자들이 대기하고 있다

SNS는 자신의 소중한 시간을 할애해가며 글을 읽고 공감과 비평을 돌려주는 독자들이 대기하고 있을 뿐만 아니라 읽고 따라 써보기 좋은 문장과 자료들이 쌓여 있다. 독자(구독자)이면서 작가(발화자)인 사람들이 상호 작용을 통해 콘텐츠 시장의 흐름을 좌우한다. SNS는 처음부터 쌍방향으로 설계되어 출판사, 방송국 등 기존 주류 매체들에서 게재, 방송 등의 복잡한 절차를 거치지 않고서도 내 말과 글을 쉽게 여러 사람에게 전파할 수 있는 통로가 되고 있다. 개인의 시대를 활짝 연 SNS 플랫폼으로 인해 순식간에 수십만 구독자를 거느리는 유튜버, 북튜버 등이 등장하면서 출판 방송 시장도 격변하고 있다. SNS 친구 간에 형성된 신뢰도는 '셀럽'들의 추천이나 PPL보다 큰 영향력을 발휘하면서 책이나 영화 같은 문화콘텐츠 흐름 뿐만 아니라 다양한 소비 행태에 영향을 미친다.

우리가 미디어다

'우리가 미디어다(We The Media, 댄 길모어)'란 선구적 저작에서 확인되듯이 SNS 글쓰기는 이미 거대한 미디어 장을 형성하고 있다. 서구보다 훨씬 앞선 사례로 꼽히고 있는 오마이뉴스 시민기자에서 보듯 2000년 초입부터 우리는 기존 언론체계인 매스미디어를 넘어서 메시지를 스스로 생산하고 전달하며 행동으로 연결하는 네티즌 문화생산자들을 목격하게 되었다. 인터넷 검색 순위가 여론 추이의 중요한 지표가 되고 있고, '댓글'은 현실 세계에 강력한 영향을 미치는 사이버 대자보의 역할을 하고 있다. 편지에서 전화로, 삐삐, 휴대전화, 문자메시지, 메신저, 카톡, 페이스북 등으로 끊임없이 진화해 온 흩어진 개인들의 네트워크가 기존 시스템을 위협하며 새로운 공론장을 만들었다. 매스미디어가 모든 정보 소통, 권력 생산을 독점해온 1극 체제가 가고 수평화된 개인들의 네트워크가 '중심'이라는 개념 자체를 위협하고 있는 것이다.

카메라와 마이크, 노트북과 휴대폰을 든 비무장의 시민. 새로운 변화를 갈망하는 이심전심 장삼이사들의 평범한 꿈이, 갈수록 큰 파동으로 확대되는 나비효과가 되어 낡은 담벼락을 거세게 흔들고 있다. SNS 글쓰기는 필자와 독자가 서로 뒤섞이며 여론 광장을 만들어 가는 민주주의의 매개체가 되고 있다.

"매체가 곧 메시지이다.(The medium is the message.)"[1]라고 마셜 맥루언이 명확하게 지적했듯이 현대 사회에서는 매체 자체가 특정한 지향점을 갖고 메시지를 만들어 낸다는 것에 주목해야 한다. 이것을 달리 말하자면 스스로가 쓸 만한 매체가 되어야 그가 하는 말에 진실성이 실린다는 뜻이다. SNS 글쓰기뿐만 아니라 글이 읽히고 쓰여지는 모든 영역에서 독자의 공감을 얻고 널리 확산되는 것은 결국은 진실성의 여부이다. 진정한 공감은 문장의 기술에 좌우되는 것이 아니라 문장을 쓰는 자에 대한 신뢰에서 비롯되고 그것으로 귀결된다.

SNS 글쓰기 전략

1) 자신의 모습과 글쓰기를 일치시켜야

실재하는 자신과 SNS 공간에서 내세우는 자아가 다른 경우가 종종 있다. 익명의 자유로움을 넘어서 현실과 가상의 혼재로 빚어지는 부작용이 있다. 현실의 나와 글에서의 나를 일치시키려는 노력이 있어야 글이 진실해진다.

2) 글의 어조와 스타일을 다듬어라

감각이 우선 눈에 들어오는 SNS에서는 자신만의 말투와 형식을 개발할 필요가 있다. 인상적으로 반복하는 마무리 문장이나 시작 인사, 적절한 유머로 말문을 여는 등 수신인이 단번에 필자를 연상하게 하는 독창성이 있으면 좋을 것이다. 글은 쉽고 간결해야 한다.

3) 분량을 적절하게

SNS에서는 매체에 따라 제한분량(트위터)이 있기도 하고 주로 사용하는 기기가 휴대폰인 관계로 화면 크기의 제약으로 스크롤이 많아지면 가독률이 떨어진다. SNS의 특성을 고려하여 짧은 호흡으로 읽을 수 있는 분량으로 글을 압축하라.

---

1) 캐나다 출신의 커뮤니케이션 이론가인 허버트 마셜 맥루언(Herbert Marshal Mcluhan, 1911~1980)은 '미디어는 메시지다' '미디어는 마사지다' '지구촌' 등의 표현으로 유명하다. 맥루언은 1964년 출간된 『미디어의 이해』를 통해 전 세계적인 관심을 끌었다. 테크놀로지의 발전과 더불어 맥루언의 주장들이 현실화되면서 『미디어의 이해』는 오늘날 더 높은 설득력을 얻고 있다.

4) 눈에 확 들어오는 제목을 고심하라

SNS 글은 3초 안에 승부가 난다는 말이 있다. 정보의 홍수에서 독자의 주목을 끌기란 쉽지 않다. 제목을 달지 않는 경우에는 앞 두세 문장의 힘이 중요하다. 유행하는 광고 문구를 꼼꼼하게 들여다보면 쉽고, 기억에 오래 남으며, 리듬을 살리는 짧은 문장으로 되어 있다. 그 감각을 배우자.

5) 쟁점을 만들어라

SNS에서는 자주 논쟁이 벌어진다. 남들이 보지 못하는 이면을 지적하고 다른 감성으로 새롭게 보기를 시도하는 글들이 독자들의 지지를 받는다. 말꼬리를 잡고 시비를 거는 글보다는 검증된 자료와 근거를 가지고 내공을 보여 주는 글이 오래 살아남는 것은 물론이다.

6) 시기가 중요하다

SNS는 특히 '타이밍'이 결정적인 때가 많다. 다른 사용자보다 먼저 정보를 전달하고 의견을 제시하며 자신만의 시선과 감성을 보여 주려면 무엇보다 부지런해야 한다. 시간에 맞춘 단 한 줄의 문장이 수십 줄의 수많은 글을 압도하는 것은 제 때에 도착했기 때문이다.

SNS 글쓰기 실전 팁

1. 블로그를 개설하라

남의 집을 두루 돌아다니며 자신을 풀어놓는 방법도 있지만 자신의 브랜드를 유지하려면 블로그를 독자적으로 구축하는 것이 좋다. 독자적인 홈페이지나 블로그를 개설하는 데 부담이 있다면 페이스북이나 인스타그램 등을 개인 미디어로 활용하는 것도 한 방법이다.

2. 나만의 콘텐츠를 구축하라

관심 있는 주제를 꾸준히 기록해놓으면 그 자체만으로도 방문객에게 유용한 아카이브가 된다. 영화나 책, 음식, 여행지, 사진 등을 주제별로 모으는 과정에서 자연스레 분류법을 익히고 요약 정리의 기술이 늘게 된다. 편의점 음식에 대한 리뷰를 10여 년 모은 '다인의 편의점 이것저것' 이나 추리소설 리뷰를 정리한 물만두(홍윤)의 '물만두의 추리책방' 블로그처럼 개인의 취향과 관심도 훌륭한 역사 자료, 책의 소재가 된다. #(해시태그)를 잘 활용하면 자신의 콘텐츠에 대한 방문율을 높이고 유사한 자료에 접근할 수 있게 해서 이후 자료 정리와 집필에 도움이 된다.

3. 글쓰기 앱을 활용하라

앱스토어에 나와 있는 다양한 글쓰기 앱을 활용하면 글감을 정기적으로 제공받을 수 있고 같은 주제에 대해 개성 있게 쓴 다른 이의 글을 실시간으로 받아 볼 수 있다. 개인 노트에 써놓은 글보다 일정하게 공개되어 있는 영역에서 피드백을 받아보면 글쓰기가 훨씬 좋아진다.

4. 매일 쓰라

매일 카톡 등 메시지를 보내거나 댓글을 달지 않는 사람은 없을 것이다. 그처럼 마음을 가볍게 하고 일정한 분량의 글을 매일 올리면 어느새 책 한 권 분량이 쌓인다. 마라톤 뛰듯이 조금씩 전진하여 코스를 완주하라. 글은 쓸수록 는다.

5. 나눠라. 주고받으라

혼자보기로 글을 꽁꽁 싸매 두면 글이 좋아지지 않는다. 독자들의 반응을 듣고, 다른 이의 글에 공감하고 생각을 보태면서 함께 전진하라. 글은 결국 소통을 위한 것이다.

글쓰기에는 책임이 따른다

공개되는 모든 글쓰기에는 책임이 따르지만 특히 파급력이 높고 증거가 분명하게 남는 SNS 글쓰기는 경우에 따라 곧바로 형사적 책임의 대상이 되어서 예기치 않았던 시련을 겪을 수도 있다. SNS가 갖는 공적인 공간의 성격 때문이다. SNS 글쓰기에는 특별한 주의와 관리가 필요하다.

1) 사진이나 자료는 검증된 것을 쓴다

자신이 직접 경험한 일을 글로 쓰고 자신이 촬영한 영상이나 사진을 올리는 것이 원칙이다. 다른 사람의 자료나 글을 가져다 쓰는 경우 그것이 믿을 만한 것인지 검증할 필요가 있다. 유언비어인지를 적극 확인하고 특히 사회적 갈등 요소가 큰 사건이나 개인에 대한 평가에서는 발언에 유의하여야 한다. 특정 장소에서의 촬영을 본인의 수락 없이 공개하는 것은 초상권 침해에 해당할 수 있으니 모자이크 처리 등 적절한 사진 보완 작업을 거쳐야 한다. 사진 등 이미지 자료는 저작권 적용이 민감하므로 꼼꼼하게 확인하여야 한다.

2) 공적 주제에 관한 글은 한 번 더 점검한다

사회 정치적인 이슈에 대해 활발한 논의가 일어나는 것은 자연스럽고 민주주의의 심화과정에서 긍정적인 현상이다. 그러나 그에 따르는 책임도 그만큼 커진다. SNS는 공유 기능 때문에 여러 단계를 거칠수록 파급력이 커진다. 잘못된 내용을 사후 수정했다 하더라도 캡처 등의 방법으로 허위사실 유포나 명예훼손 등의 혐의가 인정될 수 있다.

SNS 글쓰기 시 유의점

- SNS는 공론장임을 잊지 말라. 자신 혼자만 쓰고 보관해 두는 비밀 일기장이 될 수 없다.
- 실명을 거론하며 사람을 사사로이 비난하는 것은 당사자의 명예를 훼손하는 것으로 발화자와 유포자 모두가 매우 큰 부담을 안게 된다. 공적인 인물이나 공공정책과 관련한 합리적인 비판을 제외하고는 발언에 신중해야 한다.
- SNS 공간에서는 익명 등으로 논쟁을 하다 보면 면대면 토론보다 감정적인 표현이나 과장된 언사를 하기가 쉽다. 특정 사실을 언급할 경우 사실관계가 정확한지, 자신의 논리가 정당한 근거를 가지고 있는지 세심하게 점검해야 한다.

3) 특정 대상에 대한 혐오와 배제는 글에 담지 않는다

성별, 지역, 계급, 연령 등 특정한 대상을 두고 혐오와 배제를 선동하거나 동조하는 글은 SNS 공간에 절대 올리지 않는다. 한번 뱉은 발언은 결코 주워 담을 수 없으며 자신이 초래한 사람들의 비판적인 반응은 두고두고 발화자를 따라다니며 지울 수 없는 낙인으로 남는다.

4) SNS 예절

SNS 사용자가 급증하면서 그 역기능도 덩달아 커졌다. 초기의 활발한 열기와 존중의 문화가 사라지고 냉소와 혐오의 글쓰기들이 세를 얻기 시작한 것이다. SNS에 글을 올릴 때에는 적절한 언어 예절을 갖추고, 나와 생각이 다른 사람을 존중하는 태도가 우선되어야 한다. 젊은 세대의 언어 표현의 특성상 또래만의 약어와 기성 체제에 대한 냉소적인 표현 들을 모조리 벗어날 수는 없으나 SNS가 민주주의의 효과적인 장으로 기능하려면 서로의 의견을 경청하는 문화가 뿌리를 내려야 한다.

디지털 시대의 '잊힐 권리'

내가 기억하고 싶지 않은 옛모습이나 실수 등의 일화가 주변 사람들의 SNS에 남아 있는 경우가 있을 수 있다. 입장을 뒤집어서 자신도 남의 일은 쉽게 생각하여 당사자가 기억하기 싫은 '흑역사'를 무심하게 공개한 가해자가 되었을 지도 모른다. 개인정보가 자기통제권을 벗어나 일파만파로 확대되는 스마트시대에 '잊힐 권리'는 한정된 소수만의 문제가 아니다.

의뢰인이 지우기를 원하는 디지털 데이터를 일일이 검색하여 삭제해주고 비용을 청구하는 정보처리업체가 성황일 정도로 개인정보는 무방비로 흘러다닌다. SNS 글쓰기에서 타인에 관련된 정보를 다룰 때에는 정보가 공개된 당사자의 입장을 적극 고려하여 사전 동의를 얻거나 장소와 인명의 익명 처리 등으로 누군지 특정할 수 없게 하여야 한다.

글쓰기 연습

1. 하루에 얼마의 시간을 SNS에 쓰고 있는가?

2. 오늘의 검색 1순위를 알아보고 그 이슈가 왜 사람들의 관심을 모으게 되었는가, 원인을 유추해 보는 글을 140자 이내로 써 보자.

3. 지금 자신이 인터넷에서 관심을 갖는 주제를 3가지, 이유와 함께 써 보자.

03

다양한 글쓰기를 하다

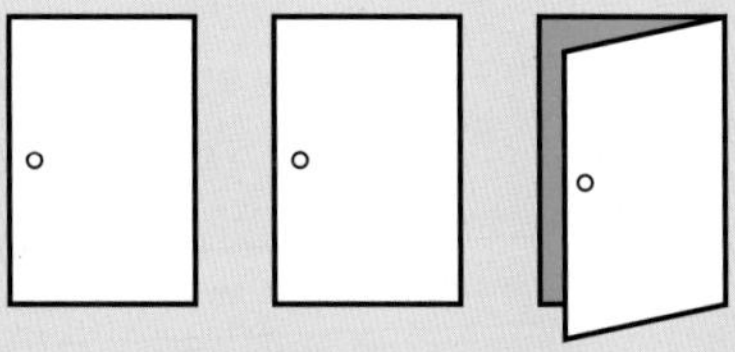

최정숙 책임 집필

제8장
실용적 글쓰기

1. 지원서

지원서란

지원서는 학력이나 경력 또는 자격 취득 등의 이력을 주어진 양식에 따라 써내는 문서다. 주로 새로운 사회로 나아가는 관문에서 선발 또는 취업을 목적으로 작성한다. 예전에는 간단한 표준양식 '이력서'로 써내던 것이 인재상 변화에 따라 다양한 양식의 '지원서'로 대체되고 있다. 이력서나 지원서에는 복잡해진 사회가 반영되기도 하며 국가 또는 문화권에 따라서 다른 양식이 나타나기도 한다. 미국이나 유럽, 홍콩, 싱가포르 등에서는 차별이 발생할 요소를 배제하기 위해 나이, 인종, 사진 등을 쓰지 않도록 국가에서 정하고 있다. 우리나라도 최근 공공기관을 중심으로 블라인드 채용이 늘면서 학교명이나 어학연수 기록, 자격증 등을 기재하지 않도록 하고 있다. 반면 일부 기관이나 기업에서는 바라는 인재 요건에 따른 매우 구체적인 능력 사항을 요구하기도 한다. 따라서 신입생 시절부터 자신의 진로나 원하는 방향에 맞는 경험 관리가 필요하다.

이력서나 지원서는 지원하는 분야와 관련해 지금까지 무슨 준비를 어떻게 해 왔는지 공식적인 기록을 인사담당자에게 알리는 자료이다. 간단해 보이지만 선발 기관에 나의 존재를 최초로 선보임과 동시에 문서 자체가 심사 대상이다. 특히 취업 과정 첫 단계인 지원서가 심사에서 통과되지 못하면 자신도, 자신이 그동안 노력한 어떤 것도 보여줄 수 없으므로 정성을 기울여 꼼꼼하게 작성해야 한다. 지원서에 쓴 내용은 해당 사항을 증명할 공문서를 함께 제출해야 하며, 서류심사 통과 후 그 사안이 면접관들에게 질문의 실마리를 제공할 수 있으므로 반드시 사실대로 작성하고 기억해 두어야 한다.

재학 중에도 또 졸업 후에도 공동체 생활을 비롯한 경제 활동, 취업, 이직 등 보편적인 사회 활동을 영위하려면 문서로 증명할 공식 기록이 필요하다. 지원서 양식을 확인하다 보면 자신의 미래를 위해 더 열심히 수행해야 할 일과 방향을 찾을 수 있다. 꼭 취업이 아니라도 장학금, 다양한 혜택이 있는 연구사업, 창업 자금 지원 등 대학생을 위한 기회가 무수하다. 지원서 쓰기를 두려워해서는 안 된다. 앞으로 쓸 일이 매우 잦다는 점을 기억하고 미리 준비해 보자.

주요 항목별 작성법

1) 사진

지원서의 사진 부착 여부를 두고 성 또는 외모 차별 논란이 있긴 하지만 아직은 사진을 요구하는 곳이 더 많다. 누가 뭐라고 해도 첫인상은 중요하며 지원서도 예외가 아니다. 내 지원서를 심사할 담당자를 떠올려 보라. 너무 진한 화장이나 튀는 액세서리가 어떤 인상을 줄 것인지, 단정치 못한 머리 모양이나 현란한 의상의 사진을 보면 어떻게 생각할까, 보정을 좀 많이 한 사진은 어떨까, 서류심사를 통과한다고 하더라도 신뢰도 면에서 감점 요인이 커질 수 있다. 의상은 정장이나 셔츠 같은 단정한 차림으로, 표정은 호감 가는 부드러운 미소를 짓는 정도로 긍정적인 이미지를 연출하는 사진을 준비하는 것이 선발에 유리할 것이다.

2) 인적사항

인적사항은 사실대로 정확하게 기재하는 것이 가장 중요하다. 성명과 생년월일은 주민등록등본에 기재된 내용으로, 이름을 영어로 써야 할 때는 여권과 똑같이 쓴다. 일부 블라인드 채용하는 곳을 제외하면 국내 기관이나 기업 대부분은 나이를 표시하도록 하고 있으므로 법정 기준인 만 나이로 적는다. 주민등록번호는 2014년 주민등록번호 수집 금지법 시행 이후 기재하지 않는 것이 원칙이다. 따라서 채용 전에 이를 요구하는 지원서는 개인정보 유출에 유의해야 한다. 주소는 현재 거주하는 곳으로, 메일 주소와 전화번호는 연락을 바로 받을 수 있는 것으로 쓴다. 최근에는 기업이나 업종에 따라서 지원자의 SNS를 확인하는 사례도 있다. 지원처의 입사 서류 양식에 가입 또는 활동 중인 SNS를 기재할 수도 있으므로 평소 이 부분에 대한 사려 깊은 기록도 염두에 두어야 한다.

3) 학력 사항

학력 사항은 일반적으로 고등학교 졸업부터 가장 최근의 학력까지 기재한다. 졸업이나 학위 취득 등은 관련 문서를 꼭 확인해 정확한 연도와 날짜를 기록한다. 블라인드 방식으로 채용하는 공공기관의 경우 학교명을 쓰지 않고 졸업 여부와 전공 사항 기록만을 요구하므로 관련 공지를 먼저 확인 후 내용을 적는다. 부전공이나 복수전공은 물론 전과나 편입, 휴·복학 등의 사항도 빠짐없이 작성한다. 전체 학업 성적이나 과목별 성적 기재 칸이 있는 지원서의 경우 학교 기준과 기업이 요구한 환산 기준이 다를 수 있다. 이럴 때는 지원처에서 원하는 기준을 명확하게 확인한 후 작성한다.

4) 경력 및 활동 사항

공모전이나 대회 참가, 인턴십, 아르바이트, 그 밖에 학과 활동이나 현장실습, 봉사활동까지 모두 자신의 역량을 증명할 경력에 포함된다. 인적사항이나 학력 등은 요건이 명확해 기재에 어려움이 없으나 경력 및 활동 사항은 어떤 내용을 중심으로 써야 할지 고민이 될 것이다. 정규교육 이외의 경험은 선발 기관이나 지원 분야와 관련이 깊은 것들로 써야 한다. 먼저 경력 사항을 연도 순에 따라 적은 후 자격증과 수상 이력 순으로 적는 것이 일반적이다. 남성의 경우 군 입·제대 사항도 빠짐없이 적는다. 기업이나 기관이 다 똑같은 인재를 필요로 하는 것은 아니므로 자신이 경험한 모든 내용을 다 쓸 필요는 없다. 보유 자격증 등은 직무 관련성이 높은 항목 중심으로, 경력 사항은 지원처의 업무 관련 장점을 강조할 수 있는 활동으로, 그렇지 못한 항목은 주요 사항만 적도록 하자.

5) 기타 사항

서류심사에서 인사담당자가 내게 관심을 보이는 것은 유리하게 작용할 수 있다. 업무와 직접적인 관련은 없더라도 내세울 만한 동아리나 동호회 활동은 팀워크나 인맥 관리 능력을 드러낼 기회이므로 필요에 따라 넣도록 한다. 또 오랫동안 갈고 닦은 취미나 특기를 소개하는 것도 호감을 불러일으킬 수 있다. 다만 '독서'나 '피아노 연주'보다는 '경영 관련 서적 읽기', '재즈 연주'처럼 구체적으로 적을 것을 권한다.

6) 사실 확인

이력서나 지원서에는 기재한 내용에 대한 책임을 묻는 서명란이 있다. 주로 문서 맨 아래에 기재하며 대개 '위에 기재한 사항은 사실과 다름이 없습니다.' 또는 '위의 내용은 사실과 다름없습니다.'로 쓴 후 제출 날짜와 이름을 밝히고 서명까지 마쳐야 한다.

지원서를 다 썼다면 다음 사항들을 한 번 더 검토한 후 작성을 마친다.

지원서 작성 후 검토할 내용

- 지원하는 회사나 기관에서 요구하는 양식에 맞는지 확인한다.
- 인적사항, 경력, 자격 조건 등의 기재 내용이 함께 제출하는 공문서와 같은지 확인한다.
- 올바른 맞춤법을 사용했는지 확인한다.
- 연락처, 전화번호나 e-메일 주소가 정확한지 확인한다.

지원서 양식

많은 기관과 기업이 지원서나 이력서 양식을 정해두고 있다. 취업 관련 구직 사이트 등을 이용해 입사를 준비한다면 기본지원서 양식을 따라야 한다. 채용 과정을 직접 관리하는 회사나 기관 대부분은 별도의 지원서를 갖추고 있음으로 반드시 해당 기관의 입사지원서 양식을 사용해야 한다. 지원서 항목이 까다롭거나 구체적일 때에는 그에 따른 제반 서류 등을 확인해야 하므로 준비에 상당한 시간이 소요될 수 있다는 점도 염두에 두어야 한다. 이력서든 지원서든 공란을 너무 많이 남겨 두는 것은 충실하지 못하다는 인상을 줄 우려가 있다. 자신의 과거 행적과 활동을 잘 살펴 공문서로 증명할 만한 내용을 중심으로 정확하게 작성하자.

예시 | 지원서

인적사항				
성명	한글	이현석	지원분야	도로사업부
	한자	李賢皙	생년월일	2002.08.12.(만 25세)
현주소		(우: 55338) 전라북도 완주군 행복구 사랑로 100, 태양아파트 102동 1102호		
자택전화		063) 275 – 5555	휴대폰	010-9275-5555
병역사항		현역필	복무기간	2022.6.28.~2024.2.17.

학력사항	기간	학교명	전공(학위)	수학 구분	소재지
	2018.3.2.~2021.2.25.	○○고등학교		졸업	○○○
	2021.3.2.	○○대학교	토목공학과	입학	○○○
	2022.9.1.~2024.2.28.	○○대학교	토목공학과	휴학(군 복무)	○○○
	2024.3.2.	○○대학교	토목공학과	복학	○○○
	2027.2.17.	○○대학교	토목공학과	졸업 예정	○○○

경력사항	기간	근무처	근무부서	담당업무 내용(직위)
	2026.8.25.~2027.1.31.	삼한 엔지니어링	토목설계부	인턴

자격·어학	자격			어학		
	자격명	취득일자	발급기관	어학시험명	점수	취득일자
	측량기능사	2026.9.7.	한국산업인력공단	TOEIC	800	2026.2.25.
	지적기사	2026.7.10.	한국산업인력공단			
	워드프로세서2급	2025.7.20.	대한상공회의소			
	자동차운전면허증(1종 보통)	2025.7.30.	전북지방경찰청장			

수상내역	수상명	발급일자	발급기관
	제11회 우석글쓰기 대회 대상(총장상)	2022.12.10.	우석대학교

보훈·장애	우대사항(관련 번호)	발급일자	발급기관
	해당 없음		

위 기재 사항은 사실과 다름이 없음을 확인합니다.

2027년 2월 4일

지원자: 이현석 (서명)

예시 | 공공기관 입사지원서

<table>
<tr><th colspan="5">1. 인적사항</th></tr>
<tr><td rowspan="2">지원 구분
(택1)</td><td>☐ 일반계약(사회적경제청년혁신가)</td><td colspan="2">☐ 일반계약(소상공인희망센터)</td><td>접수번호</td></tr>
<tr><td>☐ 일반계약(사회적경제청년혁신가)</td><td colspan="2">☑ 일반계약(도시청년지역상생)</td><td></td></tr>
<tr><td>성명</td><td colspan="4">(한글) 이연경 (한자) 李姸慶</td></tr>
<tr><td>현주소</td><td colspan="4">○○○도 ○○○시 ○○로 231 101동 206호</td></tr>
<tr><td rowspan="2">연락처</td><td>(본인휴대폰) 010-0000-0000</td><td rowspan="2">전자우편</td><td colspan="2" rowspan="2">gg1234567@naver.com</td></tr>
<tr><td>(비상연락처) 010-0000-0000</td></tr>
<tr><td>최종학력
소재지</td><td>○○○도</td><td>기타항목</td><td colspan="2">☐ 장애대상
☐ 보훈대상</td></tr>
</table>

<table>
<tr><th colspan="3">2. 교육사항</th></tr>
<tr><td colspan="3">※ 지원직무 관련 과목 및 교육과정을 이수한 경우 그 내용을 기입(필요 시 페이지(칸) 추가 가능)
※ 직무기술서상 명시된 필요지식 및 필요기술 등 참조 작성(증빙서류 제출가능 사항만 작성)
※ 직무기술서 상 업무와 관련 있는 교육 내용 기입(최대 10개까지 작성가능)</td></tr>
<tr><td>교육 구분</td><td>과목명 및 교육과정명</td><td>교육시간</td></tr>
<tr><td>☑ 학교 교육 ☐ 직업훈련 ☐ 기타</td><td>서비스통상론</td><td>3학점×16주(1학기)=16시간</td></tr>
<tr><td colspan="2">직무 관련 주요 내용</td><td>과목성취도</td></tr>
<tr><td colspan="2">경영에서 서비스 부문의 성장을 인식하고, 서비스 경제 환경 분석 방법과 관리 능력 학습</td><td>4.5/4.5</td></tr>
<tr><td>교육 구분</td><td>과목명 및 교육과정명</td><td>교육시간</td></tr>
<tr><td>☑ 학교 교육 ☐ 직업훈련 ☐ 기타</td><td>인터넷무역실무</td><td>3학점×16주(1학기)=16시간</td></tr>
<tr><td colspan="2">직무 관련 주요 내용</td><td>과목성취도</td></tr>
<tr><td colspan="2">디지털 경제와 e-비즈니스의 개념 및 특징 이해
도메인, 전자우편, 검색엔진, 소셜미디어 등 e-비즈니스 활용
전자 인프라와 절차, 방식에 의해 수행되는 실무에 대한 이해</td><td>4.5/4.5</td></tr>
<tr><td>교육 구분</td><td>과목명 및 교육과정명</td><td>교육시간</td></tr>
<tr><td>☑ 학교 교육 ☐ 직업훈련 ☐ 기타</td><td>국제마케팅</td><td>3학점×16주(1학기)=16시간</td></tr>
<tr><td colspan="2">직무 관련 주요 내용</td><td>과목성취도</td></tr>
<tr><td colspan="2">마케팅에 대한 체계적 이해와 환경 분석 방법 학습
시장조사와 사례 분석을 통한 계획적 전략 수립 기법 학습</td><td>4.5/4.5</td></tr>
</table>

교육 구분	과목명 및 교육과정명	교육시간
☑ 학교 교육 □ 직업훈련 □ 기타	생활속의 통계	3학점×16주(1학기)=16시간
직무 관련 주요 내용		과목성취도
데이터의 수집 및 분석 통한 통계화 방법 학습 통계 자료의 의미 해석과 연관성 파악을 통한 활용 능력 학습		4.0/4.5
교육 구분	과목명 및 교육과정명	교육시간
☑ 학교 교육 □ 직업훈련 □ 기타	사무정보처리	3학점×16주(1학기)=16시간
직무 관련 주요 내용		과목성취도
워드프로세서, 스프레드시트, 파워포인트 등 응용프로그램 활용 방법 수강을 통해 문서 작성 및 관리와 같은 사무 능력 학습		3.0/4.5
교육 구분	과목명 및 교육과정명	교육시간
☑ 학교교육 □ 직업훈련 □ 기타	무역서식영어	3학점×16주(1학기)=16시간
직무 관련 주요내용		과목성취도
업무상 서신 작성 양식, 유형 및 예절 학습 기초적인 비즈니스 영어 회화 능력 함양		4.5/4.5

3. 자격사항

※ 지원직무 관련 자격증을 취득한 경우 그 내용 기입(필요시 페이지(칸) 추가 가능)

※ 직무기술서상 명시된 관련 자격증 등 참조 작성(증빙서류 제출 가능한 유효기간 이내 사항만 기재)

자격증명	발급기관	취득 일자
컴퓨터 활용능력 1급	대한상공회의소	2024.7.20.
유통관리사 2급	대한상공회의소	2024.12.30.

4. 경험 혹은 경력사항

※ 지원직무 관련 경력 혹은 경험사항을 기입

- 경력은 4대 보험 가입이 되는 직장에서 금전적 보수를 받고 일정 기간 일했던 이력을, 경험은 단순 1회성, 단기경험 및 보수를 받지 않고 수행한 활동을 의미하며, 직무활동, 동아리/동호회, 팀 프로젝트, 연구회, 재능기부 등을 포함함

구분(해당사항 표기)	소속조직	역할	활동기간	활동내용(주요직책)
☑ 경험 □ 경력	단과대 학생회	회계	2024.04.~2025.03.	총무국장
□ 경험 □ 경력				
□ 경험 □ 경력				

※ 위의 경험 및 경력사항에 대해 순서대로 자세히 기술

- 직무와 관련 본인의 주요 활동(역할 및 구체적 행동, 주요 성과 등)서술 (필요시 페이지(칸) 추가 가능)

[경력 사항 관련 예시]

저는 학생회에서 1년 동안 총무국장으로서 학생회 회계를 담당했습니다. 학생회 시작과 함께 1년간 사용할 예산을 항목별로 나누어 정하고, 정해진 예산 안에서 학생회에서 진행하는 사업이 원활하게 이루어지도록 하고 예산이 학생 복지만을 위해 사용될 수 있도록 하는 것이 저의 역할이었습니다.

학기별로 중앙감사가 이루어지기 때문에 1년 내내 지출이 있거나 예산에 변동이 생긴 경우 하나도 빠짐없이 증거를 남겨 두고 자료로 기록했습니다. 이 과정에서 전체적인 회계보고서 작성 방법에 대해 알게 되었고, 영수증 관리 방법이나 지출결의서 작성 등 기본적인 회계 지식을 갖추게 되었습니다. 회계보고서와 함께 사업 결과 보고서 작성을 통해 사업의 결과에 대해 스스로 평가해 보고 피드백을 받는 시간도 가져 개선해야 할 부분에 대해서도 파악했습니다. 매주 이뤄지는 학생회 회의에 앞서 총무국의 회의를 맡아 진행했고 이 과정에서 리더십을 가지고 회의를 이끄는 것과 회의 보고서를 작성하는 방법 등 회의 운영 방법을 배우게 되었습니다. 또한 갈등을 해결해야 하는 상황이 발생하는데 이런 과정을 여러 번 겪다 보니 원만하게 갈등을 해결하는 방법도 자연스레 알게 되었습니다.

회계보고서와 결과보고서의 작성이 처음이라 어렵고 꽤 많은 시간이 걸렸지만, 성실히 자료를 작성한 결과 중앙감사에서 좋은 평가를 받게 되었고, 다음 감사 때에는 훨씬 효율적으로 보고서를 작성할 수 있게 되었습니다.

※ 블라인드 채용방식이므로 개인 인적사항(성별, 나이, 출생지, 학교명 등) 드러나지 않게 유의할 것

※ 본인은 귀 원의 직원채용시험에 응시하고자 원서를 제출하며 다음 사항을 서약합니다.

※ 위 기재사항은 사실과 다름이 없으며 만일 허위사실을 기재 또는 증빙자료 미입증 시 당해 시험이 정지 또는 최종 채용이 무효가 되어도 이의를 제기하지 않겠습니다.

2027년 2월 28일

지원자: 이연경 (인 또는 서명)

2. 자기소개서

자기소개서란

자기소개서는 합격 또는 선발을 목적으로 자신의 자질과 능력을 스스로 입증하는 글이다. 학력 증명서나 자격증 등에 나타난 객관적 평가가 아닌 인성, 가치관, 행동 방식, 의사소통 능력 등 자신의 잠재력을 드러낼 수 있다는 점에서 사회 진출

을 위한 필수 공문서로 통용되고 있다. 자기소개서는 선발 기관이나 인사담당자에게는 지원자를 포괄적으로 이해할 수 있는 중요한 자료로 지원자에게는 자신이 뛰어난 인재임을 밝힐 기회가 되는 문서다.

채용기관에서 자기소개서를 요구하는 이유가 무엇일지 생각해 보자. 서류상 점수가 높은 사람을 합격자로 뽑으려 한다면 이력서나 지원서 내용만으로 충분할 것이다. 그렇다면 무엇이 목적일까? 아마 함께 일하고 싶은 사람을 찾으려 할 것이다. 따라서 자신에 대한 잠재력을 어떻게 드러내야 할지 고민해 공동체 생활에서 누구나 함께하고 싶은 인간적인 면모와 직무 특성에 부합하는 본인의 장점을 녹여내야 한다. 대학을 갓 졸업한 이가 다른 사람에 비해 특별하거나 월등한 경험이 있는 경우는 많지 않다. 비슷한 경험을 다른 방식으로 보여줄 수 있는 해석 방법을 스스로 찾아야 한다. 때로는 수려한 외모나 화려한 이력보다 자기소개서 한 장이 취업의 문을 여는 열쇠가 되기도 한다. 사소한 이력이나 경험이라도 인상 깊게 그려낼 수 있어야 한다.

자기소개서를 쓰기 전 먼저 질문을 해 보자. '나는 누구인가?' 이 물음에 답을 찾는 일은 결국 '어떻게 살 것인가'에 대한 답을 구하는 것이다. 자기소개서를 쓰는 일은 지난 시절의 나와 현재의 나, 그리고 앞으로의 나를 하나의 스토리로 그려내는 과정이다. 내 삶의 모든 여정이 결국 내가 누구인지 결정한다. 자기소개서의 쓸거리는 '나' 자신이고, 내가 가치 있는 사람이라야 자기소개서도 그렇게 쓸 수 있다.

자기소개서 작성 원칙

1) 남들과 다르게

인사서류 담당자는 수십 또는 수백 장의 입사 지원 서류와 자기소개서를 짧은 시간 안에 검토하고 업무에 적합한 인재를 골라야 한다. 아마도 입사지원서를 포함해 자기소개서를 검토하는 시간은 수분을 넘지 않을 것이다. 고만고만하고 판에 박은 듯한 자기소개서는 아무런 인상도 감동도 남기지 못한 채 버려질 것이다. 따라서 다른 지원자와 차별화할 수 있는 나만의 메시지를 전달해야 한다.

2) 진실하게

논리적이라든가 아름답다든가 하는 차원과 관계없이 '전해지는 언어'가 있다. 아무리 생면부지(生面不知) 사람에게 보이는 글이라 하더라도 진실한 글은 통하게 마련이다. 자기소개서에는 그간의 삶이 녹아 있어야 한다. 그런데 자신에게 유리한 것들만으로 거짓된 내용을 쓴다면 심사자 쪽에서 그 점을 놓칠 리 없다. 장점이 아닌 단점도 쓰되, 단점을 쓸 때는 반드시 그것을 극복한 경험이나 과정, 거기서 무엇을 배웠는지도 함께 쓰면 된다. 없는 이야기를 지어내려 하지 말고 진실한 경험을 찾아내려고 애써라.

3) 눈에 보이게

자기소개서는 심사자를 설득하는 글이다. 설득을 위해서는 우선 공감이 필요하다. 구체적인 글은 삶에서 나오고 그런 글이 공감을 얻는다. 자기소개서에 많이 등장하는 '성실, 열정, 도전' 같은 말들은 추상적이다. "저는 성실합니다."라는 말보다 "저는 1년 동안 햄버거 체인점에서 주말 배달 아르바이트를 했습니다. 비가 오거나 눈이 오는 날에는 오토바이 운행이 위험해 사고가 날 뻔한 적도 있지만 단 하루도 결근한 적은 없습니다."가 더 구체적이다. 자신의 장점을 내세우고 싶다면 눈에 보이게 생생히 쓰자. 또 지금까지 내가 한 활동 중 어느 것이 지원하는 직무와 연관성이 높은지, 지원하는 곳의 비전과 목표가 내가 걸어온 길과 어떻게 부합되는지 찾아내 구체적으로 적어 심사자를 설득해야 한다.

4) 하나의 방향으로

자기소개서 문항이 지원처에 따라 조금씩 다르기는 하지만 내용을 따져보면 대개 장·단점, 지원 동기, 입사 후 포부 등에 해당한다. 쓰는 내용이 다르더라도 나에 대한 특징은 하나의 방향으로 응집되어야 심사자에게 뚜렷한 인상을 줄 수 있다. 성장 과정이나 장·단점은 물론이고 취미나 봉사활동 같은 경우도 지원 분야와 관련된 것들을 모아 부각해야 한다. 심사자가 지원자에 대해 뚜렷한 이미지를 갖게 될수록 선발될 가능성이 크다는 점을 기억하자.

자기소개서 준비과정

1) 지원 기관에 대한 정보 수집

먼저 자신이 지원하는 곳에 대한 정확한 조사와 연구가 필요하다. 지원처의 홈페이지를 찾아 최고 관리자나 CEO의 인사말, 연혁 등을 찾아본 후 해당 기관이나 기업의 비전이나 목표, 장단기 계획을 파악하자. 회사 설립에서부터 최근 몇 년간의 매출과 영업 이익 발생 상황을 알아 두거나 같은 업계 관련 논문이나 뉴스 검색을 통해 동종 업계의 동향 등을 분석해 볼 수도 있다. 이러한 작업은 지원 사유나 합격 후 포부 등을 구상할 때도 크게 도움이 될 것이다. 채용기관의 인사 배치 및 인력 활동 방향을 올바르게 예측하는 데도 도움이 되므로 정확한 정보를 수집하는 것은 필수다.

2) 자기소개서 양식 및 구성 항목 확인

자기소개서는 선발자의 의도를 고려해 작성해야 한다. 선발 권한을 가진 쪽의 요구 사항 확인은 자기소개서 작성 목적 달성을 위한 가장 기본적인 작업이다. 자기소개서 양식과 구성 항목은 기관이나 기업에 따라 약간씩 차이를 보인다. 최근 자기소개서 양식은 공공기관과 대기업을 중심으로 '국가직무능력 표준(NCS) 기반 채용' 형식으로 바뀌었다. 특정 양식이나 항목이 제시되지 않은 때에도 자기소개서에는 성장 과정 및 인생관, 학교생활과 경력 사항, 직업관, 지원 동기 및 장래 포부 등을 서술하는 것이 일반적이다. 근래는 자기소개서만으로 지원자를 가려 뽑을 수 있을 정도로 정교한 문항으로 구성되기도 하고, 면접 시 즉석에서 자기소개서를 작성하도록 요구하는 곳도 있다.

3) 항목별 내용 구상

채용기관이나 업무 분야에 따라 자기소개서 질문은 조금씩 다르다. 최근 눈에 띄는 점은 질문 문항의 문장이 대단히 구체적이고 길어졌다는 것이다. '구체적으로 쓰라.'는 단서도 많이 달린다. 하지만 아무리 새로운 질문이라 하더라도 '성장 과정, 성격, 경력, 지원 동기, 입사 후 포부' 등의 틀을 크게 넘어서지 않는다. 우선 이

다섯 가지 기본 사항에 대한 글을 완성해 두고 입사를 희망하는 기관의 자기소개서 항목에 따라 서술 방향을 달리하는 방법으로 대비를 해 두자.

4) 초고 작성

자기소개서 항목별 내용 구상이 끝나면 주어진 형식과 글자 수 등을 고려해 초고를 작성해야 한다. 중요한 것은 첫 문장이다. 자신이 수많은 지원자의 자기소개서를 읽어야 하는 인사담당자라고 생각해 보라. 처음 몇 줄만 읽고도 나머지 내용을 다 파악하기를 원하지 않겠는가? 따라서 자기소개서는 두괄식으로 써야 한다. 두괄식은 결론을 앞에 두고 근거나 세부 사항을 뒤로 보내는 글쓰기 방식이다. 첫 문장에서 자신의 장점을 한 문장으로 각인시킨 후 적합한 인재임을 드러내자. 그리고 그에 대한 근거를 사례로 써서 심사자가 나에 대한 이미지를 머릿속에서 그려낼 수 있도록 한다. 이럴 때 동아리명이나 회사명 같은 고유명사나 전공 관련 용어 등을 정확하고 분명하게 쓰면 인사담당자들의 관심을 끌 수 있다.

5) 글 다듬기

모든 조직의 업무 진행은 '글'로 이루어진다. 대다수 공공기관과 회사에서 실용글쓰기 자격증 소지자에게 가산점을 부여하는 이유다. 입사지원서와 함께 제출하는 자기소개서는 나를 알림과 동시에 나의 글쓰기 능력을 보여 주는 보고서다. 당신이 선발된다면 어느 위치에 있든 작성해야 할 문서나 보고서가 기다릴 것이다. 따라서 본인이 일정 수준 이상의 글쓰기 능력을 지니고 있으며 조직에 도움이 될 수 있는 인물임을 증명해야 한다. 요점이 분명한 문장, 상대를 설득할 수 있는 논리력, 적재적소에 어울리는 어휘력 등이 모두 자기소개서에 담기는 것이다. 때로는 조직이나 업계에서 쓰는 말과 글이 따로 존재하기도 한다. 용어 사용에 따라 그 조직의 문화를 제대로 이해하고 있다는 점을 자연스럽게 드러낼 수 있으며 전문성도 인정받을 기회임을 기억하자.

초고 완성 후 글 다듬기를 할 때 유의할 점은 다음과 같다.

(1) 정확한 어휘, 올바른 문장으로 썼는지 확인

맞춤법이나 어법에 어긋난 자기소개서는 성의가 없고 불성실하다는 인상을 준다. 생각보다 많은 학생이 주어와 서술어가 맞지 않는 문장을 쓰고도 무엇이 잘못됐는지 모른 채 자기소개서를 제출한다. 한 문장이 너무 길거나 복문일 때 하기 쉬운 실수이다. 글을 다 완성한 후에는 반드시 소리 내어 읽어 가며 고쳐야 한다. 문장의 호응은 자연스러운지, 평서형 어미와 존대 어미를 섞어 쓰진 않았는지, 띄어쓰기는 잘 지켜지고 있는지, 조사의 쓰임은 적절한지 등등 자기소개서를 제출하는 순간까지 고치고 또 고치자.

(2) 부정적 표현이나 유행어 없애고 참신하게

자기소개서는 나를 드러내기 위한 글이다. 이미 남들이 여러 번 쓴 표현으로는 나를 부각할 수 없다. 몇 개의 단어만으로도 글의 내용을 진취적이고 힘차게 바꿀 수 있다. 부정적인 느낌의 말보다는 긍정적인 기운이 느껴지는 말을 사용하고 인터넷상의 유행어나 줄임말, 또래 집단에서 사용하는 은어, 비속어 등은 예의 없는 사람으로 비칠 우려가 있으므로 쓰지 말아야 한다. 상투적인 단어나 문장 사용은 심사자를 괴롭히는 짓이다. 다양한 어휘를 찾아보고 참신한 나만의 문장을 개발해야 한다.

(3) 한자 및 외래어 사용은 꼭 필요할 때만

한자나 외래어의 사용은 정확한 뜻 전달과 문장이 고급스러워진다는 장점이 있다. 하지만 만에 하나 틀리게 쓰는 경우는 쓰지 않은 것만 못하다. 따라서 한자나 외래어는 꼭 필요할 때만 사용하고 쓰기 전에 반드시 사전을 찾아 바른 표현을 확인하자.

(4) 정해진 형식과 글의 분량 반드시 지키기

기업이나 기관에서 요구하는 자기소개서는 항목별로 글자 수나 분량이 정해져 있는 경우가 대부분이다. 주어진 분량을 다 채우는 것은 지원하는 회사에 대한 최소한의 예의다. 분량을 넘겨 써도 안 되고 부족하게 쓰는 것은 더더욱 감점 요인이다. 자칫 성의 없이 보일 수도 있으므로 여백도 최소화한다.

(5) 내용 한눈에 알 수 있도록 소제목 달기

자기소개서를 써 오라고 하면 많은 학생이 제목을 쓰지 않거나 '자기소개서'로 써온다. 기왕 제목을 쓸 때는 인사담당자가 전체 내용을 한눈에 알 수 있는 핵심 내용, 예를 들어 "'빨리'보다 '정확히'로 인정받는 안전책임자"나 "제 별명은 악바리입니다" 같은 눈에 띄는 제목을 붙이는 것도 효과적인 방법이 될 수 있다.

자기소개서 내용 구상

1) 성장 과정 및 가치관

자라오는 동안 우리는 주변 사람과 환경에 많은 영향을 받으며 이러한 요소들은 가치관 정립에도 큰 영향을 끼친다. 자기소개서에서 성장 과정과 가치관을 묻는 이유는 가정생활이나 성장기 체험을 통해 그 인물의 현재와 미래를 가늠하기 위함이다. 따라서 성장 과정 관련 문항에서는 내가 가진 삶에 대한 가치관을 형성하게 된 일화나 지원 분야와 관련된 관심과 재능을 키운 과정 등을 보여 주어야 한다. 또 팀워크를 중요시하는 조직사회라면 동료들과 잘 화합할 모나지 않은 인재임을 내세워야 한다. 기본 인성교육을 잘 받았다는 인상을 남기는 데 초점을 두고 자신의 삶에서 겪었던 난관을 어떻게 헤쳐 왔는지를 생생하고 구체적으로 서술하자.

성장 과정과 연관된 자기소개서 문항

- 나의 '인생 가치관'에 대해 성장 과정 또는 경험을 바탕으로 서술하시오.
- 성장 과정을 간략히 쓰되 현재의 자신에게 가장 큰 영향을 끼친 사건, 인물 등을 포함해 기술하시오.
- 열정을 다해 어떠한 일에 몰두했던 경험과 그렇게 노력했던 이유, 그 경험이 자신의 삶에 어떠한 영향을 주었는지 설명하시오.
- 어떠한 상황에서 타인의 마음을 이끌어 감동을 주었던 경험을 떠올려보고 그 과정 및 결과가 어떠하였는지 설명하시오.
- 직장인으로서의 직업윤리가 왜 중요한지 본인의 가치관을 중심으로 설명하시오.

• 지금까지 살아오면서 반드시 지켜가고자 했던 도덕 기준은 무엇이며, 이를 어떻게 지켜 가고자 했는지, 어떤 상황에서 가장 힘들었는지 기술하시오.

예시 I 성장 과정 관련 자기소개

과정의 중요성을 깨닫고 꿈을 키우다

중고등학교 시절 성적과 진로로 인한 압박감을 크게 느끼며 고민하는 제게 부모님은 "결과가 좋더라도 노력하는 과정이 없다면 그건 기뻐할 일이 아니며, 좋지 못한 결과라도 노력 과정이 있다면 반드시 빛을 발할 거라"며 '과정'의 중요성을 강조하셨습니다. 그 후 성적에 치중하기보다 과학 토론이나 탐구 활동 등 진짜 내가 원하는 활동을 적극적으로 해보기로 마음먹자 그때까지 제 앞을 가로막는 벽으로 느껴지던 공부가 꿈을 위한 하나의 길로 느껴졌습니다.

신입생 때 학교도서관에서 진행하는 『빅 히스토리(Big History)』 책에 대한 강연에 참석한 적이 있습니다. 이 책과 강연은 저에게 여러 가지 과학적 질문을 던져주었고 이를 계기로 저는 인문학과 과학이 서로 별개가 아니며 인류의 역사와 지식, 문명, 과학이 여러 층위에서 밀접하게 엮여 있음을 깨달았습니다. 이후 4차 산업혁명 등 다양한 과학 서적과 강연 등을 찾아보게 됐습니다. 첨단 과학 발달로 변화를 예측하기 어려운 상황에서 대한민국의 기술력은 어느 정도인지, 미래를 어떻게 준비하고 있는지 같은 과학적 호기심을 갖게 됐습니다.

대학에서 다양한 전공 교과목 실험 실습에 참여하면서 머릿속 생각을 실물로 구현하는 발명의 기쁨과 보람을 체험했습니다. 이러한 경험이 과학적 이론을 토대로 인류에게 이로운 개발에 힘쓰는 공학 기술자로서의 진로를 확고히 정하는 계기가 되었습니다.

2) 성격 및 장 · 단점

지원 분야와 직결된 탁월한 성격이나 자질, 능력을 피력할 수 있는 항목이다. 갈은 성격이라도 선발 기관이나 직무에 적합할 수도 있고 아닐 수도 있으므로 이를 판단하기 위한 부분이다. 타인을 잘 배려한다는 것은 일반적으로 장점으로 인정되나 상황에 따라 약점이 될 수도 있다. 활동성 강한 성격이 영업직에서는 장점이지만 연구개발에서는 적절하지 않을 수 있고 창의력이나 실험 정신이 뛰어난 성격이 엄격한 매뉴얼을 준수할 직업에는 적합지 않는 것도 마찬가지다. 따라서 구체적인 사례를 통해 자신이 지원하는 업무에 딱 들어맞는 사람이라는 점을 드러내야 한다. 장점을 쓸 때는 장점만 늘어놓고 그것을 뒷받침할 내용이 없으면 단순한 자랑으로 비칠 수 있으므로 적절한 사례를 소개하거나 다른 사람의 평가 등을 인용해 자연스럽게 자신의 장점을 부각한다. 단점은 솔직히 쓰되 '덜렁대는 실수를 보완하기 위해 항상 중요 사항을 메모한다.'처럼 긍정적인 점을 찾아 언급해주는 것이 좋다. 세상에 단점 없는 사람은 없다. 단점을 감추기보다 솔직하게 인정하고 그런 점을 보완하기 위해 남다르게 노력한 면모를 기술하면 발전적인 이미지를 보일 수 있다.

성격 및 장단점과 연관된 자기소개서 문항

- 지원 분야에 본인이 적합하다고 판단하는 근거를 기술하시오.
- 지원한 직무를 잘 수행할 수 있는 이유를 구체적으로 기술하시오.
- 지원한 직무를 잘 수행하기 위해 본인이 보유한 강점을 경험과 사례 위주로 기술하시오.
- 본인의 특성을 구체적인 경험을 예를 들어 설명하시오.
- 성공 또는 실패의 경험을 설명하고, 그 결과를 앞으로 어떻게 활용해 나갈지 기술하시오.
- 인생 경험 중 가장 힘들었던 일과 그것을 극복하기 위해 했던 일을 구체적으로 기술하시오.
- 스스로 칭찬하고 싶은 점은 무엇인지 그 이유를 서술하시오.

예시 | 성격 및 장단점 관련 자기소개

공감소통 귀재이자 시민의 동반자

또래 친구들과 비교해 공감소통능력이 뛰어났던 저는 학창 시절에도 선생님들의 말씀을 학급에 전달하거나 갈등을 겪는 친구들을 중재했던 경험이 많습니다. 저는 공감소통능력이 단순하게 경청을 잘 하는 것에 있다고 생각하지 않습니다. 내 앞에 마주한 이의 생각과 감동의 미동에 주목해 그 결을 따르기 위해서는 온 마음과 정성이 필요하기 때문입니다.

귀원은 지역 경제 활성화와 발전을 이끄는 혁신 기관이며, 도내 중소기업과 소상공인경쟁력 강화 등 지속 가능한 경제 생태계 조성에 힘쓰고 있습니다. 따라서 지역의 경제적 가치는 물론 도내 문화 공동체의 사회적 가치를 조화시킬 열정적인 인재가 필요합니다. 현재 귀 기관에서 진행하는 사업들이 매우 다양하고 혁신적이므로 효율적인 의사소통 능력과 새로운 업무에 빠르게 적응하는 능력을 갖춘 인재가 필요하다고 생각합니다.

저는 그간 다양한 팀 프로젝트와 대외활동 등을 통해 조직 내 관계뿐만 아니라 다른 기관이나 일반 시민 간의 의견을 조정하고 갈등을 해결하곤 했습니다. 또 여러 조직에 속해 얻은 경험은 다양한 업무에 대한 이해 능력 향상으로 이어졌고, 변화하는 환경에도 빠르게 적응하는 사람으로 성장할 수 있었습니다.

이러한 공감소통능력은 귀원이 지역민의 동반자로 다양한 의견에 귀 기울이며 늘 현장과 소통하고 협력하도록 도울 것이며, 도내 다양한 문화 자본과 경제적 상황을 꿰뚫어 고정 관념의 틀을 깨고 새로운 방식으로 도민의 삶을 향상할 사회적 가치를 창조하겠습니다.

3) 학교생활 및 경력

지원자의 조직 적응력과 대인관계 등을 파악할 수 있는 항목이다. 평소 얼마나 진취적으로 자기 계발을 했는지, 그런 노력이 회사 업무와 어떤 관련이 있는지 드러나야 한다. 주로 대학에 다니는 동안 활동했던 내용을 리더십, 대인관계, 소통능력 등의 역량과 연계해 표현하거나 특별한 자격증을 취득했거나 뛰어난 외국어 능력을 길렀다면 그 과정을 부각해도 좋다. 또는 자신이 최근에 경험한 일을 구체적으로 기술하되 동아리 활동, 어학연수, 아르바이트, 자격증, 공모전 수상 등을 무작정 나열하는 것보다 업무 수행에 직접 도움이 되는 사항 중심으로 소개한다. 중요한 점은 많은 활동이 아니다. 지원 분야와 관련된 역량을 갖추기 위해 자신이 어떤 노력을 기울였으며 그 과정을 통해 이루어 낸 성장이 무엇인지 분명히 드러내자.

학교생활 및 경력과 연관된 자기소개서 문항

- 지원한 직무를 잘 수행할 수 있는 이유를 학교생활을 중심으로 기술하시오.
- 지원 분야 관련 특정 영역의 전문성을 키우기 위해 꾸준히 노력한 점을 서술하시오.
- 직무 전문성을 키우기 위한 학업적 노력 및 실무 경험을 서술하시오.
- 지원직무 관련 경력 및 경험 활동의 주요 내용과 본인의 역할을 구체적으로 기술하시오.
- 지원직무 선택 이유와 자신이 해당 직무에 적합한 근거를 경험 중심으로 기술하시오(전공, 공모전, 프로젝트, 논문, 대외활동 등).
- 지원직무 수행 시 필요한 해당 역량을 갖추기 위한 노력과 도전, 그 과정에서 겪은 어려움과 극복 과정을 구체적으로 설명하시오.
- 지원 분야에 가장 필요한 역량은 무엇이라고 생각하는지 이를 갖추기 위해 본인이 한 노력은 무엇인지 서술하시오.

예시 | 학교생활 및 경력 관련 자기소개

유연한 사고와 책임감을 가진 문제 상황 해결사

신입생 시절부터 졸업 학기까지 학과동아리와 스터디, 인턴 활동 등에 적극적으로 참여하였습니다. 1학년 때는 독서 토론에 참여하여 저의 의견을 효과적으로 표현하고 조원들의 의견에 적극 귀 기울이며 서로를 존중하는 의사소통 방법을 배웠습니다. 사회과학과 문학, 의료 관련 도서 등을 읽고 토론을 할 때마다 같은 책을 읽고 서로 다른 관점의 논의를 계속하면서 삶에 대한 유연한 사고방식을 발전시킬 수 있었습니다. 또 약리학에 대한 심도 있는 학습을 위해 교우들과 스터디를 구성해 활동했습니다. 팀원들과 평소에 관심이 있었던 약물을 조사하여 공유하였으며 실제 활용 사례를 확인하기 위해 해외 논문을 함께 읽으며 꾸준히 약리학을 익혔습니다.

3학년 겨울방학부터 건강증진개발원에서 주관하는 '보건진료전담공무원 직무교육' 사업관리 인력으로 추천되어 약 6개월간 활동했습니다. 저는 교육 준비 및 모니터링, 강사 섭외에 필요한 서류 및 실습 물품 준비, 장소 대여와 예산안 서류정리 등 다양한 역할을 배정받아 사업이 무사히 마무리될 수 있도록 노력하였습니다. 사업 운영에 참여하면서 많은 지역과 다양한 직종의 사람들을 만날 수 있었고 관리 인력으로서 인내와 막중한 책임감을 배웠습니다. 또 전북대학교 병원 응급중환자실(EICU)에서 실습을 하며 우울증으로 인한 자살 기도 환자를 제가 자처해 보호한 적도 있었고, 지속적 신 대체요법(CRRT)를 적용하고 있는 환자가 워머 고장으로 병세가 위독해질 뻔한 상황을 막은 적도 있습니다. 모두 제 업무는 아니었으나 간호인의 본분을 다해 환자 돌보며 더 큰 사고를 방지할 수 있었습니다.

깊이 있는 임상 지식을 바탕으로 책임감 있는 태도를 갖추어 문제 상황을 슬기롭게 해결하는 간호사가 되겠습니다.

4) 지원 동기

자기소개서의 주제에 해당하는 부분으로 인사담당자가 가장 주의 깊게 검토하는 중요한 항목이다. 지원자가 이 회사와 직무에 어울린다고 생각하는 이유를 묻는 문항이므로 지원 동기와 포부를 효과적으로 표현하기 위해서는 지원 대상에 대한 철저한 조사와 연구가 선행되어야 한다. 그러한 이해를 통해 자신의 희망, 적성, 능력, 경력 등이 지원하려는 기관이나 업무에 얼마나 적합한지 구체적으로 제시한다. 인사담당자로서는 자기 회사에 입사해야 할 동기가 확고한 사람이 필요하며 당신을 뽑아야 하는 이유가 될 수 있다. 또 지원자가 준비성이 철저하며 입사 후에도 매사 충실한 인물이라는 확신을 줄 수 있어야 한다.

지원 동기와 연관된 자기소개서 문항

- 지원 동기를 구체적으로 서술하시오.
- 지원 동기 및 지원한 분야에 대한 향후 구체적인 계획을 기술하시오.
- 우리 회사에 지원하게 된 동기는 무엇인지, 입사 후 성장 계획을 기술하시오.
- 직업 선택에서 본인이 중요하게 생각하는 기준을 설명하고, 지원 이유를 기술하시오.
- 지원 분야 관련 최근에 가장 관심 가진 주제 하나를 선택하여 본인의 생각을 서술하시오.

예시 | 지원 동기 관련 자기소개

지역 문화산업 가치도 높일 준비된 인재

이 지역에서 나고 자란 제게 우석문화예술회관은 소중한 추억의 장소이며 고향에 대한 긍지와 자부심을 준 공간입니다. 어린 시절 주말 나들이나 공연 관람을 위해 이곳에 자주 다녔던 저는 대학생 때 이곳에서 진행하는 행사의 봉사활동을 두 해 연속 자원할 만큼 애정이 컸습니다. 이 경험 덕분에 한 편의 예술 공연을 성공적으로 무대에 올려 마무리하기까지 여러 실무자와 기술진의 유기적인 협력이 얼마나 중요한지 확인할 수 있었습니다.

우석문화예술회관은 전국에서도 손꼽히는 대규모 시설로 지역사회 문화예술 확산과 전파를 위한 공공재원 지원 기관으로 연간 공연 및 전시회 횟수만도 수백 회가 넘고 연평균 50만 명이 다녀갈 정도로 지역민의 관심과 기대가 큰 복합문화공간입니다. 따라서 지역 문화 발전과 공연 관람 등을 위해 이곳을 찾는 분들의 만족도를 높이고 지역 문화산업 가치도 높일 열정적인 인재, 다양한 사업 전개를 위한 업무 적응력이 높고 적절한 의사소통 능력을 갖춘 인재가 필요합니다.

공동체 구성원이 사랑하는 살기 좋은 도시는 대규모 인구나 경제적 성장만으로는 이룩될 수 없습니다. 세계적으로 사랑받는 도시들을 살펴보면 인구 60만이 채 되지 않는 곳이 꽤 많습니다. 그러한 도시들의 공통점은 지역 특유의 정체성과 고유성을 살리고 공동체 구성원 간의 자부심과 공동체 의식이 높다는 점입니다. 대학 생활 중 여러 나라를 조사하고 탐방하며 저는 대한민국과 제 고향이 얼마나 좋은 곳인지 깨닫게 되었으며, 외국이나 수도권보다 나고 자란 고향에서 제 능력을 발휘하고 싶어 도내 공공기관을 중심으로 업무 경험을 쌓아 왔습니다.

저는 사랑하는 제 고향에 공헌하고 싶습니다. 전통과 현대가 조화로운 우리의 멋과 진가를 알리는 문화중심에 우석문화예술회관이 있다고 생각합니다. 지역 예술인들의 경쟁력을 높이고 도민들의 삶에 기쁨과 행복을 주며, 세계가 부러워하는 문화자원으로 발전하는 데 보탬이 되겠습니다.

5) 입사 후 포부

입사 후 포부를 묻는 문항 유형은 '입사 후 자신의 성장과 발전 방법, 입사 후 이루고 싶은 목표, 입사 후 ○년 뒤 자신 모습' 등이다. 이 항목에서 강한 의지를 표명할 필요는 있지만 "최선을 다하겠다'거나 '최고의 전문가로 인정받겠다'는 식의 막연한 다짐은 심사자를 설득할 수 없다. 보다 현실성 있는 계획과 실행방안을 명확하게 보여주어야 한다. 열심히 일하겠다면 '어떻게' 실천할 계획인지 써야 한다. 예를 들면 '시장 점유율 10% 이상 올린다'거나 '고객 불만 제로' 같은 구체적인 방법이나 수치를 쓰는 것이 효과적이다. 감동은 구체적이고 세부적인 묘사에서 나오는 법이다. 입사 후 포부를 3년 후, 5년 후, 10년 후 기간으로 나누어 그에 따른 목표나 계획의 실행방안을 눈에 보이게 작성하자.

입사 후 포부와 연관된 자기소개서 문항

- 우리 회사에 지원하게 된 동기는 무엇이며, 입사 후 어떻게 성장 계획을 기술하시오
- 입사 후 3년 이내에 지원한 직무에서 이루고 싶은 목표를 구체적으로 서술하시오.
- 우리 회사가 나아가야 할 방향성에 대해 구체적으로 작성하고, 본인이 지원한 직무 내에서 어떤 역할을 수행할 수 있는지 기술하시오.
- 입사 후 실천하고자 하는 목표를 자신의 역량과 결부시켜 기술하시오.

예시 | 입사 후 포부 관련 자기소개

답을 찾기보다 답을 개척하는 사람

공학전공자인 저의 최종 목표는 기술 산업의 '지휘자'로 불리는 최고기술경영자, 즉 CTO로서 기술개발총괄책임자가 되는 것입니다. CTO는 해당 산업의 인적 구성에서 과학기술 결과물이 나올 때까지 모든 문제를 해결해야 하므로 연구 개발할 기술에 대한 세부적 지식은 물론 시스템 내 구성요소의 효율적인 운용 능력까지 겸비해야 합니다.

다양한 활동을 연계시켜 잠재력을 발견하고 경험을 쌓아 가는 것이 목표였던 학

창시절부터 저는 환경과 에너지 절감 문제에 관심이 많았습니다. 고등학교 때에는 미세먼지 감지 자동 개폐 창문을 제작을 동아리 팀에 제안해 3D 프린터와 아두이노를 활용한 미세먼지 감지 자동 개폐 창문을 완성해 지식경제부가 주최한 한 공모전에 출품해 은상 수상이라는 쾌거를 거두었습니다. 대학에 와서는 자동차나 산업기기의 동력 에너지 소모를 줄일 방안 같은 친환경 산업기술에 가장 관심이 많았습니다. 연료 사용을 최소화하는 기술이야말로 인류의 현재와 미래를 위한 가장 시급한 과제라고 생각하기 때문입니다. 제가 전공한 소프트웨어 융합 지식은 자동차와 로봇 같은 미래 기계 산업은 물론 의료, 문화 등 삶의 전 영역에 기술의 활용 가능성이 무궁무진하며, 복수전공으로 익힌 산업경영공학은 그러한 기술의 상품화와 경제성을 극대화할 시스템 설계를 완성해 줄 것입니다.

최근의 글로벌 IT 기업들은 ESG 전략을 발표하며 이산화탄소 배출을 낮춘 제품 개발과 구형 제품 재활용 방법을 찾고 있으며 세계적인 전자산업의 아이콘 중 하나인 우석전자는 이미 친환경과 전력소모율을 줄일 SSD 개발에 매진하고 있습니다. 저는 저전력 SSD 개발연구팀에 합류해 3년 이내에 전 세계 서버용 HDD를 제가 개발한 SSD로 모두 교체를 목표로 제가 가진 모든 역량을 쏟아부을 것이며 이를 통해 우석전자의 가치를 높이고 전 세계 탄소 배출 감소에도 기여하겠습니다.

최근 기업체 자기소개서 문항

자기소개서 항목은 '성장 과정, 성격의 장·단점, 지원 동기, 입사 후 포부' 등을 기본으로 하지만 기업에 따라 얻으려는 정보가 다르다. 다음은 최근에 대학졸업생을 대상으로 인턴 또는 신규 채용을 한 기업체의 자기소개서 문항이다.

과거와 비교해 각 기관이나 기업체에서 요구하는 자기소개서 문항들이 길어졌으며 매우 구체적으로 기술하도록 요구하는 추세다. 지원자 중 필요한 분야에 집약적인 능력이나 태도를 갖춘 이를 찾기 위한 기업 나름의 자구책일 것이다. 각 조직이 원하는 인재상을 고려하되 심사자가 얻고자 하는 정보가 무엇인지를 파악하고, 그에 맞는 자기소개서 작성을 위해 미리 준비해야 할 것이다.

홈플러스 2021 하반기 채용연계형 인턴	1. 지원분야에 대한 지원동기를 구체적으로 기술해 주십시오. (200~500자) 2. 지원한 직무를 잘 수행하기 위해 본인이 보유한 강점을 경험과 사례 위주로 기술해 주십시오. (300~700자) 3. 홈플러스의 핵심가치(신뢰, 우수함, 집념, 긍지, 협업) 중 본인을 잘 표현하는 한 가지를 선택하고, 선택 사유에 대해 기술해 주십시오. (300~700자) 4. 5년 후 유통 시장환경과 고객 소비 트렌드 변화를 예측하고, 홈플러스 비즈니스 성장을 위해 제안하고 싶은 사항을 기술하시오. (300~700자)
DB 그룹 2021 하반기	1. 자신이 가진 열정을 발휘하여 성취감을 느꼈던 경험을 기술하십시오. (100~600자) 2. 본인의 지원직무와 관련하여 자신의 강점/약점을 기술, 약점을 보완하기 위한 노력을 기술하십시오. (100~600자) 3. 우리 회사에 지원하게 된 동기는 무엇이며, 입사 후 어떻게 성장해 나갈 것인지 기술하십시오. (100~600자)
JYP 엔터테인먼트 2021	1. 성격의 장단점을 기술해 주세요. (500자 내외) 2. 자신의 인생 경험 중 가장 힘들었을 때와 그것을 극복하기 위해 했던 일을 구체적으로 기술해 주세요. (700자 내외) 3. 지원 동기 및 지원하신 분야의 향후 구체적인 계획을 기술해 주세요. (700자 내외) 4. 엔터테인먼트 산업에 대한 자신의 생각 및 앞으로 나아가야 할 방향을 기술해 주세요. (500자 내외)
동원 그룹 2021 상반기 채용연계형 인턴	1. 나의 '인생 가치관'에 대해 성장과정 또는 경험을 바탕으로 서술해 주십시오. (600자) 2. 평소 가장 좋아하는 일은 무엇인지 구체적인 경험을 바탕으로 서술해 주십시오. (600자) 3. 지원 회사 또는 직무와 밀접하게 연관되는 국내외 최근 이슈/트렌드/사회 현황 한 가지 선택하고, 자신의 견해를 서술해 주십시오. (600자) 4. 지원 직무를 희망하게 된 동기를 구체적으로 기술해 주십시오. (600자) 5. 지원 직무에서 다른 지원자들과 '차별화되는 강점 키워드'를 해시태그 형태로 표현한 후, (예시 #파워블로거#상담의 달인#연결고리) 지식, 경험, 성격의 각 강점을 서술하세요. (800자)
MRO 서브원 2021 상반기 채용연계형 인턴	1. 지금까지 가장 열정적/혁신적으로 임하여 성과를 이룬 경험과 그 과정에서 배운 교훈을 기술해 주시기 바랍니다. Guide〉 추진 목적, 진행 시 장애사항 및 극복 방법 등 본인의 경험을 자유롭게 기술하시기 바랍니다. (700자) 2. 본인이 생각하는 서브원 사업 성장에 가장 중요한 요인은 무엇이며 이를 위해 지원 직무에서 본인이 기여할 수 있는 부분을 기술하여 주시기 바랍니다. Guide〉 본인이 생각하고 있는 내용 및 경험을 기반으로 자유롭게 기술하시기 바랍니다. (700자) 3. 본인이 생각하는 본인만의 차별화된 역량은 무엇이며 지금까지 해당 역량을 개발하기 위해 수행한 활동들을 구체적 사례 중심으로 기술해 주시기 바랍니다. (1000자)

삼성전자 2021 상반기 신입 채용	1. 삼성전자를 지원한 이유와 입사 후 회사에서 이루고 싶은 꿈을 기술하십시오. (700자) 2. 본인의 성장과정을 간략히 기술하되 현재의 자신에게 가장 큰 영향을 끼친 사건, 인물 등을 포함하여 기술하시기 바랍니다. (※ 작품 속 가상인물도 가능) (1,500자) 3. 최근 사회이슈 중 중요하다고 생각되는 한 가지를 선택하고 이에 관한 자신의 견해를 기술해 주시기 바랍니다. (1,000자) 4. 지원 직무 관련 프로젝트/과제 중 기술적으로 가장 어려웠던 과제와 해결방안에 대해 구체적으로 서술하여 주시기 바랍니다. (과제 개요, 어려웠던 점, 해결방법, 결과 포함) (1,000자)
넥슨 네트워크 2021 상반기	1. 넥센에 지원한 동기와 입사 후 10년 내 이루고자 하는 목표, 이를 달성하기 위한 계획을 구체적으로 기술해 주십시오. (500~800자) 2. 지원하신 직무(분야)에서 가장 중요한 능력이나 기술은 무엇이라고 생각하며 본인이 그것을 갖추기 위해 노력한 것과 입사 후 능력이나 기술을 어떻게 활용할 것인지 중심으로 서술해 주십시오. (500~800자) 3. 본인의 경험 중에 반복되는 문제점을 발견하고, 개선했던 경험이 있다면 반복되었던 원인과 이유, 해결책과 개선된 점 중심으로 서술해 주십시오. (500~800자)
삼성 서울병원 2021상반기 간호사채용	1. 삼성 서울병원에 지원한 이유와 입사 후 회사에서 이루고자하는 바를 기술해주십시오. (1,000byte) 2. 지원한 직무를 잘 수행할 수 있는 이유를 구체적으로 기술하십시오(직무전문성을 키우기 위한 학업적 노력 및 실무경험 등을 중심으로). (1,500byte) 3. 타인과 협력하여 공동의 목표를 이루어낸 경험을 기술하십시오. (1,500 byte)
아시아나항공 캐빈승무원 인턴 2019	1. 아시아나항공을 지원하게 된 동기에 대해서 서술해 주십시오. (500~600자) 2. 본인의 특성과 성장배경에 대하여 서술하여 주십시오. (500~600자) 3. 스스로 가장 칭찬해 주고 싶었던 경험과 그 이유를 서술하여 주십시오. (500~600자) 4. 입사 후 포부를 서술하여 주십시오. (500~600자)
롯데호텔 2021 하반기 신입사원	1. 지원동기를 구체적으로 서술해 주세요. (500자) 2. 성장과정과 성격상 강점, 약점에 대하여 서술해 주세요. (800자) 3. 학업 이외 관심과 열정을 가지고 했던 경험을 서술해 주세요. (800자) 4. 희망 직무 준비과정과 희망 직무와 관련 경험 및 본인만의 강점을 서술해 주세요. (1,000자) 5. 입사 후 1년 동안 회사생활 목표 및 시나리오와 그 이유를 서술해 주세요. (500자)
현대자동차 생산개발본부 2021 하반기	1. 지원한 직무를 선택한 이유와 본인이 해당 직무에 적합하다고 판단할 수 있는 경험(전공, 공모전, 프로젝트, 논문, 대외활동 등)에 대해 구체적으로 기술해 주십시오. (최소 500자 이상) 2. 다른 사람이 하지 않았던 새로운 것을 접목하거나 본인의 아이디어를 통해 문제를 개선한 경험에 대해 구체적으로 기술해 주십시오. (최소 500자 이상) 3. 스스로 높은 목표를 세워서 달성한 경험에 대해 기술하시고, 목표를 세운 과정, 목표 달성을 위해 자신이 기울인 노력에 대해 구체적으로 기술해 주십시오. (최소 500자 이상)

글쓰기 연습

졸업 후 입사하고 싶은 기관이나 기업 홈페이지에서 희망분야 채용 공고의 자기소개서 문항을 찾아보거나 아래 문항의 내용을 확인해 자기소개서를 작성해 보자. (항목별 700자)

- 희망하는 곳: ______________________
- 지원 분야: ______________________

1) 본 회사 입사를 지원하게 된 동기와 입사 후 포부를 써 보자.

2) 자신의 경험 중 가장 도전적인 일 또는 실패한 사례는 무엇이며 그 경험을 통해 배운 점이 무엇인지 써 보자.

3) 본인이 희망하는 직무 수행을 위해 무엇을 어떻게 준비했는지 구체적으로 써 보자.

3. 제안서

제안서란

제안서는 일정한 사안에 대한 발상과 계획을 제시해 수용자가 그 안을 받아들이는 것을 목적으로 쓰는 글을 말한다. 공모전은 특정한 주제에 대한 아이디어, 제안, 기획 등을 공개적으로 모집하고 심사하며 상금을 비롯한 여러 특전을 부여한다. 대학생은 다양한 공모전을 통해 연구나 프로그램 수행에 필요한 자금을 지원받기도 하고 창업 자금을 확보하기도 한다. 학교 안팎에서 끊임없이 대학생 대상 공모전이 진행되고 있다. 이때 응모와 선발에 우선 필요한 일이 바로 '제안서' 작성이다. 공모전 시행의 목적은 대개 현재 상황에서 변화를 꾀하기 위함이다. 따라서 창의적인 발상과 합당한 근거, 구체적인 실현 계획 등에 중점을 두고 작성하는 것이 선정에 유리하다.

학생들은 공모전을 준비하는 동안 기획력, 문서 작성 능력, 논리력, 발표력, 팀워크를 기르며 다양한 정보를 접한다. 특히 공공기관이나 지방자치단체 등에서 개최하는 공모전을 통해 정부의 정책 방향을 가늠하고 산업 기관이나 기업체 등이 새롭게 벌이는 사업 계획을 확인하며 미래 사회를 준비할 기회를 가질 수도 있다. 최근에는 공모전 수상자에게 인턴이나 입사 기회를 주는 기업들도 있어서 진로 설계나 취업에도 유리하다. 결국은 졸업 후 사회생활을 위한 귀한 경험치를 만들어 갈 수 있다.

직장인 대부분은 제안서 또는 기획서를 상사나 고객 설득을 위한 대표적인 직무 문서로 인식한다. 모든 글쓰기가 그렇듯 제안서 작성 능력 역시 하루아침에 길러지지 않는다. 대학 재학 중에 다양한 공모전에 참여하며 제안서 작성 요령을 익혀두어야 할 것이다.

제안서 작성에 반드시 포함해야 할 요소

- Wha: 무엇을 제안하는가?
- Why: 왜 그 일이 필요한가?

- When: 언제까지 할 수 있는가?
- How much: 얼마의 예산이 필요한가?
- How: 어떻게 수행할 것인가?

제안서를 작성하는 동안 점검해야 할 항목

- 제안 또는 설득의 대상이 누구인가?
- 요구 사항을 잘 지키고 있는가?
- 제안 목적이 분명하게 나타나 있는가?
- 문제 해결 요건을 충족시키고 있는가?
- 심사자가 흥미 가질 참신한 내용인가?
- 신뢰할 만한 자료를 사용하고 있는가?
- 제안의 핵심이 강조되고 있는가?
- 사실 왜곡이나 논리적 오류는 없는가?

공모전 제안서 작성 과정

공모전 요구 파악 → 주제 선정 → 자료 수집 및 선택 → 제안서 작성 → 수정 보완 → 제안서 완성

대학생 대상 공모전 포스터

공모전 제안서의 일반적인 형식

구성	세부 항목	작성 방법 및 내용
서두	제목	제안 내용이 잘 드러내는 제목
	목차	제안서 개요 간단히 소개
	목적	긍정적인 효과 발생 및 필요성 강조
본문	상황 분석	• 자료 제시(직접/간접 분석) • 문제 제기
	주요 제안	• 아이디어 제시 • 분석 자료에 따른 제안의 필요성
	구체적 방안	• 제안의 핵심사항 • 실현 계획(일정, 예산)
	실현 방법	• 소요 시간, 비용에 대한 계획 • 시간은 주 단위로 작성 • 비용은 산출 근거까지 구체적으로 제시
결말	기대 효과	• 제안 수행으로 발생할 효과 • 현 상황과 대비되는 가시적 효과(수치, 객관적 자료로)

글쓰기 연습

현재 진행되고 있는 대학생 대상 공모전 중 자신의 전공과 관련이 있거나 향후 진로 계획에 도움이 될 만한 공모전을 찾아 다음 사항을 기재해 보자.

응모 기간	
주관 기관	
시상 및 특전	
공모전 참가에 가장 중요한 점	
이 공모전을 선택한 이유	

4. 프레젠테이션

프레젠테이션이란

프레젠테이션(Presentation)[1]은 직관적으로 의사를 전달하는 요약 발표 방법이다. 보통 시선을 끄는 근사한 그림이나 동영상, 인상적인 타이포그라피를 보여 주는 화려한 기술적 측면만이 부각되기 쉽지만 프레젠테이션의 핵심은 발표자의 '의도'이다. 무엇을 전달하고자 하는지 분명해야 전달력이 빛을 발한다.

프레젠테이션과 일반적인 말하기의 가장 큰 차이는 다수의 청중을 대상으로 하기보다 그 주제에 관심 있는 소수를 대상으로 한다는 점과 발표자의 목소리와 몸짓 이외에 슬라이드로 처리된 시청각 자료를 사용하여 메시지를 전달한다는 점이다. 프레젠테이션은 학교 수업, 보고 발표, 기획안 제안 비롯해 각종 회의나 강연에

1) 국립국어원은 2007년 7월, '프레젠테이션'을 '시청각설명회(視聽覺說明會)'라는 용어로 바꾸어 사용할 것을 권고하였으나 현재 거의 쓰이지 않고 있다.

두루 사용된다. 최근에는 기업의 신입사원 채용 과정에서 해야 할 경우도 있다. 공적인 의사소통 방식으로 그 중요성이 커지고 있는 만큼 프레젠테이션에서 전달력을 높일 수 있는 글쓰기 전략을 배우고 연습해 두어야 한다.

프레젠테이션 과정

프레젠테이션을 하려면 먼저 어떤 내용을 전달할 것인지 결정하고 그에 따른 자료를 모아야 하며, 다음으로 주제를 성공적으로 드러낼 스토리를 만들어 슬라이드 자료를 디자인하는 과정을 거쳐야 한다.

1) 프레젠테이션 환경 분석

프레젠테이션 준비 단계에서 흔히 분석 대상으로 청중(People), 목적(Purpose), 장소(Place) 이 3P를 든다. 이 중 가장 먼저 염두에 두어야 할 것은 목적이다. 홍보하려는 것인지, 보고인지, 아니면 다른 사람이나 팀과 경쟁해 선발되는 것이 목적인지 점검해야 한다. 그 목적에 따라 프레젠테이션에 담을 내용과 방법이 달라져야 하기 때문이다. 다음으로 프레젠테이션 청중에 대한 분석도 필요하다. 대개 청중(People)은 프레젠테이션 이해 당사자이거나 결정권자일 가능성이 높다. 따라서 청중의 연령, 전문 지식 수준, 취향, 관심사 등을 조사해 프레젠테이션에 반영해야 한다. 그 밖에 프레젠테이션 장소나 사용 가능한 시간, 기자재 등을 살펴두는 것이 유리하겠다.

2) 슬라이드 내용 구성

프레젠테이션은 시청각 자료로 진행하며 때로는 이를 문서화하여 인쇄물 형태로 청중에게 제공할 수도 있다. 청중에게 자신의 의견을 효과적으로 제시하여 설득하려는 목적을 가진 만큼 다양한 자료를 효과적으로 드러낼 컴퓨터나 기타 멀티미디어를 사용한다. 슬라이드 구성은 발표하기로 결정한 주제와 내용에 맞는 스토리보드와 슬라이드 작성이 이루어지는 단계로 프레젠테이션에서 가장 많은 노력과 시간이 소요된다. 프레젠테이션 슬라이드 작성은 다음과 같은 절차에 따라 진행한다.

프레젠테이션을 위해 수집한 정보와 자료 중 내용 전개에 꼭 필요한 것을 고른다.

↓

프레젠테이션 목적을 가장 효과적으로 달성할 논리 체계를 세우고 목차를 정한다.

↓

메시지의 효과적 전달과 청중 이해를 도울 '그래프, 사진, 동영상'을 제작한다.

↓

자료를 분류해 목차에 따라 체계화하고 핵심 내용을 슬라이드와 스토리보드로 작성한다.

3) 리허설 및 실시 단계

프레젠테이션 슬라이드가 준비된 후에는 실제 상황을 가정해 리허설 해 본다. 성공적인 프레젠테이션을 위해서는 반드시 필요한 과정이다. 본 발표에서 실수를 줄이고, 자신감을 가질 수 있는 가장 좋은 방법은 연습뿐이다. 실제 프레젠테이션 장소에서 직접 리허설을 하는 것이 가장 좋으나 이것이 여의치 않더라도 비슷한 상황을 만들어 점검할 필요가 있다. 제한 된 시간 내에 준비한 내용을 모두 전달할 수 있는가, 자료의 구성은 적절한가, 도구 실행상의 문제점은 없는가, 슬라이드 내용과 설명이 일치하는가, 발표자의 태도나, 음성은 적절한가 등을 항목별로 문서화해서 평가하는 방법도 있다.

슬라이드 작성 원칙

1) 간단하고 명료하게

Kiss(Keep It Simple and Short의 의미)원칙이라고도 한다. 슬라이드는 프레젠테이션을 돕는 보조 자료다. 자세한 내용은 발표자가 말로 설명하고 슬라이드는 전달 내용을 한눈에 알 수 있게 간략하고 분명해야 한다. 핵심이 되는 사항들을 간단히 압축해서 보여 주어야 한다고 해서 5·7·7 원칙이라고도 한다. 제목은 다섯 단어 이

내로, 한 문장에서 단어 수를 일곱 개를 넘지 않아야 하며, 한 화면에 보이는 사항들이 가능한 일곱 줄을 넘지 않도록 해야 한다. 그만큼 내용을 항목화하고 조직화해야 한다는 뜻이다.

2) 한 장의 슬라이드에는 한 가지 내용만

한 장의 화면에 하나의 주요 메시지만 담도록 한다. 너무 많은 내용을 담는 경우 청중의 주의가 흐트러지거나 내용이 헷갈릴 수 있기 때문이다. 청중이 발표에 집중하지 못하면 프레젠테이션은 실패한다.

3) 데이터는 시각적으로

문자를 시각적 정보로 바꾸면 이해하기가 훨씬 쉬워진다. 단어나 문장 중에 기호나 개념도화할 수 있는 것은 바꾸고 모든 숫자는 그래프를 사용한다. 너무 많은 데이터보다는 법칙성이나 숨겨진 사실을 드러내는 것이 효과적이다. 객관성이 떨어지는 자료 사용은 프레젠테이션의 신뢰를 떨어뜨릴 수 있으므로 유의하며 메시지에 적합한 것을 선택한다.

4) 단순하게 핵심만 돋보이도록

발표자의 입장에서 그간 준비한 모든 것을 보여 주고 싶겠지만 청중은 다르다. 지나치게 화려한 화면이나 과도한 장치 사용은 역효과를 불러일으킬 수 있다. 화면에서 사용하는 색상은 이미지 통일을 위해 세 가지 이하로 사용하며 강조할 부분은 일관되게 한 색상을 쓴다. 밑줄이나 테두리도 꼭 필요한 경우에만 표시하고 애니메이션 기능도 최소한으로 절제하자.

슬라이드의 언어

청중에게 메시지를 잘 전달하기 위해서는 슬라이드 언어의 특징을 이해해야 한다. 슬라이드에서 보여 주는 메시지는 숫자와 언어가 있다. 인간의 뇌는 자료에 따라 각각 다르게 반응하며 전달 효과도 다르다. 논리 작용을 담당하는 왼쪽 뇌와 이미지를 담당하는 오른쪽 뇌가 동시에 반응할 수 있는 자료 구성이 더 좋은 결과를 가져온다.

1) 도식

길고 복잡한 문장으로 이루어진 내용을 이미지로 표현하는 방법이다. 분량이 많거나 복잡한 내용을 간단히 요약해서 보여 줄 수 있으므로 청중의 이해를 높일 수 있다. 학생들이 주로 사용하는 파워포인트의 경우 목록형, 관계형, 주기형, 프로세스형 등의 도식을 활용할 수 있도록 하고 있다. 전달하려는 메시지에 맞는 유형을 선택한다.

2) 그래프

숫자 메시지를 시각적으로 전달할 때 효과적이다. 메시지의 종류에 따라 적합한 그래프의 종류가 다르며 너무 많은 그래프는 청중에게 혼란을 줄 수 있으므로 꼭 필요한 만큼 만 준비하자.

3) 표

데이터를 논리적으로 정리하는 수단으로 복잡한 내용을 한눈에 보여줄 수 있다. 많은 내용을 전달할 수 있지만, 청중이 핵심 내용을 한눈에 파악하기는 어려울 수 있으므로 핵심이 되는 부분은 별도의 표시를 해서 강조하고 발표자가 따로 설명해야 한다.

4) 문장

슬라이드의 화면을 인쇄해서 청중에게 나누어 준다고 해도 그 속에 담긴 표현 방식은 일반 문서와 다르다. 슬라이드에서 작성하는 문장은 매우 간결하며 구성에 필요한 최소한의 표현만으로 이루어진다. 구체적이고 실용적인 단어를 사용하고 전문적인 용어 사용의 경우 청중의 수준을 고려한다.

다양한 프레젠테이션 앱

1) 키노트

애플에서 제작한 프레젠테이션 도구이다. 애플사에서 신제품을 발표할 때 키노트의 감각을 느낄 수 있다. 맥 환경(매킨토시 컴퓨터, 아이폰, 아이패드)에서 볼 수 있다.

2) 파워포인트

윈도 환경에서 가장 대중적으로 사용하는 프레젠테이션 시각화 도구이다. 단품 소프트웨어 구매에서 최근에는 Office365 방식으로 월정액 또는 연간 사용료를 지불하고 사용하는 방식으로 바뀌었다.

3) 프레지

웹 클라우드를 기반으로 하는 프레젠테이션 도구이다. Prezi란 이름은 프레젠테이션의 앞부분에서 따온 말이며, 줌과 팬 효과로 화면을 전환하는 인터페이스로 유명하다. 한 장의 도화지 위에 모든 생각을 쏟아놓고 이를 정리하는 방법과 같아 브레인스토밍을 프레젠테이션에 구현한 것으로 볼 수 있다.

예시 | 프레젠테이션

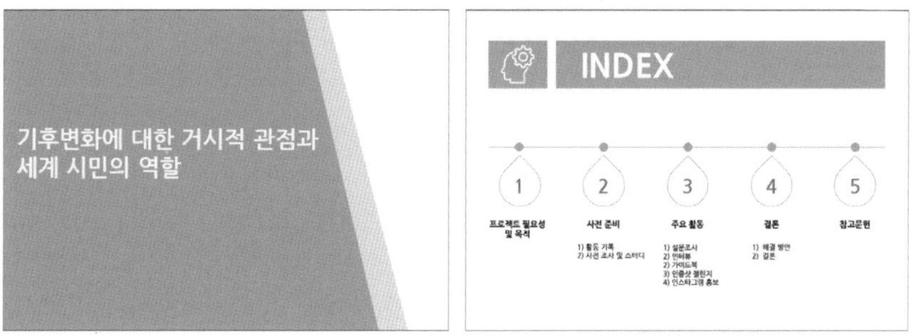

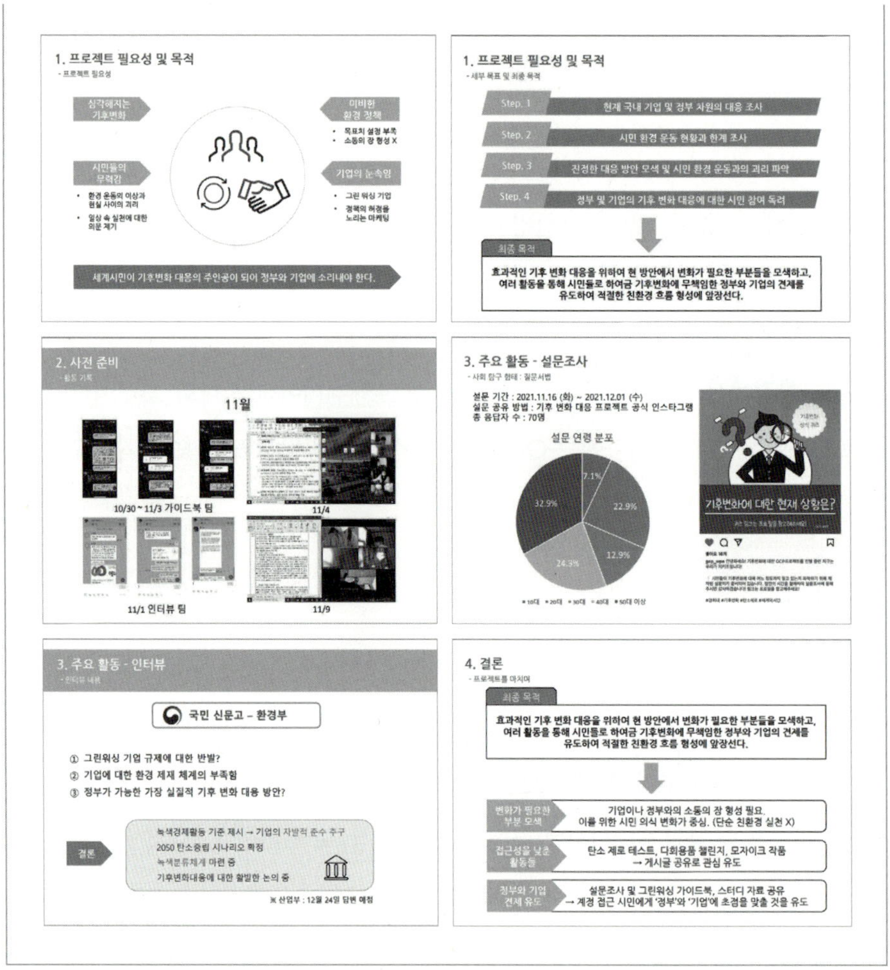

5. 팀 기반 글쓰기

팀 기반 활동과 글쓰기

팀 기반 학습(Team Based Learning)은 대규모 수업에서 5명 내외의 학생을 한 팀으로 구성해 공동 과제 수행 과정을 통해 학습하는 방법이다. 과제 해결을 목표로 팀원들끼리 정보공유 및 상호작용을 하고, 이미 배운 지식과 더 필요한 내용을 스스로 찾아 학습하는 과정에서 자기주도적 학습 능력과 문제해결능력 향상 등 교육 효과가 높다고 알려지면서 대학 수업에서도 널리 실시하고 있다.

팀 기반 학습은 학습 내용에 대한 이해, 학습 이론 응용, 상호작용을 중요하게 여기며 이는 사회 변화에 따른 팀워크 중심 문화를 반영하는 일환이기도 하다. 그간 글쓰기는 개별 학습과 수행을 중시했으나 학교 안팎으로 공동체 활동이 늘고 있는 만큼 팀원들과 효율적인 의사소통을 하며 글쓰기 실력을 높이는데도 팀 기반 학습법의 적용이 늘고 있다. 해당 글쓰기 활동으로는 팀원들끼리 서로의 글을 돌려 읽고 어휘나 문장 등을 고쳐주는 첨삭을 하거나 한 가지 주제로 공동 개요를 작성한 후 각자 완성한 글을 돌려 읽으며 상호 피드백을 진행하기도 한다. 그 밖에 주어진 공동의 문제나 과제 해결에 필요한 다양한 종류의 글을 쓰고 결과물을 문집으로 완성하는 방식도 있다.

팀 기반 글쓰기 활동은 구체적인 계획에 따라 이루어져야 하며 개별 활동과 팀 활동이 동시에 진행된다. 그 과정에서 자신이 무엇을 했는지, 어떻게 변화됐는지 기록하는 행위를 통해 활동의 의의를 깨닫는다.

다음은 직장에 다니다가 대학에 입학한 한 학생이 자신의 경험을 통해 글쓰기에 대한 심경을 담아낸 글로 글쓰기 훈련에 '함께 쓰기'가 도움이 될 수 있다는 견해를 밝혔다.

함께 쓰기의 힘

이야일(우석대 학생)

내가 다니던 회사에서는 서류를 작성해 소방서에 제출해야 하는 경우가 많았다. 그때마다 일정한 형식에 맞게 글을 써야 했는데 그 틀을 벗어나면 서류가 통과되지 않았다. 관공서에 보내는 서류들은 상부까지 몇 단계의 과정을 거치기 때문에 형식과 의도에 맞지 않으면 반환되고는 하였다. 심지어 단어를 잘못 사용하여 서류가 통과되지 못한 적도 있었다. 그런 일을 겪으며 나는 목적에 맞는 글쓰기가 중요하다는 것과 읽기 쉽고, 분명하게 표현해야 내 의도가 전달된다는 것을 배우게 되었다. 그 뒤로 나는 글을 일목요연하고, 정확하게 쓰려고 노력했고 점차 소방서에 제출한 서류가 통과됐다는 소식을 더 자주 듣게 되었다.

사실 직장생활을 하기 전까지 나는 글쓰기가 세상을 살아가는 데 중요할 거라고 단 한 번도 생각한 적이 없었다. 학창 시절에는 좋은 글이 어떤 글인지 진지하게 생각해 볼 기회도 없었고 그저 잘 써야 한다는 강박관념 때문에 글쓰기를 회피하려고만 했었다. 만약 누군가와 서로가 쓴 글에 대해 또는 그 글을 쓰기까지의 과정이나 노력에 대해 터놓고 말할 기회가 있었다면 나는 글쓰기와 조금 더 친해졌을지도 모른다.

글을 쓰는 것은 그 자체로 의미가 있다. 나에게 깊은 울림을 주기도 하고, 나의 일상을 바꿀 정도의 변화를 일으키기도 한다. 또 다른 사람의 글을 읽으면서 세상과 더불어 살아갈 힘을 얻기도 한다. 하지만 초보자가 혼자 글쓰기 실력을 높이기는 쉽지 않다. 구체적인 대상을 분명하게 두고 글쓰기를 하다 보면 글의 전달력을 높이기 위해 노력할 수 있다. 그런 점에서 '함께 쓰기'는 글쓰기를 배우고자 하는 이들에게 완성도 높은 글을 쓰는 힘을 갖게 한다.

팀 기반 활동

1) 지역사회 문화

- 난이도: 중급
- 활동 기간: 4주
- 활동 주제: 지역사회 문화에 대한 이해
- 활동 결과물: 1박 2일 여행 제안서 및 가이드 북, 활동지

제시 문제

1. 서울에 사는 네 명의 대학생이 1박 2일 동안 ○○지역 여행을 준비한다.
2. 학생들이 사용할 수 있는 여행 경비는 1인당 ○○만 원이다.
3. 학생들은 그 고장의 역사, 문화, 예술 등을 알기 위한 체험을 원하며 이번 여행 후에는 주변 친구들에게 ○○지역 여행을 소개하려고 한다.
4. 학생들의 의도에 맞는 1박 2일 여행 계획 제안서를 작성하고 이 여행을 위한 가이드 북을 8면 이내로 제작하라.

2) 먹거리 문제

- 난이도: 상급
- 활동 기간: 4주
- 활동 주제: 먹거리에 대한 이해
- 활동 결과물: 팀별 조사 결과 PPT 작성 및 발표, 개별 에세이

제시 문제

1. 팀원 각자 일주일 동안 먹은 음식을 모두 기록해 조별 공통점(패턴이나 특성)을 도출한다.
2. 팀별 음식의 원재료를 한 가지씩 선택해 그 재료의 생산, 가공, 유통, 소비 과정을 조사한다.
3. 팀별 조사 결과를 PPT 작성해 발표한다.
4. 본 조사 활동에서 깨닫게 된 자신의 생각과 주장을 에세이로 작성해 제출한다.

개별 활동지 1

분반 : ____ 학과 : ________ 학번 : ________ 성명 : ________

1. 팀명 : ______________

2. 알면 사랑하게 되고 사랑하면 보이나니, 그때 보이는 것은 전과 같지 않으리라.

이름	소속 학과	팀원에 대해 새로 알게 된 점

3. 팀 활동 문제 해결을 위해 내가 한 질문이나 답변, 팀원의 의견 등을 기록해 보자.

4. 팀 활동 문제 해결을 위한 나의 과제 수행 계획서를 간단히 세워 보자.

순서	팀 주요 계획	내가 수행해야 할 일
1		
2		
3		
4		
5		

개별 활동지 2

팀 활동 문제	
1. 팀 활동을 통해 새롭게 알게 된 것은 무엇인지 자세히 써 보자.	
2. 팀 활동에서 자신에게 배움이 일어난 순간을 구체적으로 써 보자.	
3. 팀 활동 중 어려웠던 점이나 즐거웠던 점은 무엇이었는지 자유롭게 써 보자.	
4. 팀 활동 과제 해결에 자신이 기여한 부분은 어떤 점이었는지 써 보자.	
5. 팀 활동을 마친 후 드는 생각이나 느낌을 자유롭게 써 보자.	

팀 활동지 작성 시 참고 자료

과제 수행을 위해 필요한 질문들

팀워크를 위해	• 우리 팀의 강점은 무엇인가요? • 우리의 역량을 강화할 수 있는 방법은 무엇일까요? • 어려움에 처했을 때 우리에게 용기와 에너지를 주는 것은 무엇일까요?
주어진 문제에 대해 자유롭게 생각하기	• 주어진 문제에 대해 어떤 생각이 드는가요? • 나 혼자 문제 해결을 해야 한다면 어떻게 할까? • 문제 상황에서 잊지 말아야 할 중요한 점은 무엇입니까?
팀원들이 이미 알고 있는 지식 및 정보 정리	• 지금 과제 해결을 위해 가장 필요한 것은 무엇일까요? • 과제 해결에 도움이 되는 지식이나 경험이 있나요? • 또 무엇을 알고 있나요? • 팀원들이 가진 지식 중 문제 해결에 도움이 되는 것은 무엇일까요? • 왜 이것(과정)이 중요한가요?
더 학습 해야 할 과제 설정	• 과제 해결을 위해 무엇을 더 알아야 할까요? • 과제 해결을 위해 앞으로 할 수행해야 할 일을 어떻게 정리할까요? • 과제 해결에 필요한 자료를 어디에서 어떻게 찾아보면 좋을까요? • 그 내용을 학습하는 게 과제 해결에 어떤 도움을 줄까요? • 우리가 다루어야 할 또 다른 측면이 있다면 무엇일까요?
구체적 실천 활동 계획하기	• 과제 해결을 위한 계획을 어떻게 세워야 할까요? • 과제 해결을 위한 역할 분담을 어떻게 정해야 할까요? • 우리 팀 활동 계획에 대한 문제점을 찾는다면 무엇일까요?
문제 해결을 위한 활동 (예시)	• 1박 2일 여행 계획을 어떻게 세웠나요? • 이번 여행계획에서 가장 중요하게 생각한 것은 무엇인가요? • 가이드북에 어떤 내용을 담기로 했나요? • 가이드북에 쓰는 내용이 이번 과제와 관련이 있나요? • 지금까지 주로 학습한 것은 무엇인가요? • 여행 계획과 가이드 북 완성도를 높이기 위해 더 무엇을 더 해야 할까요?
자료 수집 등 활동내용 적절성 확인 (예시)	• 가이드북에 쓸 내용이 정확한 근거에 따른 것인가요? • 계획대로 1박 2일 여행을 할 때 발생할 수 있는 문제점은 무엇일까요? • 문제가 발생했을 때 그 어려움을 어떻게 극복할까요?

팀 활동지 1

과제 수행 계획서

<table>
<tr><td>과제</td><td colspan="2"></td><td>팀이름</td><td></td></tr>
<tr><td>팀원</td><td colspan="2"></td><td>수행일</td><td></td></tr>
<tr><td>과제에
대해 자유롭게
생각하기</td><td colspan="4"></td></tr>
<tr><td>과제 관련 사실 중
팀원들이
이미 알고 있는 지식
및 정보 정리</td><td colspan="4"></td></tr>
<tr><td>과제 해결을 위해
더 학습해야 할 사안</td><td colspan="4"></td></tr>
<tr><td rowspan="6">과제 해결을 위한
실천 활동
계획하기</td><td>이름</td><td colspan="3">수행해야 할 활동(무엇을 어떻게 할 것인지)</td></tr>
<tr><td></td><td colspan="3"></td></tr>
<tr><td></td><td colspan="3"></td></tr>
<tr><td></td><td colspan="3"></td></tr>
<tr><td></td><td colspan="3"></td></tr>
<tr><td></td><td colspan="3"></td></tr>
</table>

팀 활동지 2

과제 활동 수행 기록

<table>
<tr><td>과제</td><td colspan="2"></td><td>팀이름</td><td colspan="3"></td></tr>
<tr><td>팀원</td><td colspan="2"></td><td>수행일</td><td>/</td><td>/</td><td>/</td></tr>
<tr><td rowspan="6">문제 해결을 위한
계획 실행 확인</td><td>순</td><td colspan="2">수행해야 할 활동
(무엇을 어떻게)</td><td colspan="3">달성률 확인</td></tr>
<tr><td>1</td><td colspan="2"></td><td></td><td></td><td></td></tr>
<tr><td>2</td><td colspan="2"></td><td></td><td></td><td></td></tr>
<tr><td>3</td><td colspan="2"></td><td></td><td></td><td></td></tr>
<tr><td>4</td><td colspan="2"></td><td></td><td></td><td></td></tr>
<tr><td>5</td><td colspan="2"></td><td></td><td></td><td></td></tr>
<tr><td>문제 해결을 위한
활동</td><td colspan="6"></td></tr>
<tr><td>자료 수집 등
활동내용 적절성 확인</td><td colspan="6"></td></tr>
<tr><td>남은 활동</td><td colspan="6"></td></tr>
</table>

최정숙 책임 집필

제9장
보고서 쓰기

1. 보고서란

보고서는 조사나 연구한 사실과 결과 등을 전달하기 위해 작성하는 문서이다. 대학생은 강의에서 습득한 지식과 학문적 이론을 적용한 다양한 활동을 통해 비판적 사고와 문제해결력을 기른다. 그리고 이러한 학습 과정과 결과를 입증하기 위해 수많은 과제, 즉 보고서를 제출해야 한다. 직장인 역시 일과 중 대부분을 보고서 작성에 할애한다. 보고서는 일의 성과를 확인할 중요한 산출물이자 자신의 업무 관련 지식, 경험, 역량 등이 모두 드러나는 결정체이기 때문이다.

2020년에 발생한 코로나 팬데믹으로 세계가 큰 위기에 처하면서 우리의 삶은 빠르게 변했다. 직접 만나서 진행하던 많은 일이 확연히 줄었고 대신 디지털기기를 활용한 비대면 방식 문화가 자리를 잡았다. 비즈니스 현장과 조직에서 전자결재 시스템이 활성화되면서 대면 보고가 아닌 온라인 또는 모바일을 활용한 보고 문화가 자리를 잡았다. 대학도 예외가 아니었다. 대학에서 학습 도구이자 평가 요소로 학생 수행 활동의 가장 큰 비중을 차지하는 과제는 온라인 학습 확대 등으로 더 많이 늘어났다.

학생들이 작성하는 과제물은 모두 리포트 혹은 보고서로 통칭 된다. 인문·사회 계열 학과에서는 교과 학습 관련 이론 조사나 그에 따른 자신의 주장을 담은 에세이 형식이, 이공계열에서는 조사나 관찰 또는 실험 결과 보고 형식이 주를 이룬다. 그 밖에도 감상문이나 서평, 견학문이나 소논문을 비롯해 다양한 주제와 내용이 과제로 다루어지며 이런 보고서들은 그 기본 틀에 큰 차이는 없으나 일정한 형식을 갖추어야 한다는 공통점을 가진다. 리포트, 즉 보고서는 학술적 글쓰기 중 하나지만 대학 졸업 후 사회생활에서도 다양한 형태의 보고서 작성이 예상되는 만큼 그 작성 방법을 반드시 익혀야 한다.

2. 보고서 작성 과정

보고서 작성은 일반적으로 주제 정하기, 자료 수집, 개요 구상, 초고 작성, 수정 보완, 보고서 완성 순으로 이루어진다

주제 정하기 → 자료 수집 및 선택 → 개요 구상 → 초고 작성 → 수정 보완 → 보고서 완성

주제 정하기

보고서를 쓰려면 우선 '무엇'에 대해 쓸 것인지 정해야 한다. 학생들이 작성해야 하는 과제는 대개 큰 틀의 주제는 정해져 있다. 하지만 세부적인 방향은 결국 보고서 작성자 몫이다. 교수자가 의도하는 주제 범주를 벗어나지 않되 포괄적인 사안보다는 구체적이고 초점이 분명한 주제를 잡는 것이 좋다. 주제 범위가 너무 넓거나 추상적이면 보고서 작성에는 애를 먹지만 정작 좋은 평가는 받지 못할 수도 있다. 따라서 구체적인 주제를 정하는 것이 보고서 작성에 유리하다. 한편 이공계에서 주로 작성하는 실험 보고서는 대개 어떤 원리에 따른 실험 주제가 제시되므로 별도의 주제 선정 절차를 생략할 수 있다.

자료 수집 및 선택

가장 먼저 활용할 자료는 자신의 배경지식이다. 그러나 현재 알고 있는 것만으로 좋은 보고서를 쓰기는 어렵다. 주제가 정해졌다면 그와 관련된 적절한 자료를 수집하고, 내용을 살펴 보고서에 꼭 필요한 것만 활용해야 한다. 이때 인터넷 자료에 무분별하게 의지하는 것은 주의할 점이다. 학생의 과제 수행 목적은 학습에 있다. 대학생이라면 참고 문헌과 논문 등을 통해 교과목이나 과제에 관한 이해도를 높이고 논리적인 사고에 입각한 보고서 작성을 위해 노력해야 한다. 이공계 실험 보고서 역시 주어진 절차에 따른 정확한 실험 수행을 위해서는 먼저 이론적 바탕이나 개념 등을 분명히 할 필요가 있다. 따라서 인터넷 검색뿐만 아니라 전문 서적, 논문, 사전, 전문 잡지, 신문, 인터뷰 등 가능한 한 다양한 자료를 찾아야 한다. 자료를 충분히 모은 후에는 종류와 가치에 따라 정리한 후 주제와 밀접한 내용을 중심으로 신뢰할만한 것을 선택한다. 사용하기로 한 자료들은 원문의 출처도 정확하게 기록해 보고서 작성 시 인용을 밝혀 쓴다.

개요 구상

선택한 자료를 보고서 작성 의도에 맞게 논리적으로 배열하기 위해서는 개요 작성에 소홀해서는 안 된다. 먼저 보고서의 제목과 주제문을 작성한 후 글의 목차를 구성해야 한다. 보고서의 요건을 제대로 갖추기 위해서는 서론, 본론, 결론을 나누고 각각의 주요 내용을 소제목으로 작성하는 단계가 필요하다. 보고서를 읽는 사람은 제목과 목차를 통해 보고서의 전개와 구성을 살핀다. 목차를 보면 글의 순서가 맞는지, 필요한 내용이 포함되어 있는지, 보고서의 핵심이 무엇인지 등을 한눈에 파악할 수 있다. 때로는 목차만으로도 그 보고서의 가치를 판단할 수도 있다. 보고서는 대개 일정한 정도의 형식성이 요구되며 이를 개요 작성을 할 때부터 염두에 두고 논리적인 구성을 고민해야 한다. 개요 작성이 구체적일수록 목차가 정교해지고 초고 작성도 훨씬 수월해지므로 몇 번의 수정을 거치더라도 완성도를 높여 두어야 한다.

초고 작성

초고는 논리적 흐름에 따라 서론, 본론, 결론을 나누어 쓰되 자료와 의견을 적절히 배치한다. 한 개의 단락에는 다섯 문장 정도를 구상하는 것이 논리적인 체계를 갖추기 쉽다. 서론에서는 보고서에 대한 호기심을 자극할 수 있도록 주의를 환기하는 내용과 본론에서 다룰 내용을 간략하게 담아 독자가 글의 방향을 짐작할 수 있도록 한다. 문제 제기는 정확하게 하되 너무 무겁고 어렵게 시작하지 않도록 주의한다. 서론은 전체 글의 1/5가량의 분량이 적당하다. 본론은 주요 과제를 해명하고 타당한 근거를 통해 주장을 증명하는 단계이다. 예시, 설명, 비교, 대조, 분석 등 다양한 글의 서술 방식을 활용해 자신의 주장을 논리적이고 체계적으로 전달한다. 가능하면 두괄식 구성으로 작성하고 때로는 자신의 주장과 반대되는 내용을 소개해 구체적으로 반박하는 것도 주장의 타당성을 세우는 방법이 될 수 있다. 보고서 결론은 일반적으로 핵심 요약과 부언으로 구성된다. 핵심 요약은 단순히 본론의 내용을 반복하는 것이 아니라 소주제들을 종합 정리해 새로운 차원의 결론을 도출해내는 것이 바람직하다. 부언은 보고서의 한계점이나 해당 사안에 대한 전망을 담는다. 결론 분량 역시 전체 글의 1/5 정도로 작성한다.

수정 및 보완

완성된 초고를 구성의 원칙, 부가의 원칙, 삭제의 원칙, 대체의 원칙에 따라 수정한다. 가장 먼저 보고서의 내용과 제목이 일치하는지 살피고 제목이 보고서의 성격과 전체 내용을 알 수 있도록 요점을 명확하고 간결하게 밝히고 있는지 확인한다. 너무 길거나 제목만으로 뜻을 전달하기 어렵다면 제목 아래에 부제를 쓴다. 보고서를 받는 사람은 제목만 읽고도 보고서의 내용을 예측할 수 있거나 다른 이슈와 함께 추론할 만한 능력을 갖춘 인물일 가능성이 크다는 점을 유념하자. 다음으로 보고서 작성 목적이 무엇인지, 어떤 주장을 하고 있는지 분명하게 밝혔는지, 보고서의 주제가 끝까지 유지되고 있는지, 논리적 비약은 없는지, 표현상의 오류나 사실을 왜곡한 부분은 없는지 확인한다. 필요하면 자료를 보충하고, 오자는 바르게 고친다.

보고서 완성

보고서는 표지와 목차, 본문과 주석, 참고 문헌까지 모든 형식을 빠짐없이 갖추어야 한다. 따라서 표지 내용과 그 밖에 인용 자료에 대한 표기, 참고 문헌 페이지 작성이 글쓰기 윤리에 따라 정확한지 검토한 후 목차와 페이지 일치 여부, 표와 그림 등의 번호순이 제대로 지켜졌는지도 확인한다. 마지막으로 전체적인 체계, 용어, 사용의 일관성, 표기의 오류 등을 점검해 문제가 없다면 완성본을 제출한다.

3. 보고서의 유형

에세이형 보고서

에세이는 형식에 구애받지 않고 자기 생각이나 감상을 자유롭게 쓰는 글의 갈래다. 대학생 특히 교양 교과목을 많이 수강하는 저학년 학생들은 에세이형 보고서 과제를 수행하는 일이 잦다. 교수자에 따라 일정한 조건이나 형식이 정해지기도 하지만 인문학이나 사회과학 등 주제를 폭넓게 다루는 교과목 등에서는 특별한 형식을 지정해두지 않는다. 넓게는 체험보고서, 감상보고서, 주제보고서, 학술보고서 등이 모두 포함되나 논리적 의견 표명을 원칙으로 한다는 점에서 중수필로 분류할 수 있다.

대학에서 과제 수행은 교수의 물음에 학생이 글로 답하는 의사소통 과정이다. 따라서 교수의 의도와 요구 조건이 무엇인지 정확하게 파악하는 것이 우선이다. 주제가 정해진 경우라면 논지에서 벗어나지 않도록 하며, 주제를 학생 자신이 정해야 한다면 강의 내용과 밀접하면서 사회적으로 공론화됐거나 꼭 해결이 필요한 문제, 비판적 성찰이 가능한 주제를 선정하는 것이 바람직하다.

에세이형 보고서 작성은 사안이나 질문에 대한 깊은 사고와 주어진 문제에 대한 논리적인 생각 전개를 염두에 두어야 한다. 그러기 위해서는 자신이 쓰고자 하는 글의 주제를 명확하게 정한 후 참고자료를 충분히 확보해 글의 처음, 가운데, 끝을 체계적으로 구상해야 한다.

예시 | 에세이형 보고서

'○○○ 수업'을 통한 사고의 변화

'나는 누구인가?' 성장 과정에서 교훈으로, 혹은 교과서 속 질문으로 많이 접해 왔던 물음이다. 하지만 나는 정체성 확립의 필요성을 느끼지 못했고, '인간', '평범한 학생' 등으로 스스로를 단순하게 정의해 왔다. 누군가 인생의 목표를 물어올 때도 깊은 생각 없이 '행복한 삶'이라 답했을 뿐, 왜 행복한 삶을 원하는지, 행복한 삶이란 무엇을 의미하는지 고민해 보지 않았다. 스스로 가치를 없애 버린 하루는 지루했고, 이러한 태도는 삶에 대한 무기력감으로 이어졌다. 성인이 되어 변화가 필요하다고 생각한 때에 이 교과목을 통해 무비판으로 시간에 이끌려 살아온 지난날을 돌아볼 수 있었다. 이 글에서 그 변화들을 설명하고자 한다.

찰스 테일러가 이야기하는 자기 진실성이란 자기 생각, 믿음, 행동, 언어 등을 관통하는 일관된 고유성으로 자신의 고유성과 독자성에 충실하자는 것이다. 자기 진실성에 따른다는 것은 마음속 내면의 목소리에 귀를 기울이는 일로, 이것이 곧 도덕이 되며 옳고 그름을 판단하는 기준이 된다. 나 또한 인간의 정체성과 고유성을 만드는 것은 내면의 목소리라고 생각했다. 어려울 필요도, 고민할 필요도 없이 순간순간 들려오는 목소리를 따르는 것이 그저 정체성을 완성하는 것이라 믿었다. 그 과정에 타인의 고유성과 독자성은 고려하지 않았고 무관심과 단순한 상대주의에 매몰되어 있었으므로 진정한 존중 역시 없었다.

찰스 테일러의 자기 진실성을 깊게 들여다보니, 내가 '본성의 목소리'에만 집중해 비판적으로 사고하지 못했던 부분을 꼬집고 있었다. 그가 말하는 자기 진실성의 윤리는 타인과 서로 간의 자기 진실성 인정을 필수로 한다. 교양을 바탕으로 한 타인과의 진정한 대화를 통해 사색하고, 그 과정에서 각자의 자기 진실성을 찾아 나가는 것이다. 내가 단순히 '자신만의 도덕적 기준'만을 강조하고 있었다면, 테일러는 자기 자신의 도덕적 기준에 충실하면서도 타인과의 교감을 통해 합리성과 객관성을 갖춘 자기 진실성을 추구한 것이다.

테일러를 통해 내 생각의 비판점을 발견하면서, '정체성과 고유성, 자기 진실성

추구가 왜 필요한가?'라는 의문을 갖게 되었다. 제대로 형성되지 못한 정체성에서 비롯된 자기 진실성의 추구는 극단적인 상대주의나 개인주의로 변화될 가능성이 있으며, 내가 그랬던 것처럼 사회나 삶에 대한 무기력증과 무관심으로 이어질 수 있다. 그러나 자기 진실성을 추구하는 사람은 자기 자신에게 진실해 자아실현의 욕구가 강하고, 자신의 목표와 이상에 충실한 삶을 위해 노력한다. 또한, 타인과의 관계에서 의미를 찾으려고 하므로 독단적인 태도 대신 타인의 말을 경청하고, 자신의 행동이 사회에서 통용되는 도덕적 기준에 충실한지 여러 관점에서 살펴보게 될 것이다. 이는 옳고 그름에 대한 절대적 기준이 아닌, 그것이 왜 옳고 왜 그른지, 그 옳고 그름의 잣대는 무엇이어야 하며, 그것이 개인적 삶과 사회적 정의에 어떻게 부합할 수 있는지를 사유하고, 사고하는 사람의 기본이다.

행복은 한순간, 하루 혹은 인생의 어떤 한 국면이나 단계에서 얻을 수 있는 것이 아니며, 인간의 생애 전체를 통해서 인간의 본질을 발현하고 실현하는 지속적인 활동성이라는 아리스토텔레스의 의견은 단순히 '기분 좋은 것'이 행복이라 여겼던 나에게 새로운 시각을 마련해 주었다. 이전에는 인생 전체라는 거시적인 관점에서 행복을 생각해본 적 없었다. 하지만 우연으로 발생하는 어려움을 인간의 본질인 정신의 고귀함으로 품위 있게 견뎌 내고 극복하는 것, 이것이 정말 인간다운 삶을 살며, 행복한 삶으로 가는 길로 이어진다고 느끼게 되었다. 이제 순간적인 쾌락이 진정한 행복이라 생각하지 않는다.

내가 이 수업을 통해 배운 것은 단순한 이론이 아니었다. 나 자신을 돌아보고, 삶의 의미를 충족하기 위해 어떻게 살아야 할지 스스로 생각하게 되었으며, 그 과정에서 관점과 방법을 고민하게 되었다. 정체성과 행복, 나의 사고와 사유를 대하는 태도가 달라지면서 삶에 대한 태도 역시 달라졌다. 물론 아직 정체성과 행복에 대한 나만의 생각을 확실히 정립할 수는 없지만, 행복을 추구하는 과정에서 나의 정체성, 고유성을 가져야만 진정으로 행복해질 수 있음을 깨달았다. 나는 순간의 욕구와 쾌락이 아니라 인생에 있어서 진정한 행복은 무엇인지, 왜 그것을 추구하며 살아야 하는지를 고민하고, 또 그 과정에서 필요한 비판적이고 합리적인 사고를 추구하며 살아갈 것이다. 잠깐이 아닌 인생의 전체를 가치 있는 시간으로, 삶의 의미를 충족하는 사람이 되고자 한다.

문제해결형 보고서

대학 생활 중 다수의 교과에서 제시되는 과제로 '문제해결형 보고서'가 있다. 사회가 복잡해지고 삶의 영역이 분화되면서 이전에는 없던 문제가 발생하고 다양한 의견들이 대립한다. 문제를 정확히 인식해 비판적인 안목에 따라 자신의 의사를 밝히고 다른 이들을 설득하거나 공감을 얻는 능력이 더 중요해졌다. 문제해결형 과제는 어떤 사안에 대한 원인을 찾아 그 해결책을 제시하는 데 목적이 있다. 따라서 문제점 확인, 원인 분석, 해결책 제시 순으로 보고서를 작성해야 한다. 물론 이 과정에서도 주제 관련 다양한 자료의 탐색과 요점 정리가 필요하다.

문제해결형 보고서도 형식은 표지, 목차, 서론, 본론, 결론, 참고 문헌, 부록으로 구성된다. 서론에서 먼저 주어진 문제를 진단하는 내용과 그러한 문제가 우리 사회에 어떤 피해를 주는지 밝힌다. 본론에서 문제 현상과 원인을 다각도 분석한 후 가능한 구체적이고 명료한 해결책까지 제시한다. 결론에서 주요 내용을 간결하게 요약하거나 문제의 심각성을 다시 언급한 후, 자신이 제시한 문제 해결책의 한계나 향후 더 해결해야 할 과제 등으로 마무리한다.

예시 | 문제해결형 보고서

여성에 대한 자기결정권 존중이 우선

우리나라가 당면한 국가 문제 중 하나는 바로 저출산이다. 유엔인구기금(UNFPA)이 발간한 2021년 세계 인구 현황 보고서에 따르면, 한국의 합계 출산율은 조사 대상 198개 국가 및 지역 중 꼴찌이다. 2020년 출산율인 0.84는 역대 OECD 국가가 기록한 가장 낮은 출산율로, 대한민국의 미래가 위태로움을 여실히 보여주고 있다.[1] 지난 10년간 80조 원의 예산을 썼을 만큼 국가에서 저출산 문제 해결에 총력을 다하고 있지만, 상황은 나아질 기미가 보이지 않는다. 천문학적인 비용과 강산이 뒤바뀌는 시간에도 해당 문제가 해결되지 않는 가장 근본적인 이유는, 저출산이라는 국가 위기의 책임을 고스란히 '여성'에게 전가하고 있는 우리 사회의 분위기 때문이다.

2016년 행정부는 '대한민국 출산지도'를 제작했다. 국내 지역별로 가임기 여성의 수와 순위를 알려준 해당 지도는, 가임기 여성의 분포만을 표기함으로써 사회와 국가가 출산을 여성의 문제로만 국한하고 있음을 보여 줬다. 여성을 '출산 기계'로써 도구화·대상화하는 성차별적인 발상이 다름 아닌 국가 기관 서비스로 고스란히 드러난 것이다.

다음 해인 2017년, 한국보건사회연구원의 저출산 대책 연구 보고서에서는 저출산에 대한 대책으로 '여성 채용 시 스펙을 위한 휴학·연수·자격증 취득에 불이익을 주는 방안'을 제시하고 있다.[2] 혼인 시장에 들어오는 여성의 나이와 학력을 낮춰 혼인을 유도하고, 이를 높은 출산율로 잇자는 발상이다.

그렇다면 여성이 출산한 뒤는 어떨까? 사회가 혼인과 출산의 책임을 모두 여성에게 전가했듯이, 보육 책임 역시 마찬가지이다. 2018년 SNS에 한 임산부의 하소연이 있었다. 보건소 측이 '모유 수유 서약서' 동의를 강제했다는 것이다. 서울의 25개 보건소 중 일부는 몇 년 전부터 임산부에게 모유 수유 서약서의 작성을 권고하고 있다.[3] 서약서 작성 시 소정의 생활용품을 제공하거나, 작성하지 않는 임신부를 붙들고 길게 설득하거나 싸늘한 시선으로 눈치를 주는 곳도 있다고 한다. 심지어는 서약서가 필수 동의 사항인 것처럼 임산부가 작성하는 서류 사이에 끼워 두는 곳도 있다. 모유 수유와 관련된 정확한 정보를 제공한다는 홍보 취지는 좋을 수 있으나, 이 서약서는 여성을 향한 또 다른 압박에 불과하다.

한국의 많은 여성이 아이를 낳음과 동시에 일자리 불안을 경험한다. 한국보건사회연구원에서 발표한 '2015년 전국 출산력 및 가족보건복지실태조사'에 따르면, 첫째 아이 출산 전후 6개월간 취업 중이었던 기혼여성의 경력단절률은 평균 44.6%이다. 공무원, 국공립 교사는 11.2%, 민간기업 종사자는 49.8%, 비정규직 노동자는 무려 71.1%이다. 공무원을 제외한 출산 여성 두 명 중 한 명은 경력이 단절되고 사회적 지위 일부를 잃게 되는 것이다.[4] 그러나 이러한 성차별적 노동환경과 여성 비정규직, 성별 임금 격차, 불평등한 일·가정 양립 같은 보다 근본적인 문제는 주목받지 못한다. 사회적으로 강요에 따라, 혼인·임신·출산·육아와 그로부터 비롯되는 저출산의 책임이 대부분 여성의 몫이 되는 것이다.

혼인과 임신, 그리고 출산은 사실 생명·신체에 대한 자기결정권을 비롯해 성적 자기결정권과도 관련된 사적인 영역의 문제이다. 자기결정권은 인간의 존엄과 가치, 행복추구권의 내용 중 하나로, 가장 기본적으로 보장되어야 하는 권리이다. 하지만 출산이 인구문제, 곧 공동체와 사회 존속이라는 국가 명운의 문제로 이어진다는 이유로 그간 사회와 국가의 통제가 정당화되어 왔다. 인권 침해와 불평등, 차별을 없애고 진정한 저출산 해결로 나아가기 위해서는 혼인 및 출산 관련 부분에서 여성의 주체성과 자율성이 보장되어야 한다.

'나는 내 아기를 위해 내가 줄 수 있는 건강과 사랑의 결정체인 모유를 먹일 것을 서약합니다.' 모유 수유 서약서의 일부인 이 문장은, 언뜻 아름다운 모성을 보여주는 것처럼 느껴진다. 그러나 이 서약서 속에는 출산 직후 망가진 산모의 건강도, 경력단절의 불안으로 급히 일터에 복귀해야만 하는 현실도 반영되지 않았다. 한 사람의 인격은 '가임기 여성', '혼인 가능성', 혹은 '임산부'라는 단어와 가치로 대변될 수 있는 것이 아니다. 그 누구도 특정 성별을 가졌다는 이유로 어떠한 사회적 역할과 책임을 강요받아서는 안 된다. 임신과 출산이 생물학적으로 여성에게만 존재하는 기능임은 맞지만, 이는 개인의 자기결정권으로 결부되는 특성일 뿐 모든 책임을 여성이 짊어져야 하는 근거가 될 수 없다. 차별적인 시선과 특정 계층을 향한 책임 전가가 사라진, 개개인의 인권이 제대로 보장된 사회. 그 기반이 마련될 때 진정으로 새 생명이 잉태되고 자랄 수 있는 땅이 된다는 것을 국가와 사회가, 그리고 우리 스스로가 기억해야 한다.

---

1) 조기원, 「한국 출산율 198개국 중 198등…2년 연속 '꼴찌'」, 《한겨레》, 2021.04.04., https://www.hani.co.kr/arti/international/international)_general/991023.html.
2) CBS 시사자키 제작팀, 「"사상 최저 출산율…꼭 결혼하고 아이 낳아야 하나요?"」, 《노컷뉴스》, 2017.03.01., https://www.nocutnews.co.kr/news/4741783
3) 진달래, 「보건소 '모유수유 서약서' 어떻게 생각하시나요?」, 《머니투데이》, 2018.06.18., https://news.mt.co.kr/mtview.php?no=2018060408283958886
4) 장하나, 「'맘충은 노키즈존에서 나가라'는 당신께」, 《한겨레》, 2017.08.27., https://www.hani.co.kr/arti/politics/politics_general/808448.html

조사 보고서

사회과학을 비롯한 상경 계열이나 자연계 교과목 수업에서 다양한 현상에 관한 조사 보고서 과제가 많이 제시된다. 이런 경우 기본 조사와 관찰을 함께 진행하고 보고서를 작성하기도 한다. 고객의 구매 습관이나 제품 또는 서비스 제공에 대한 만족도를 묻는 시장조사 보고서나, 특정 사안에 대한 실태 파악을 위해 실시하는 각종 설문조사 보고서, 사례조사 보고서가 있다. 그 밖에 이공계 계열에서 실시하는 강이나 바다의 오염 실태와 같은 현장 조사 보고서 등도 모두 조사 보고서에 속한다.

서론에서 먼저 조사 개요를 간단히 소개한 후 조사 목적과 방법, 조사 범위 등을 제시한다. 조사 방법에 따라 결과의 차이가 발생하므로 조사 대상과 도구, 조사 절차와 순서 그 밖에 시기 등 빠짐없이 구체적으로 기술해야 한다. 본론에서 조사 결과를 정리해 설명하되 수치 결과는 표 또는 그래프, 통계 등을 활용해 한눈에 조사 결과를 알 수 있도록 하고 간단한 문장으로 분석을 덧붙이는 것이 일반적이다. 그 밖에 조사 주제와 관련한 다른 조사의 결과를 비교하는 내용도 본론에 추가할 수 있다. 결론에서 서론과 본론의 내용을 간략하게 요약하고 해당 조사의 특장점을 기술하거나 작성자의 의견이나 제안을 덧붙여 보고서를 마무리한다.

조사 보고서의 형식

구성		내용
표지		• 제목(조사 주제 분명히 드러나게) • 기본 사항(교과목명, 교수명, 제출일, 소속, 성명)
목차		본문, 표, 그림 순
본문	서론	• 조사 개요(방법, 일시, 장소, 참여자) • 조사 목적 및 방법 • 조사 범위
	본론	• 조사 내용 • 조사 결과 설명
	결론	결론 및 의견
끝		• 참고문헌 • 부록

예시 | 조사 보고서

친환경의 뒷모습, 그린워싱

1. 그린워싱이란?

그린워싱(GreenWashing)은 실제로는 친환경적이지 않지만 마치 친환경적인 것처럼 홍보하는 '위장환경주의'를 말한다.[1] 최근 많은 기업과 국가들이 ESG 경영(Environment + Social + Governance)을 선포하면서 친환경, 사회적 책임경영, 지배구조 개선 등의 경영 및 정책을 고려하고 있다. 기후 위기에 대응해 올바른 친환경 체계를 구축하는 기업 및 국가들이 있긴 하지만 제품의 생산과 정책 시행의 일부 과정만을 부각해 친환경으로 가장하는 이들도 생기기 시작했다. 상품 생산이나 유통 과정에서 환경적 속성이나 효능에 관한 표시나 광고를 허위 또는 과장해 친환경 이미지만으로 경제적 이익을 보는 행위가 민간기업은 물론 공공기관이나 정부에 의해 자행되기도 한다. 이러한 흐름은 친환경 정책에 대한 세계시민의 신뢰를 무너뜨리고 오히려 기후변화에 악영향을 끼칠 수 있다.

본 보고서는 국내외 언론사에서 취재한 한국을 비롯한 국가별 그린워싱 사례와 다국적 기업의 그린워싱 사례 조사이다.

2. 그린워싱의 7가지 죄

캐나다의 친환경 마케팅 기업 테라초이스(TerraChoice)가 2007년 'The Six Sins of Greenwashing: A Study of Environmental Claims in North American Consumer Markets' 보고서를 발표한 후 2010년도에도 'The Sins of Greenwashing Home and Family Edition 2010'을 발표했다. 보고서에서 테라초이스는 '그린워싱의 7가지 죄악'[2]을 명시하였고, 이는 그린워싱의 판단 준거로 인식되고 있다.

① 상충효과 감추기 (Hidden Trade-Off)	아주 작은 부분에 기초해 환경친화적이라고 라벨링하는 경우
② 증거 불충분(No Proof)	라벨 또는 제품 웹사이트에 쉽게 알 수 있는 증거를 제시하지 않고 환경적이라고 주장하는 경우

③ 애매모호한 주장 (Vagueness)	너무 광범위하거나 제대로 이해할 수 없는 용어 사용하는 경우
④ 관련성 없는 주장 (Irrelevance)	친환경적인 제품을 찾을 때 기술적으로는 사실이지만, 구별되는 요소가 아닌 점을 진술하는 경우
⑤ 두 가지 악 중 덜한 것 (Lesser of Two Evils)	범주가 전체적으로 환경적이지 않을 때 그 범주에 있는 다른 제품보다 더 환경적이라고 주장하는 경우
⑥ 거짓말(Fibbing)	사실이 아닌 점을 광고하는 경우
⑦ 허위 라벨 부착 (Worshiping False Labels)	허위인증 라벨 사용해 실제 존재하지 않는 제3자 검증 또는 인증을 가진 제품으로 암시하는 경우

3. 국가 정부의 그린워싱 사례

3-1. '기후 악당(Climate Villain)'으로 불리는 대한민국의 그린뉴딜 정책[3]

2020년 7월 한국 정부는 탄소 의존 경제를 저탄소 경제로 바꾸겠다고 공언했다. 2025년까지 온실가스 감축, 신재생에너지 사용 증가, 전기차와 수소차 보급 등의 그린뉴딜 정책 계획을 세운 것이다. 하지만, 이러한 친환경 정책을 실행한다면서 해외에 석탄화력 발전소를 수출하는 모순적인 행보를 보였다. 화력발전소 사업은 궁극적으로 글로벌 기후변화 상황을 악화시킨다. 국내에서는 석탄화력발전 비중을 줄이면서 해외에서는 특히 저개발국가에 수출하며 대한민국의 그린뉴딜 정책은 국제적 비난을 받았다.

3-2. 온실가스 배출량 감축에 부정확한 정보 제공한 오스트레일리아 정부[4]

오스트레일리아는 얼마 전 다른 국가들보다 더 빨리 온실가스 배출량을 줄이고 있다고 주장했다. 하지만 그 근거인 통계가 정확한 자료가 아니었다. 그들은 2005년 이후 온실가스 배출량을 약 20% 감소시켰다고 했으나 당시 오스트레일리아는 국가 내 산림 벌채가 최고조에 달해 있던 때로 온실가스 배출량 감축을 위한 목표를 2005년을 기준으로 삼은 것은 적절하지 못하다. 또 2017년과 2019년 사이에 온실가스 배출량 감축 주장 역시 당시 전염병과 물 부족으로 소의 개체 수가 급격히 줄었던 상황이라 단기적 현상이 나타난 것뿐이었다. 오스트레일리아는 국가 전력 생산의 70%를 석탄에 의존하고 있다. 그래서 인구수 55위임에도 온실가스 배출량은 전 세계 15위권이다. 기후변화에 큰 영향을 미치는 석탄 의존은 외면한 채 다른 면만을 부각하는 것은 온당치 않다.

4. 기업의 그린워싱 사례

4-1. 스타벅스의 리유저블 컵 캠페인 [5)]

2021년 가을 스타벅스는 136만 개의 리유저블 컵을 국내에 판매했다. 일회용품 사용을 줄이기를 목적이었던 이 컵들은 플라스틱 재질에, 충분히 사용되지 않은 채 대부분이 버려졌다고 한다. 스타벅스는 이 캠페인을 진행하며 이벤트성 텀블러 등을 생산하고 판매했다. 환경 보호보다 친환경 이미지를 악용하여 매출을 올리려 한 의도가 엿보인다.

4-2. 마이크로소프트의 이중적 행보 [6)]

2020년 1월 MS의 경영진은 2030년까지 탄소 네거티브를 달성하겠다는 결정을 발표했다. 탄소 네거티브는 탄소 중립을 넘어서 이산화탄소 순 배출량을 마이너스로 만들겠다는 것이다. 또 2050년까지 회사가 세워진 1975년 이후부터 배출한 모든 탄소를 제거하겠다는 목표도 밝혔다. 하지만 MS는 탄소배출권을 발표한 바로 그 주에 사우디아라비아에서 열린 석유 콘퍼런스를 후원했다. 또 MS는 엑손모빌과 제휴를 맺었는데 MS는 협약식에서 엑손모빌과의 파트너십이 석유와 가스 생산을 2025년까지 매일 5만 배럴까지 확대할 수 있는 잠재력을 가지고 있다고 발표해 물의를 일으켰다.

5. 그린워싱 방지 방안

영국 공정거래위원회의 2021년 1월 조사에 따르면, 그린워싱 사례 중 50% 이상은 소비자가 판단할 수 있을 만큼 충분한 정보를 제공하지 않아서 발생한다. 공공기관뿐 아니라 민간에서도 투명하고 정확하고 이해하기 쉬운 정보 제공을 체계화해야 한다. 또한 기업의 환경성과를 평가하는 표준평가체계 및 위반 시 엄격한 제재

등 사전·사후관리를 위한 제도 구축이 필요하다. 제품의 진정한 환경성은 제품의 일면만 보고 판단할 것이 아니라 '전 과정 평가'에 의해 판단되어야 한다. 끝으로 상품 또는 기업을 선택하는 최종 소비자의 인식이 가장 중요하다. 온·오프라인의 다양한 매체를 통해 그린워싱에 대한 홍보 및 교육 방안을 마련하는 등 소비자의 인식을 확장해 나갈 필요가 있다. 기후위기 시대, 소비자가 최종 선택자로서 '소비자 주권'이라는 강력한 무기를 가지고 있음을 인지할 수 있도록 소비자주권 운동을 확산해야 한다.

---

1) 박현욱, 「[신조어 사전] 그린워싱」, 《서울경제》, 2021.06.13., https://www.sedaily.com/NewsVIew/22NMDKRIZ6
2) ACADEMIA, TerraChoice, 2007.11., https://www.academia.edu/3480493/6_sins_of_greenwashing_A_Study_of_Environmental_Claims_in_North_American_Consumer_Markets_TerraChoice_Environmental_Marketing_Inc_November_2007_
3) 강연주, 「한국, 지금도 석탄화력 5기 건설 중인 기후악당국」, 《경향신문》, 2021.08.30., https://m.khan.co.kr/economy/economy-general/article/202108302141015#c2b
4) REUTERS, Antony Currie, 'Breakdown: Beware Aussie net-zero greenwashing', 2021.10.27., https://www.reuters.com/breakingviews/breakdown-beware-aussie-net-zero-greenwashing-2021-09-27/
5) 이예랑, 「친환경 마케팅의 함정 '그린워싱'… 스타벅스 리유저블 컵 논란」, 《CEOSCORE DAILY》, 2021.10.01., https://www.ceoscoredaily.com/page/view/2021093015535083554
6) 박지은, 「ESG 지수 1위 기업, 마이크로소프트의 이중적 행보...그린워싱 우려」, 《한스경제》, 2021.11.30., http://www.sporbiz.co.kr/news/articleView.html?idxno=603601

실험 또는 관찰 보고서

자연계열 또는 이공계열에서 주로 작성하는 실험 또는 관찰 보고서는 정해진 주제와 관련된 실험이나 관찰을 실행하고 이를 통해 얻은 연구 결과를 정리해 보고하는 글이다. 학생들은 실험을 준비하고 실험 결과를 도출하는 과정을 통해 책이나 강의에서 배운 개념과 원리를 터득하고 법칙을 이해할 수 있게 되며 분석 능력이 높아진다. 실험 또는 관찰 보고서는 사실대로 정확하게 기록하는 것이 매우 중요하므로 앞서 설명한 다른 보고서에 비해 엄격한 형식을 갖추어야 한다.

먼저 표지에 실험 제목, 실험 주제, 실험 일자, 실험자 등의 실험 관련 기본 정보를 명확하게 기재해야 하며 실험 제목을 실험 주제가 분명하게 드러나도록 작성한다.

서론에서 실험이나 관찰 주제와 개요, 필요성, 목적 등이 명료하게 나타나야 한다. 배경 이론이나 기본 원리 등 관련 지식을 소개하거나 실험 결과 예측 등의 내용을 포함하기도 한다. 본론에서 가장 먼저 실험이나 관찰 방법 및 장치 구성, 재료에 대한 설명을 상세하게 기록한다. 다음으로 실험을 통해 얻은 결과를 사실대로 정확하게 기록하되 도표나 그래프 등을 이용해 독자의 이해를 돕는다. 이 실험 결과를 토대로 앞서 제시한 이론과 실험의 일치 여부를 검토하고, 일치하지 않는 경우 원인에 대한 분석 등을 기록한다. 결론에서 실험이나 관찰 내용을 간단히 분석해 그에 대한 최종 결론을 쓴다. 또 실험을 통해 깨닫게 된 개선이 필요한 사항이나 다음 실험에 도움이 될 아이디어 등을 기술한 후 마무리한다.

실험 · 관찰 보고서의 형식

구성		내용
표지		• 제목(실험 · 관찰 나타나게) • 실험 정보(실험명, 주제, 일자, 실험자) • 기본 사항(교과목명, 교수명, 제출일, 소속, 성명)
목차		본문, 표, 그림 순
본문	서론	• 실험 · 관찰 개요(실험 · 관찰 명, 일시, 장소, 방법, 도구) • 실험 · 관찰 목적 • 실험 · 관찰 범위
	본론	• 실험 · 관찰 방법 및 도구 • 실험 · 관찰 내용분석 • 실험 · 관찰에 결과 설명
	결론	결론 및 의견
끝		• 참고 문헌 • 부록

인터페이스(자유낙하) 실험 결과 보고서

1. 실험 목적

① Interface를 통한 측정방법을 이해한다.

② 자유낙하 물체의 운동을 이해하고, 중력가속도의 값을 측정한다.

2. 관련 이론

• DataStudio란

중력장 DataStudio는 750 인터페이스에 연결된 센서에서 감지된 데이터를 표시, 분석, 저장하는 프로그램이다. 이러한 소프트웨어는 PASCO 인터페이스 및 센서와의 작업을 통해 데이터를 수집하고 분석한다. 사용자는 DataStudio를 사용하여 일반 과학, 생물학, 화학, 물리학에서 모든 등급의 실험을 생성하고 수행할 수 있다.

• Display

데이터의 결과를 표시하는 도구로 원하는 아이콘을 더블 클릭을 하거나 위 DATA의 측정수치로 이동을 한다. 데이터 요약 컬럼에서 실행되는 센서 또는 데이터를 열려 있는 디스플레이에 드래그하면 다수의 데이터 타입을 디스플레이에 표시할 수 있다. 일부 디스플레이는 센서 또는 실험 조 건에 따라 다른 디스플레이들보다 유용할 수 있다.

• DATA

중력센서를 선택하면 센서 아래에 Measurement에 표시된 변수에 체크를 하면 표시된다. 데이터를 표시하려면, 센서 또는 데이터를 디스플레이와 연동시켜야 한다. 요약 패널의 하단 영역에서 요약 패널의 상단 영역에 있는 센서로 디스플레이 타입을 드래그하면 센서 또는 표적 데이터 세트에 대한 디스플레이가 생성된다.

• Setup

실험 구성(Experiment Setup) 창을 활성화하려면 Setup(구성) 버튼을 클릭한다. 이 창을 사용하면 센서를 선택하고 실험 조건을 설정할 수 있다. 소프트웨어가 인터페이스를 즉시 인식하지 못하는 경우, Change(변경) 버튼을 클릭하고 Please Choose Data Source(데이터 소스를 선택하십시오) 창의 목록에서 인터페이스를 선택한다. 이제, Experiment Setup(실험 구성) 창에 선택한 인터페이스가 표시된다. 인터페이스를 변경하거나 재 설정시 Setup-Choose Interface를 눌러 선택을 할 수 있다

• 중력가속도 원리

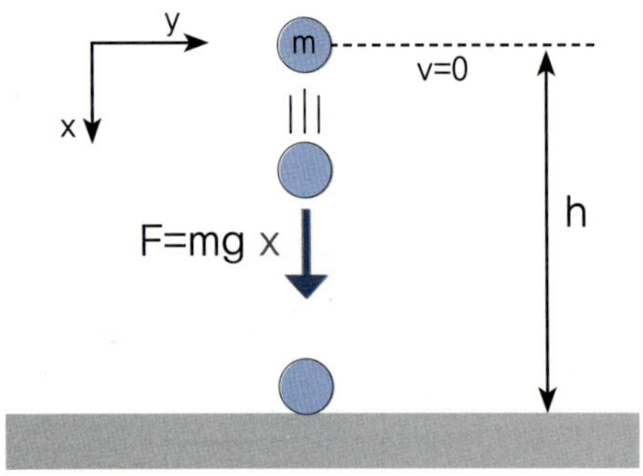

그림과 같이 정지 상태의 질량 m인 구슬을 이용하여 높이 h에서 자유낙하 운동을 시킬때, 물체에 작용하는 힘 F는 다음과 같이 나타낼 수 있다.

$$F = ma$$
$$F = mg$$

(자유 낙하 운동이므로 가속도 a는 중력가속도 g로 쓸 수 있다.)

(중략)

3. 실험 방법

준비물: Interface, drop box, control box, 자, 구슬 3종류(쇠구슬, 플라스틱 구슬), 고정 막대, time of flight

A. 에어트랙을 이용한 역학적 에너지 측정

① 낙하 높이를 정한 후 drop box를 스탠드에 고정한다.

② 낙하 지점에 time of flight를 설치한다.

③ 낙하 높이 h와 구슬의 질량을 측정하여 기록한다.

④ 구슬을 drop box에 연결한 후 자유 낙하한다.

⑤ h값을 변화한 후 ④의 과정을 3번 반복하여 시간 t의 평균값을 구한다.

⑥ 구슬의 질량 m과 지름을 변화시켜 반복 실험한다

4. 실험 결과

높이 h [m]	1		t[s]				
구슬 종류	m [kg]	r [m]	1회	2회	3회	4회	5회
쇠공	0.066	0.0125	0.4560	0.4528	0.4530	0.4531	0.4532
골프공	0.046	0.0213	0.4544	0.4538	0.4539	0.4541	0.4541
플라스틱공	0.01	0.0127	0.4528	0.4543	0.4547	0.4565	0.4556

• m은 구슬의 질량, r은 구슬의 반지름

구슬종류	t 평균값 [s]	중력가속도 g [m/s^2]	오차율 (%)
쇠공	0.45362	9.7195	0.8214
골프공	0.45406	9.7007	1.0132
플라스틱공	0.45678	9.5855	2.1895

높이 h [m]	0.5		t[s]				
구슬 종류	m [kg]	r [m]	1회	2회	3회	4회	5회
쇠공	0.066	0.0125	0.3197	0.3197	0.3199	0.3200	0.3200
골프공	0.046	0.0213	0.3202	0.3201	0.3205	0.3202	0.3199
플라스틱공	0.01	0.0127	0.3236	0.3203	0.3198	0.3261	0.3203

• m은 구슬의 질량, r은 구슬의 반지름

구슬 종류	t 평균값 [s]	중력가속도 $g[m/s^2]$	오차율 (%)
쇠공	0.31986	9.7742	0.2816
골프공	0.32018	9.7546	0.4633
플라스틱공	0.32202	9.6435	1.5969

5. 분석 및 토의

자유낙하 조건에 따라서 오차율은 어떤 변화를 보였는지 분석해 보자. 첫째, 무게에 따른 오차율의 변화가 있었다. 무거울수록 더 적은 오차율을, 가벼울수록 더 큰 오차율을 보였다. 실제 실험 환경에서 무게가 클수록 공기 저항이 미치는 영향은 줄어들기 때문에 이러한 변화를 보이는 것이다. 둘째, 높이에 따른 오차율의 변화가 있다. 1m 실험이 0.5m 실험에 비해 더 큰 오차율을 보였다. 이것은 낙하 거리가 길수록 공기의 저항을 더 많이 받기 때문이다. 마지막으로 공의 표면에 따른 오차율의 변화가 있었다. 골프공에 파인 작은 홈들을 딤플이라고 부르는데, 이것은 난류층을 만들어 공 주위의 공기를 보존해 경계층의 분리를 지연시켜 주고, 그 결과 공 전체의 기압 차이가 감소하게 되어 항력이 줄어들게 된다. 따라서 골프공의 무게는 플라스틱 공보다 쇠공에 가까움에도 불구하고, 오차율은 플라스틱 공에 가까운 수치를 보이는 것이다.

6. 결론

이상으로 자유낙하 실험을 진행했다. 자유낙하 물체의 운동을 이해하고, 중력가속도의 값을 측정해 이론값과 같은지를 확인하기 위함이었다. 그러나 실험에서의 측정값은 이론값과 차이가 있었다. 그 이유를 분석한 결과는 다음과 같다.

첫째로, 공기 저항을 생각해 볼 수 있다. 진공 상태에서 실험하지 않는 한, 공기 저항이 발생하므로 오차가 발생할 수밖에 없다. 둘째로. 측정에 한계가 있어 오차가 발생했을 것이다. 사용하는 구슬의 밑면을 기준으로 측정을 진행해야 하므로, 반지름을 측정한 뒤 낙하 거리 설정을 할 필요가 있었다. 이 과정에서 미세하게 발생한 오차가 실험 결과에 영향을 주었을 것이고, 계산 과정에서 그 오차가 더 커졌을 것이다. 그 외에 각 공이 가진 조건에 따라 오차율에 변화가 있었을 것이다. 오차는 다양한 원인에 의해 발생하고, 이러한 오차를 줄이기 위해 실험 횟수를 늘려 실험을 진행했다. 실험 상황에서 공기 저항 등의 외부 영향을 최대한 줄이는 방법으로 실험을 진행한다면 오차율이 더욱 줄어들 것이라는 사실도 알아낼 수 있었다. 다음 실험에서는 이러한 점들을 유념해 실험을 진행해야 한다.

참고문헌

신규승 외, 『일반 물리학』, 형설 출판사, 2019.

임헌화 외, 『일반 물리학 실험』, 형설 출판사, 2011.

4. 보고서 작성 시 유의 사항

다독(多讀), 다작(多作), 다상량(多商量)은 모든 글쓰기에 예외 없이 적용된다. 교수가 수업 시간에 보여 주는 모범 보고서나 선배들이 작성한 보고서 중 평가 결과가 좋았던 보고서들을 구해 저장해 두고 많이 읽는 것도 보고서 작성 실력을 기르는 방법이 될 수 있다. 그런 보고서를 그대로 베끼라는 것이 아니다. 좋은 보고서를 많이 읽어 두면 기본 형식을 익힐 수 있을 뿐 아니라 연구 주제 등과 관련한 새로운 아이디어를 얻거나 적절한 문장 구사 방식을 터득할 수 있다.

새로운 아이디어는 갑자기 생기지 않는다. 다양한 정보를 수집하고 고심하다 보면 서로 다른 정보들이 충돌하기도 하고, 그 속에서 남다른 보고서 작성 능력을 갖출 수 있게 될 것이다. 보고서 작성에 정답이 있는 것은 아니지만 평가자나 검토자 편에서 보면 작성 목적에 부합하는 보고서와 그렇지 못한 보고서는 분명히 구분되므로 다음에 제시하는 사항에 유의하자.

기본 형식을 갖추라

모든 글은 내용과 형식으로 구성된다. 형식을 제대로 갖추는 것만으로도 글쓰기의 절반은 완성된 셈이다. 특히 보고서는 표지와 목차, 본문, 참고 자료를 기본적인 형식으로 삼는다. 형식이 잘 갖추어진 보고서는 가독성을 높여 줄 뿐 아니라 목차만으로도 보고서의 내용을 파악할 수 있게 해 검토자의 시간을 절약해 준다는 점을 명심하자.

요점을 명확히 하라

보고서 작성의 핵심은 '누구에게 무엇을 말하고자 하는가?'이다. 보고서의 주제나 작성 목적, 문제의식 등도 중요하지만 보고서를 읽는 사람이 요점을 빠르게 파악할 수 있어야 한다. 따라서 특정 사안에 대한 현황이나 학습 또는 연구 검토한 결과가 무엇인지 한눈에 알기 쉽게 사안별로 일목요연하게 정리해야 한다. 너무 긴 문장의 경우 줄이거나 나누어 써서 이해하기 쉽도록 쓴다. 전문 용어나 불필요한 외래어, 어려운 한자어 같은 사항은 꼭 필요한 경우만 정확하게 사용하고 내용이 긴 사항은 별도의 설명을 추가한다.

내용에 충실하라

한 편의 보고서를 작성하기 위해서는 교과에서 배운 내용 이외에 학술 저서나 연구 자료 등 다양한 자료들을 선행 학습한다. 그중 주제나 사안에 적합한 내용을 선별해 인용하는 능력이 보고서의 질을 좌우하기도 하며 이러한 능력 역시 보고서 평가에 중요한 부분을 차지한다. 다양한 견해만 소개한 채 자기주장을 명확하게 밝히지 않은 보고서, 주제와 무관한 내용만을 상세하게 늘어놓은 보고서, 같은 내용을 문장만 바꾸어서 반복 설명해서 분량만 채운 보고서는 좋은 평가를 받을 수 없다.

정확하게 기술하라

보고서에 소개한 자료가 이미 여러 매체나 학술지 등에서 다루어졌다고 하더라도 신뢰할만한 자료의 여부는 반드시 본인이 확인해야 한다. 문헌 자료를 비롯해 보고서에 사용한 개념이나 인명, 통계 같은 모든 사항은 정확성이 생명이며 원본의 출처와 재인용 사항 등에 대한 표기도 분명히 해야 한다. 글을 기술할 때에는 사실에 따라 중립적이고 객관적인 태도를 유지해야 하므로 자신의 의견과 자료로 인용하는 글을 검토자가 확실히 구분할 수 있게 작성한다.

글쓰기 연습

4차 산업혁명과 관련해 자신의 전공 또는 진로 분야에 해당하는 한 가지 주제를 정해 보고서 작성 계획을 아래 형식에 따라 작성해 보자.

구성		내용
표지		• 제목(부제) • 기본 사항
목차		본문, 표, 그림 순
본문	서론	• 보고서 작성 목적 • 보고서 작성 방법 • 보고서 구성 개요
	본론	• 보고서 주제 및 세부 항목 기술 • 결과의 요약, 정리
	결론	• 결과 분석 • 문제 해결 방안이나 전망 • 소감
끝		참고문헌

구성		내용
표지		
목차		
본문	서론	
	본론	
	결론	
참고자료		

최강민 책임 집필

제10장
비평적 글쓰기

1. 텍스트에 대한 공감과 성찰

텍스트, 세 번 읽기

우리는 문학, 영화, 드라마, 음악, 미술, 무용 등 다양한 문화 생활을 하고 있다. 사람들은 다양한 문화 텍스트를 수용하고 감상하면서 그것에 대한 생각과 느낌을 정리하여 누군가에게 말하고 싶어 한다. 이러한 소통의 욕망은 텍스트에 대한 감동의 폭이 클수록 더욱 커진다. 인간은 소통하려는 욕망을 지닌 사회적 동물이기 때문이다. 소통의 욕망은 구체적인 글쓰기로 이어진다. 자신이 읽은 텍스트에 대해 감동했던 점, 미흡했던 점, 아쉬웠던 점 등을 객관적으로 써서 완성한 한 편의 글이 바로 비평이다. 영화에 대해 쓰면 영화평, 문학에 대해 쓰면 문학평, 음악에 대해 쓰면 음악평이 된다. 이러한 비평적 글쓰기는 텍스트에 대한 심층적 이해, 저자의 소통 능력 향상, 사회적 여론 형성을 돕는다.

서평이나 영화평을 제대로 쓰려면 해당 텍스트에 대한 정밀한 독해와 감상을 충분히 한 상태에서 써야 한다. 서평이나 영화평을 쓰려고 하는 글쓰기 초보자는 책이나 영화를 한 번 감상하고 글을 쓰려는 경향이 많다. 이렇게 쓰게 되면 어려움에 바로 부딪히게 된다. 독서나 영화를 한 번 체험한 정도로 글을 쓰려고 하면, 자신이 무엇을 써야 할지 막막하기 때문이다. 단편적인 기억에 의존할 경우 어떤 부분을 집중적으로 써야 할지 도무지 알 수가 없다. 머릿속에 쓸 내용이 떠오르지 않으니 서평과 영화평을 쓰는 것은 어려운 작업이 된다. 그래서 손 쉬운 방법으로 작가와 줄거리 위주로 소개를 하고 끝 부분에 자신이 느낀 감상평을 간략하게 쓰기도 한다. 이러한 감상평은 독후감이나 영화 감상문은 될 수 있을지 몰라도 서평이나 영화평은 아니니다. 서평과 영화평은 독자나 관객을 객관적 논거로 설득해야 한다. 주관적인 독후감이나 영화 감상문은 이 목적을 달성하기 힘들다.

서평이나 영화평을 쓰려면 텍스트를 최소한 세 번 정도 읽거나 감상해야 한다. 독자들은 첫 번째에 일반 독자의 관점에서 텍스트를 편하게 감상하면 된다. 두 번째에 무엇을 중심으로 써야 할지 고민하면서 텍스트를 읽어야 한다. 세 번째에 자신이 쓰려고 생각한 부분을 중심으로 읽으면서 분석하고 평가해야 한다. 이렇게 세 번 정도 텍스트 읽기를 해야 비로소 무엇에 관해 어떻게 쓸지 파악하고 결정할 수 있다. 다시 말해 글쓰기에 필요한 구상하기는 텍스트에 대한 정밀한 독해를 통해 가능하다. 따라서 무엇을 어떻게 써야 할지 잘 생각이 나지 않으면 텍스트로 돌아가 다시 읽는 자세가 필요하다. 텍스트에 길이 있다.

텍스트에 대한 몰입과 객관적 거리의 확보

책이나 영화 텍스트를 비평할 때 필요한 마음의 자세는 먼저 열린 마음이다. 대상 텍스트에 대해 부정적인 생각을 미리 갖고 텍스트를 접하면 제대로 된 감상이 힘들다. 먼저 열린 마음으로 선입관이나 편견 없이 텍스트 자체를 감상하는 자세가 필요하다. 이렇게 감상을 하다 보면 대상 텍스트에 대한 몰입이 자연스럽게 이루어진다. 이 몰입은 따라가기와 공감하기로 이루어진다. '따라가기'는 텍스트의 진행 방향에 자연스럽게 따라가면서 텍스트와 함께하는 것이다. 공감하기는 '따라가기'가 이루어져 깊게 몰입하게 되면서 텍스트의 입장이나 세계관에 젖어드는 것이다. '따라가기'와 '공감하기'는 별도의 과정이 아니라 동시에 이루어진다. 텍스트의 완성도가 미흡하면 '따라가기'가 쉽지 않다. 이때도 가급적 자신의 비판적 반응을 억제하면서 텍스트에 귀 기울이는 자세가 필요하다. 그렇지 않을 경우 자신의 이데올로기나 세계관이라는 프레임을 통해 대상 텍스트를 비판적으로 난도질할 가능성이 높다. 자신의 세계관과 이데올로기와 다르더라도 상대방의 텍스트에서 경청할 만한 것은 없는지 받아들이는 열린 마음이 필요하다.

책을 다 읽고 난 다음에도 수긍할 수 없는 지점이 있다면 비판적 읽기로 저자의 목소리가 지닌 문제점을 합리적으로 진단한다. 텍스트에 대한 몰입만큼이나 객관적 거리를 확보해 텍스트의 문제점을 파악하고 대안을 모색하는 부분도 필요하다. 미국의 영어영문학과 교수인 로이스 타이슨은 『비평 이론의 모든 것』(1992)에서 문학작품의 결을 따라 읽는 것은 작품이 유도하는 대로 해석을 전개하는 것이라고 말한다. 그렇지만 독서가 다 끝난 후에 결을 거슬러 읽으면서 저자와 텍스트 자신도 의식하지 못했을 텍스트 내부의 요소들을 분석하고 비판하는 것도 필요하다고 말한다. 결국 서평이나 영화평은 텍스트의 결을 따라 읽기와 거슬러 읽기, 아름다운 감동과 비판적 성찰이라는 양자를 종합하는 변증법적 과정을 통해 탄생한다.

서평이나 영화평을 쓸 경우, 대상 텍스트에 대한 지배적인 인상이나 핵심 주제를 중심으로 글을 써야 한다. 학생들은 독후감을 쓸 경우 페이지를 채우기 위해 첫 번째 단락에서 저자를, 두 번째와 세 번째 단락에서 책의 줄거리나 내용을 소개한다. 마지막 네 번째 단락에서 자신의 소감을 간략하게 덧붙이면서 독후감을 끝낸다. 이러한 독후감은 비생산적일 뿐만 아니라 독후감 자체를 왜곡시켜 왔다. 이런 형식의 글들은 대부분 저자와 책에 대한 정보를 그대로 베끼거나 짜깁기 하는 수준에 머무르게 된다. 저자나 감독, 줄거리 소개로 채워진 형태의 서평과 영화평은 중요하지 않은 정보로 대부분을 채운 것이다. 이런 형식의 글을 절대 쓰지 말자.

2. 서평 쓰기

독서와 서평의 욕망

독서의 원동력은 좀 더 세상을 알고 싶은 지적 호기심을 핵심 연료로 사용한다. 물론 시간을 때우기 위한 오락의 욕망도 독서의 원동력이다. 이러한 시간 때우기용 독서는 지속력이 약해 심층적인 독서를 하기는 어렵다. 독서를 할 때 어떤 책을 골라야 할지는 호기심과 읽으려는 의도가 방향을 결정한다. 인문학, 사회과학, 자연과학 등 다양한 책들이 있다. 이 중에서 어떤 책을 읽어도 상관은 없다. 마음이, 호기심이 이끄는 대로 읽으면 된다. 이때 굳이 어려운 책부터 독서를 시작할 필요는 없다. 쉬운 책부터, 재미를 느끼는 책부터 시작하자. 무겁고 진지한 책을 통해 독서 활동을 하는 것이 어렵다면 만화책을 읽어도 좋다. 독서의 요령은 자신이 읽고 싶은 대상부터 출발하여 동심원이 퍼지듯 점차 확장하는 것이다. 책 한 권의 독서가 끝나면 그 책은 다음에 어떤 책을 읽어야 할지 인도하는 멘토 역할을 한다. 따라서 어떤 책을 읽어야 할지 너무 걱정할 필요가 없다. 자신의 지적 호기심과 열정을 배낭에 넣고 독서 여행을 떠나면 된다.

자발적인 독서를 많이 한 학생들은 어휘력이 좋다. 우수한 어휘력은 그 어휘의 뜻을 단순하게 안다는 것만이 아니다. 그 어휘가 다양한 맥락에서 사용되었음을 독서 경험으로 자연스럽게 체득했음을 의미한다. 어휘력이 부족한 학생들은 어려운 용어가 섞인 책을 읽을 때 제대로 이해하지 못한다. 제대로 이해하지 못하니 독서가 고문의 시간이 된다. 학생들은 독서와 더욱 멀어지면서 어휘력이 부족해지는 악순환이 반복 재생산된다. 이 문제를 해결할 방법은 무엇일까? 어휘력을 기르려면 약간의 인내심을 가지고 독서를 지속하는 방법밖에 없다. 독서에 익숙해지기 시작하면 책에 대한 이해력이 높아지고 독서의 속도가 자연스럽게 빨라진다. 이 속도성은 더 많은 독서를 유발하는 선순환을 만든다. 이것을 위해 호기심과 재미를 중심으로 독서를 습관화하는 초기 단계의 과정을 반드시 밟아야 한다. 이 과정을 거치면 독서는 학생들에게 무한한 지적 확장의 세계를 보여 줄 것이다. 지속적인 독서를 통해 축적된 어휘력과 배경 지식은 어려운 책을 만나도 어렵게 느끼지 않도록 하는 마법을 선사한다.

책을 읽고 나서 이 책이 개인적으로 너무 좋아 누군가에게 추천해 주고 싶은 욕망이 있었을 것이다. 즐거운, 감동적인 독서는 이 책을 타인에게 소개하는 서평을 낳는 원동력이다. 서평은 책에 대한 소개를 통해 타인에게 책을 읽도록 유도하는 기능을 한다. 좋은 서평이 독서를 유발하는 것이다. 서평은 책에 대한 정보와 필자의 생각이 담겨 있는 객관적인 글이다. 서평의 목적은 책 소개와 서평자의 생각을 독자에게 전달하려는 것이다. 이런 점에서 서평은 독자를 설득하는 성격의 글이다. 독자를 설득하려면 감정에 호소해서는 설득하기 힘들다. 그래서 서평자는 논리적, 비판적, 창조적 글쓰기를 통해 독자를 설득하려고 한다. 이렇게 하려면 일단 책을 꼼꼼하게 읽으면서 책과 깊이 있는 대화를 해야 한다.

일반적으로 책을 한번 다 읽으면 책장에 집어넣게 된다. 그렇지만 서평을 쓰게 되면 적어도 세 번 정도 텍스트를 읽어야 한다. 서평을 쓰게 되면 자신이 감동적으로 읽은 책과 함께하는 데이트 시간이 더 오랫동안 계속된다. 서평자는 서평을 쓰면서 책을 좀 더 깊이 있게 알게 된다. 책을 읽고 느낀 감정과 생각은 시간이 지나면 잊혀진다. 자신이 책을 읽을 당시 느낀 감정과 생각들을 한 편의 글로 정리하는 서평은 기록의 행위를 통해 책에 대한 감정과 생각들을 오랫동안 유지하게 한다. 서평은 서평자 자신에게 책과 관련한 소중한 추억을 간직하게 하는 유용한 수단인 것이다.

실제 서평 쓰기

실제 서평을 쓰려면 정밀한 독해가 이루어진 후부터 가능하다. 독해는 세 단계의 수준으로 구성된다. 1차적 수준의 독해인 사실적 독해는 책을 읽으면 바로 알 수 있는 수준의 독해다. 파악과 정보 요약이 이루어지는 '이해' 단계이다. 저자의 정보, 줄거리, 핵심 내용을 파악한다. 2차적 수준의 독해인 추론적 독해는 드러난 책의 정보를 바탕으로 추론이나 해석이 이루어진다. 텍스트를 좀 더 깊이 있게 읽기 위한 구체적이고 세밀한 '해석과 분석'이 구조적 차원에서 이루어진다. 저자의 세계관, 텍스트의 핵심 내용에 대한 다면적, 심층적 분석, 책의 문제의식과 한계점을 파악하게 된다. 3차적 수준의 독해인 비판적·창조적 독해는 책에서 벗어나 다양한 텍스트와 시대적 상황을 상호 연관시켜 비판하고 창조하는 수준의 독해이다. 이 수준에서 텍스트에 대한 객관적 평가가 이루어진다.

서평은 기본적으로 제3자에게 책의 내용을 소개하면서 책을 추천하거나 비판하는 이유를 객관적인 형태로 밝히는 글이다. 독후감은 저자의 주관적인 생각이 좀 더 강하게 나타난다. 독서 에세이는 자유롭게 대상 텍스트에 대한 평을 쓰지만 독후감보다 좀 더 객관적이다. 주관과 객관이 공존하는 형태의 글쓰기다. 이에 비해 서평은 독자가 소개한 책을 읽도록 유도하기 위해 독자를 객관적으로 설득하는 형태의 글이다. 객관적인 형식의 글이기에 감상문에서 주로 등장하는 1인칭 주어인 '나'를 가급적 사용해서는 안 된다.

5문단 글쓰기 기준으로 저자와 줄거리 소개는 분량상 한 단락을 넘어서는 안 된다. 서평자는 독자들이 책과 영화를 이미 감상했다는 것을 가상으로 전제하고 글을 쓴다면 저자와 줄거리에 대해 지나치게 많이 언급하는 것을 자제할 수 있다. 서평에서 책의 전반적인 내용을 모두 자세하게 말할 수는 없다. 서평자가 말하고 싶은 중심 생각을 주로 말하는 방식으로 서평을 쓰자. 책의 핵심 내용을 위주로 소개하고, 서평자 자신의 입장이나 생각을 덧붙이자. 서평자 개인의 취향을 주관적으로 말하지 말고 객관화된 근거를 제시해서 서평을 써야 한다. '감동을 받았다, 재미있다, 따분하다, 형편없다'는 식으로 평가하지 말고 논리적 근거를 제시하여 독자를 설득하자. 책 하나만 이야기하는 좁은 서평을 쓰지 말고 서평자 자신의 경험과 연결하고, 더 나아가 다른 텍스트와 연결하는 맥락의 서평이어야 한다. 이 책을 왜 읽어야 하나? 이 책이 현재에 어떤 의미를 가지고 있는가? 이 책을 독자들이 현재 읽어야 하는 타당한 이유와 가치를 객관적으로 제시하는 서평을 써야 한다.

서평을 쓸 때 어떤 이론의 시각으로 읽는 것에 따라 다양한 모습이 나타난다. 비평이론은 텍스트를 어떤 시각으로 바라보도록 만드는 일종에 창문이다. 창문의 모양과 색깔에 따라 텍스트는 전혀 다른 모습을 보여 준다. 최인훈의 『광장』(1960)은 해방, 분단, 한국전쟁으로 이어지는 한국의 현대사를 지식인 이명준을 통해 보여준다. 이명준은 한국과 북한 둘 중에서 어느 나라도 선택하지 않고 제3국으로 가는 길을 선택했다가 배에서 바다로 뛰어들어 자살한다. 이러한 행동은 개인적인 절망의 표현이자 동시에 비극적인 한국 현대사의 자화상이기도 하다. 이 작품은 어떤 비평의 창문을 통해 보는 것에 따라 다양한 측면을 포착할 수 있다. 예를 들어 이명준을 비롯한 주인공의 심리를 중심으로 본다면 정신분석 비평을, 계급의 관점에서 등장인물을 비평한다면 마르크스주의 비평을, 이명준이 아니라 여주인공인 윤애와 은혜의 관점에서 읽어 낸다면 페미니즘 비평을, 작품 자체의 미학적 특성에 주목한다면 신비평을, 『광장』을 읽은 독자들의 다양한 욕망과 반응에 초점을 둔다면 독자반응 비평을, 작품의 구조와 해체에 주안점을 둔다면 구조주의 비평과 해체 비평을, 분단과 냉전체제를 강조해서 본다면 탈식민주의 비평을 통해 새로운 부분을 드러낼 수 있다.

서평은 크게 소개 서평과 비평적 서평으로 나눈다. 소개 서평은 책에 대한 객관적인 정보를 독자에게 충실하게 전달하는 것에 목적을 둔다. 소개 서평은 일반 독자를 대상으로 책의 주제, 구성, 내용, 저자 등 책 전반에 관해 독자에게 알려주려고 한다. 책에 대한 평가는 책의 추천 이유 등을 설명하면서 간결하게 언급한다. 반면에 비평적 서평은 전문 독자를 대상으로 한 것이다. 비평적 서평은 책을 읽지 않은 사람만이 아니라 이미 읽은 사람을 대상으로 한 서평이다. 책에 대한 소개보다 서평자 자신의 입장에서 바라본 비판적, 창조적 책 읽기가 좀 더 중요하다. 글쓰기 초보자가 주로 쓰는 서평은 소개 서평이다. 다음은 소개 서평과 비평적 서평의 구성 방식이다.

소개 서평의 구성	1. 저자 소개, 책 선정 기준 및 동기, 텍스트의 시대적 배경(서론) 2. 책의 핵심 내용 소개와 책 인용(본론) 3. 저자가 이 책에서 말하고자 한 핵심 문제와 관점에 대한 서평자의 견해(본론) 4. 책의 핵심 내용 요약, 책의 가치, 책의 추천 이유, 사회적 의미(결론)
비평적 서평의 구성	1. 저자 소개, 책 선정 기준 및 동기, 텍스트의 시대적 배경, 책의 핵심 내용 소개(서론) 2. 저자의 관점, 핵심 내용에 대한 서평자의 집중적 언급과 책 인용(본론) 3. 서평자가 책에 대한 비판적 · 창조적 견해 제시(본론) 4. 책에 대한 가치 평가, 책의 추천 · 비추천 이유, 책의 사회적 의미와 한계(결론)

서평의 서론에서 주로 쓰는 것은 저자 소개, 책의 탄생과 시대적 배경, 서평을 쓰게 된 이유 등이 주로 제시된다. 본론에서 주로 쓰는 것은 책의 핵심 내용, 지배적인 인상이나 책의 주제와 관련한 내용, 저자의 입장을 뒷받침하는 논리적 근거 등이다. 전개 방식은 비교와 대조, 열거식, 정반합, 문제 원인과 해결 등 다양한 본론의 전개 방식이 사용될 수 있다. 결론은 본론에서 나온 내용을 요약하고, 서론에서 제기했던 문제에 대한 답을 제시해야 한다. 이 책의 시대적, 사회적 의미를 포함한 다양한 맥락에서 총체적으로 마무리하면 된다. 책을 추천하고 싶다면 결론에서 추

천 이유도 꼭 밝혀야 한다. 추천을 한다는 것은 서평자가 책에 대한 이해와 분석을 통해 평가를 했다는 것이다. 정실주의나 개인적 감상에 얽매이지 말고 객관적인 평가를 통해 추천 이유를 제시해야 한다. 마지막으로 독자에게 강렬하게 다가갈 수 있는 개성적인 서평 제목을 작성한다. 서평이기에 어떤 대상 텍스트를 분석했는지 알릴 수 있는 책에 대한 정보를 부제목으로 쓴다.

다음은 조남주의 장편 『82년생 김지영』을 평한 비평적 서평이다. 평론가 전성욱은 베스트셀러가 된 『82년생 김지영』에 대한 비판적 독서를 통해 독자에게 텍스트에 대해 새로운 측면을 제시하고 있다.

정치적인 것에 대한 오해

– 조남주 장편소설, 『82년생 김지영』(민음사, 2016)

전성욱(문학평론가, 동아대 교수)

영화관의 로비에서 상영 시간을 기다리며 소설책을 꺼내 읽었다. 조남주의 장편 『82년생 김지영』(민음사, 2016). 어느 진보 정당의 원내대표가 새로 선출된 대통령에게 이 책을 선물했다고 하는데 그 사정을 알고 싶었다. 영화는 김옥빈이 주연한 〈악녀〉(정병길 감독, 2017). 진부한 스토리에도 불구하고 고난도의 액션을 담아내는 카메라의 역동이 장쾌했지만, 이 영화를 보아야겠다고 마음먹은 것은 여성 원탑의 액션 히어로라는 그 이례성 때문이었다. 그러나 그 이례성은 무협활극의 장르 클리셰를 내파하지 못했고, 아버지의 피살을 목격한 딸의 복수극이라는 상투형을 답습하는 데 그쳤다. 쿠엔틴 타란티노의 〈킬빌〉을 떠올리게 하는 부분들이 있었으나 그만큼의 내공에 미치지는 못했다. 아버지의 죽음은 그 결핍의 정신분석학적 의미가 선명했다. 아버지나 사부의 죽음을 맞닥뜨린 여자는 그 결여의 자리를 남성에 대한 연정과 자식애 대한 모성으로 채우는 과정 속에서 복수를 완성한다. 무사의 정체성은 그렇게 편견으로 가득한 여성의 정체성으로 우악스럽게 치환되고 있었다. 남성 액션물도 그러하지만, 특히 여성의 액션에서는 관능적인 신체에 대한 성적 페티시가 강조된다. 여성의 현란한 칼질에 난자당하는 남성의 몸들, 그 피와 타액과 눈물, 고통스런 신음과 비명은 일종의 포르노그라피를 방불케 한다.

문학 출판의 불황을 뚫고 『82년생 김지영』이 베스트셀러가 된 이유는 무엇일까. 영화로도 제작된다고 하는데, 과연 그 대중적인 애호의 이유가 궁금하다. 장편 치고는 짧은 분량에다가, 단숨에 읽을 수 있는 평이한 서사 전개가 부담을 주지 않는다는 것이 하나의 이유가 될 수 있을까. 마치 드라마 '응답하라' 시리즈를 떠올리게 하는, 근과거의 추억을 호출하여 그 세대 공통의 향수를 자아내게 한 것도, 1982년 언저리에 태어난 이들의 마음을 얻는 데 한몫을 하였는지 모르겠다. 그러나 그보다는 여성혐오을 둘러싼 근래의 논란들이 젊은 여성 독자들의 공감과 지지를 이끌어 낸 것이 아니었을까. 노오력과 헬조선이라는 신조어에 담긴 청년들의 피폐한 현실, 이른바 개저씨들의 직장 내 발호와 여성의 경력단절, 이에 따른 출산의 기피와 인구학적 위기의식에 대한 격한 공감이 사람들을 이 소박한 이야기에 빠져들게 한 것이 아닐까. 존재하지만 잘 드러나지 않았고, 소리 크게 외쳤지만 들리지 않았던 자들의 목소리, 그것을 이 소설은 1982년생의 여자 김지영을 통해 세상에 현상하였고, 그 목소리의 숨은 주인공들이 열렬하게 응답한 것이다.

이 소설의 지배소 중 하나는 시간이며, 더 구체적으로는 한 시대 여성 생애사의 어떤 일반화된 프로토콜을 재연하는 연대기라고 할 수 있다. 여섯 개의 챕터는 수순에 따른 연도의 배치로 구성되어 있다. '82년생 김지영'이라는 제목은 그 기원의 시간을 통해 한 여성의 지난한 삶을 집약한다. 그 지난한 연대기를 기습적으로 뒤흔드는 기습적 사건이 김지영에게 일어난 어떤 기묘한 증상의 발현이다. "김지영 씨는 한 번씩 다른 사람이 되었다. 살아 있는 사람이기도 했고, 죽은 사람이기도 했는데, 모두 김지영 씨 주변의 여자였다."(165쪽) 2015년의 어느 날, 서른 네 살의 김지영은 자기 인생의 곳곳에서 만났던 여성들로 빙의해 그들의 말로 자기가 겪어낸 고초(苦楚)들을 이야기한다. 그렇게 증상의 발현으로 시작한 소설은, 1982년의 출생에서부터 학창시절(~1994년; 초등학교 졸업까지, 1995~2000년; 중학교 입학부터 고등학교 졸업까지), 대학과 직장생활(2001~2011년), 결혼과 출산 그리고 육아에 이르는 분기별의 시간(2012~2015년)을 비교적 요약적으로 서술하면서 그 이상한 증상이 어디에서 비롯되었는가를 암시한다. 마지막 장은 2016년의 현재 시점에서 소설의 서술자인 정신과 의사의 소견으로 마무리된다. “김지영 씨와 정대현 씨의 얘기를 바탕으로 김지영 씨의 인생을 거칠게 정리하자면 이 정도다.”(169쪽) 그러니까 소설은 일종의 액자식 구성으로, 내화(內話)는 김지영이라는 환자의 상담 내용을 ‘거칠게 정리’하여 재구성한 것이다.

따라서 내화로써 정리된 82년생 김지영의 연대기에는 이상 증상의 병인을 추적하는 의사의 관점이 투영되어 있다. 이러한 인과론적인 작화 구성은 한국 여성의 일반적 삶을 사회적인 병리로 포착하려는 작가의 분명한 자의식을 반영한다. 그러니까 서사의 형식에 대한 미학적인 열의보다는, 젠더 정치의 적의를 노골적인 방식으로 드러낸 소설이라고 하겠다. 그러나 문제를 미학이냐 정치냐의 양자택일처럼 논급하는 것은 지극히 나태하고 안이한 방식이다. 진짜 문제는 작가의 자각적인 의도가 서사의 작위성을 강화시킴으로써 무의지적이고 무의식적인 내러티브의 여백을 축소시키는 것이다. 작가의 의도와 의지와 의식에 잠식당하지 않는 텍스트를 만나 즐길 수 있는 기회란 좀처럼 드문 일이지만, 너무 노골적으로 작가의 이념이나 신념을 전하는 그런 과잉도 드물다. 그럼에도 그런 소설이 독자들의 광범위한 호응을 얻고 있다면, 그 호응은 역시 그 사회의 병리를 표현하는 것이리라.

이 소설이 김지영의 증상을 따라 흘러갔더라면 어땠을까. 작가가 그 증상의 병인을 성차별의 사회적 병리로 진단하고 비판하는 계몽의 의지에서 벗어날 수 있었다면 어땠을까. 서술자인 의사의 분석적 시각이 내재된 이 소설의 언어는 명료하고 이성적이다. 각주를 통해 언론의 기사와 공신력 있는 리포트들을 인용하고 있는 것도, 이 소설이 합리적인 논증의 언술로 되어 있음을 가시적으로 드러낸다. 이 소설은 작가의 전언을 뒷받침하는 근거들을 하나씩 들추어내어 쌓아 나감으로써, 김지영의 증상을 촉발한 성차별과 여성 억압의 사회적 병리를 증명한다. 그러니까 이 소설은 적분적이다. 그러나 나는 이 소설이 작가의 의지가 아닌 김지영의 증상 그 자체를 따라 흐름으로써, 미친 언술의 다성악의 발현으로 미분되었더라면 좋았겠다. 다시 말해 이성의 언어가 아닌 분열의 언어로 펼쳐질 수 있었더라면 좋았겠다. 병리의 기원을 추적하는 증명의 언어가 아니라, 병리 그 자체의 적나라함을 드러나게 하는 증상의 언어로 표현되었다면 좋았겠다는 말이다.

– 전성욱, 「정치적인 것에 대한 오해」, 웹진 《문화 다》, 2017.06.28., http://www.munhwada.net/home/m_view.php?ps_db=letters_ko&ps_page=9&ps_boid=146&ps_mode=

3. 영화평 쓰기

영화의 특성

영화의 형식은 극영화, 기록영화, 전위영화, 만화영화로 나눈다. 이 중에서 우리가 많이 보는 것은 극영화다. 극영화는 허구의 내용에 인물과 사건이 등장하여 이야기를 전개한다. 영화를 보는 관객들은 보통 영화관, 비디오, 텔레비전을 통해 영화를 감상한다. 영화관은 대형 화면과 큰 스피커를 통해 흘러나오는 사운드를 제공한다. 영화관에서 관객들은 상호 반응도 확인할 수 있어 현장감을 느낄 수 있다. DVD나 비디오 형태의 영화는 많은 관객들이 보기보다 대개 몇 명 정도나 혼자서 영화를 감상한다. 현장감은 영화에 비해 떨어지지만 집중해서 볼 수 있는 장점이 있다. 텔레비전에서 상연되는 영화는 검열이나 연령 제약 등으로 인해 영화의 원본을 제대로 감상할 수 없는 단점이 있으나 손쉽게 볼 수 있는 장점이 있다. 각각의 상연 방식에 따라 영화평을 쓰는 방법은 달라질 수밖에 없다.

영화는 책과 달리 대개 감상하는 시간이 90~120분 사이에 이루어진다. 책에 비해 비교적 짧은 시간에 작품을 감상할 수 있다. 영화를 한 번 보고 바로 영화평을 쓸 수 있을까? 영화에 대한 단편적인 감상과 인상 정도를 쓸 수 있겠지만 정밀한 텍스트 읽기에 기반한 영화평을 쓸 수는 없다. 영화평을 쓸려면 역시 책과 마찬가지로 세 번 정도 다시 영화 텍스트를 감상해야 한다. 영화평을 쓸려는 사람은 문학평처럼 텍스트를 감상하면서 '따라가기'와 '공감하기'를 통해 텍스트에 몰입하고, 그 이후에 객관적 시선을 확보해 글을 쓰면 된다. 개봉 영화인 경우 영화관에서만 해당 영화를 볼 수 있기에 세 번 정도 영화를 다시 감상하는 것이 결코 쉽지 않다. 영화 평론가라면 그 수고를 감당할 수 있겠지만 일반 영화 관객은 어렵다. 학생들이 영화평을 쓸 경우 개봉 영화보다 비디오나 DVD로 감상할 수 있는 영화에 대해 쓰는 것이 좋다. 최근에 온라인으로 상연되는 영화는 집에서 반복적으로 영화를 감상할 수 있어 영화평을 쓰는 데에 유리하다.

문학 작품을 창작하는 것은 작가이다. 영화의 경우 시나리오에 기반해 영화를 최종적으로 만드는 사람은 감독이다. 감독이 시나리오를 직접 작성하는 경우도 있다. 시나리오도 감독이 어떻게 연출하느냐에 따라 전혀 다른 내용이나 분위기를 연출한다. 이런 점에서 영화의 미학을 최종적으로 결정하는 것은 영화 감독이다. 영화평을 쓸 때 영화 감독이 연출한 기존 작품과 연관시켜 생각해 보는 것도 영화는 감독의 창조적 성과물이라고 볼 수 있기 때문이다. 신인 감독의 경우 기존에 만든 영화 작품들이 없어 이런 작업을 할 수 없지만, 유명 영화감독은 이미 연출한 많은 작품이 있어 상호 연관시켜 영화평을 쓸 수도 있다.

영화에서 영화 감독만큼 중요한 것은 바로 배우들이다. 배우들은 영화 감독의 연출과 시나리오에 따라 자신만의 개성적인 연기를 펼친다. 배우에 따라 영화의 질적 깊이와 다양성은 사뭇 달라지게 된다. 영화 감독의 연출이 아무리 뛰어나도 배우들이 작품의 분위기와 내용을 섬세하면서도 개성적으로 표현하지 못한다면 영화의 성공을 장담할 수 없다. 영화평을 쓸 때, 특히 주연 배우의 연기를 중심으로 평하는 경우가 많다. 이것은 실제 형상화로 나타난 것은 영화 감독의 직접 발언이 아니라 배우의 몸짓과 목소리이기 때문이다.

문학 작품은 저자가 개인적으로 쓰고 출판사가 책을 만드는 시스템이기에 많은 비용이 들지 않는다. 영화는 영화감독, 시나리오 작가, 영화배우들, 촬영 장비, 세트 제작, 장소 대여 등 많은 자본이 투자된다. 영화는 이 제작비를 감당하기 위해 기본적으로 대중영화를 지향했다. 대중영화는 기존 영화 중에서 관객들에게 호평을 받았던 영화와 유사하게 제작해 실패의 부담을 줄이고자 했다. 이러한 유사성은 헐리우드 영화의 성공 공식을 만들었고, 장르영화를 탄생하게 했다. 장르영화는 코미디영화, 멜로드라마영화, 갱스터영화, 필름 누아르, SF영화, 호러영화, 스릴러, 재난영화, 페미니즘영화 등이 있다. 각각의 장르영화는 등장인물, 사건 전개에 있어 독특한 특징들을 갖고 있다. 장르영화는 내러티브 공식, 스테레오타입의 등장인물, 에피소드 단위의 관습을 갖고 있다.

영화평 실제 쓰기

개봉영화에 대한 평은 보통 신문에 짧게 실린다. 이러한 영화평을 리뷰라고 한다. 단평 분량의 리뷰는 영화 시사회에서 한 번 보고 영화평을 쓸 경우도 많다. 이것을 쓰려면 일반적인 관객의 시선으로 영화를 감상하면 안 된다. 무엇을 어떻게 쓸지 고민하면서 선택적 집중을 통해 감상해야 한다. 영화관에서 메모하기도 쉽지 않은 상황이지만 꼭 필요한 부분은 메모를 해야 한다. 영화를 아직 보지 못한 사람들을 위해 쓰는 리뷰이기에 감독과 영화의 핵심 내용을 소개하고, 이 영화가 과연 볼만한 것인지 추천 여부를 밝혀야 한다. 짧은 분량의 리뷰는 영화를 여러 번 볼 수 없는 상황이기에 심층적인 평을 쓰기는 어렵다. 반면에 잡지에 게재되는 형태의 영화평은 신문에 비해 어느 정도 분량을 확보할 수 있어 심층적인 비평이 이루어질 수 있다. 리뷰는 일반인들을 대상으로 한 것이기에 전문 용어보다 가급적 이해하기 쉬운 용어를 사용해야 한다.

영화평의 제목은 영화의 내용을 암시하면서 독자의 관심을 집중하도록 만들어야 한다. 영화평의 제목은 문학평의 제목보다 상대적으로 좀 더 감각적이다. 영화평에서도 영화 감독이나 영화에 대한 줄거리 소개는 필요하다. 하지만 과도해서는 안 된다. 감독이나 영화 줄거리 소개는 A4 용지 한 장 기준으로 했을 때 한 문단 이상으로 쓰지 말자. 간략한 소개 정도면 된다. 영화 감독 소개 부분은 기존에 만든 영화의 경향이나 영화 연출의 특징을 언급하면 된다. 과도한 줄거리 소개는 영화 관객이 영화를 제대로 감상하기 어렵게 만드는 스포일러이다. 스포일러(spoiler)는 영화 관객의 몰입을 방해할 정도로 자세한 영화 정보이다. 영화평은 관객의 호기심을 유발할 정도의 제한된 정보만 노출해야 한다. 영화의 줄거리를 말할 때 등장인물의 이름을 언급한 다음 괄호에 배우 이름을 적는다. 장르영화의 공통성과 개별 영화의 차이점을 비교하면서 언급해도 좋다. 주인공과 대립하는 등장인물 중심으로 영화평을 쓸 수도 있다. 마르크시즘, 페미니즘, 포스트모더니즘, 탈식민주의 등 이데올로기를 중심으로 영화평을 쓸 수도 있다. 영화감독을 중심으로 한 작가주의 영화 입장에서 영화평을 쓸 수도 있다. 이처럼 영화평은 꼭 정해진 하나의 시각과 방법이 있는 것이 아니다. 다양한 상황에 맞추어 다양한 관점으로 읽어 내면 된다. 특정 관점이 아니라 다양한 방식을 혼합해 영화평을 쓸 수도 있다.

영화평은 문자 언어를 대상으로 하는 문학평과 달리 영상 언어와 음악을 대상으로 한다. 영화는 이야기라는 점에서 문학과 유사하지만 표현적인 측면에서 문학과 다른 기법을 갖고 있다. 문학평은 책의 일부를 인용하면서 분석한다. 반면에 영화평은 영상과 소리를 대상으로 분석한다. 영화는 연속된 장면인 쇼트(컷 또는 테이크라고도 함)의 연결로 영화가 전개된다. 영화의 평자는 쇼트의 크기, 쇼트의 지속시간, 쇼트의 시각 등 다양하게 쇼트를 분석할 수 있다. 예를 들어 쇼트의 크기는 파노라마 쇼트, 롱 쇼트, 미디엄 롱 쇼트, 풀 쇼트, 미디엄 쇼트, 클로즈 쇼트, 클로즈업 등에 따라 다양한 분석을 할 수 있다. 평자는 쇼트의 한 장면을 캡처하고 세부적으로 설명하면서 자신의 견해를 전개할 수 있다. 핵심 주제와 연관된 지배적인 장면을 몇 개 선정해 영화평을 집중적으로 쓰면 효과적이다. 영화평은 감상문이 아니기에 가급적 1인칭 주어인 '나'를 사용하지 말자. 학생들이 쓰는 영화평은 전문적인 잡지에 게재되는 영화평이 아니라 일반 대중을 상대로 하는 리뷰에 가깝다. 어려운 용어보다 쉬운 용어를 사용해 전달력을 높여야 한다. 영화평의 마무리 부분에서 이 영화를 추천할지 여부를 논리적 근거로 제시해야 한다.

다음은 김성수 감독의 〈감기〉를 평한 영화평의 일부이다. 영화 〈감기〉는 치명적인 독감 바이러스가 유입되어 한국을 심각한 위기로 내몰고 있는 상황을 생생하게 그린 영화이다. 이 영화는 2020년대 초반 코로나19 팬데믹 현상과 맞물려 다시 주목을 받았다. 영화평론가 이승현은 코로나19와 연관시켜 영화평을 쓰면서 독감 바이러스가 유발한 공포가 일종에 공포 바이러스로 퍼지면서 생기는 다양한 문제점들을 언급하고 있다.

감염병을 넘어선 공포 바이러스

–김성수 감독의 〈감기〉(2013)

이승현(영화평론가)

코로나19로 일상이 변한 지도 벌써 수개월이 지났다. 선생님들은 온라인에서 학생들을 만나며, 많은 회사들이 재택근무를 시행하고 있다. 그리고 가까운 이들과 즐기던 만남은 그 끝을 기약할 수 없는 약속이 되었다. 정부와 의료진 그리고 시민들의 노력으로 이제 '사회적 거리두기'에서 벗어나 '생활 속 거리두기'로 전환되었다고 하지만, 언제쯤 과거의 일상으로 돌아갈 수 있을지는 요원하다. 이제 '비대면'을 뜻하는 '언택트(un-tact)'가 유행하면서 우리의 생활 방식 전반은 크게 변화할 것으로 보인다. 어쩌면 코로나19로 인류는 새로운 시대에 접어들었는지도 모를 일이다.

2월 중순 이후 대구에서 신천지라는 종교집단을 통해 코로나19가 무섭게 전파되던 때를 떠올리면 지금과 같은 안정세도 놀라울 정도다. 백신이나 치료제가 없는 상황에서 어떻게 감염될지 모르는 병은 그 존재만으로 공포였다. 초기에 사재기와 같은 불안이 잠시나마 보였던 이유도 이 때문일 것이다. 그러나 이러한 모습은 비단 우리나라에서만 나타난 것은 아니었다. 아니 어쩌면 우리는 너무나 성숙했다고 하겠다. 미국, 호주, 일본 등에서 확인된 사재기 열풍과 혐오 범죄는 감염병 공포로 드러난 인간의 민낯을 엿보게 했다.

지금 이 시점에 2013년에 개봉했던 영화 〈감기〉가 다시 주목받는 이유도 여기에 있을지 모른다. 중국 우한에서 발생한 코로나19라는 감염병이 한국으로 들어와 우리의 일상을 파괴했다는 것만으로도 그렇다. 한국의 경우는 영화와 크게 다르지만, 중국은 영화에서처럼 특정 도시가 봉쇄되기도 했으니 누군가에게는 마치 오늘날을 예견한 영화처럼 보였을지도 모를 일이다. 그러나 이 영화에 더 주목해야 하는 이유는, 영화 〈감기〉가 감염병과 함께 그 너머에 있는 공포의 문제를 다루고 있기 때문이다. 진정 우리의 일상과 이웃을 해칠 수 있는 감염병과 공포 바이러스가 영화에 가득하다.

영화 〈감기〉는 2014년 4월을 배경으로 홍콩에서 한국으로 밀입국을 시도하는 한 무리의 사람들을 보여 주며 시작한다. 밀입국자들을 실은 컨테이너가 한국에 도착하자 주병기(이희준 분)는 동생 주병우(이상엽 분)와 함께 밀입국자들을 옮기기 위해 컨테이너 문을 연다. 그러나 컨테이너 안에 사람들은 모두 피를 흘리며 죽어 있다. 유일하게 살아남은 몽싸이(레스터 에이번 안드라다 분)는 트럭으로 옮겨지던 중 분당으로 숨어들고, 감염병에 걸린 주병우는 약국을 찾으면서 다른 사람들에게 병을 옮기게 된다.

영화는 급속도로 감염병이 확산하는 와중에 인간들이 보이는 욕망을 담아낸다. 특히 정치인들의 모습이 가장 눈에 띈다. 분당을 지역구로 둔 국회의원 최동치(최병모 분)는 감병염에 대한 양 박사(김문수 분)의 의견을 듣고도 특별히 반응하지 않는다. 오히려 감염병 확산을 막기 위해 분당을 폐쇄해야 한다는 의견에 과거에도 큰 문제가 없었다며 신경 쓰지 않는다. 더욱이 회의에 참석한 공무원은 최동치에게 식사나 하자며 대수롭지 않은 듯 반응한다. 그러나 눈으로 사고들을 확인한 후에는 태도를 달리한다. 국무총리(김기현 분)를 비롯하여 외국 전문가까지 참석한 회의에서 최동치는 양 박사가 건의했던 것과는 달리 위험하고 비인격적인 방식으로 분당을 봉쇄하자고 주장한다.

분당을 봉쇄하려는 사람이 최동치만 있는 것은 아니다. 양 박사를 제외하면

회의에 참석한 거의 모든 이들이 외국 방역 전문가가 제시한 방식으로 분당을 봉쇄하자는 데 의견을 모은다. 최동치가 기회주의자의 모습을 보인다면, 다른 이들은 비약이 있지만 나름대로 논리를 가지고 있다. 외국 방역 전문가는 한국만이 아닌 전 세계를 지켜야 한다는 논리로 분당 시민을 격리하고 사살하는 데까지 나아간다. 국무총리 또한 분당 시민을 제외한 전 국민을 살리겠다는 의지로 외국 방역 전문가의 뜻을 같이한다. 공통적으로 이들은 다수를 위한 소수의 희생을 이야기하지만, 그 이면에는 감염병에 대한 공포가 도사리고 있다. 영화는 이러한 공포가 다수의 생각이라는 점을 상기시킨다. 국무총리는 대통령(차인표 분)을 설득하며 분당 폐쇄 찬성 여론이 35%에서 96%까지 올랐다고 말한다. 어쩌면 이 찬성 여론이야말로 감염병에 대한 사람들의 공포를 가장 정확하게 보여 주는지도 모른다.

감염병에 대한 공포가 사람들을 지배한다면, 영화 〈감기〉는 감염병의 무서움과 사람들을 지배한 공포 바이러스를 다양한 방식으로 시각화한다. 영화의 시작과 함께 컨테이너에 있던 밀입국자 한 명이 가볍게 기침을 한다. 기침은 크게 신경이 쓰일 정도는 아니다. 오히려 밀입국한다는 상황 때문인지, 밀폐된 어두운 공간과 사람들의 얼굴을 비추는 플래시 조명이 더 선명하게 보인다. 이처럼 처음 영화는 기침이 가지는 무서움을 시각화하지 않는다. 그러나 감염병의 특징이 드러난 이후 영화는 관객에게 감염병과 그에 대한 공포를 전한다.

영화는 밀입국자들이 피를 흘리면 죽은 모습을 통해 감염병의 무서움을 담는다. 뒤엉킨 시체와 피범벅이 된 얼굴 그리고 피 묻은 컨테이너 벽은 감염병을 시각화하는 동시에 관객들이 감염병에 대한 공포를 느끼게 한다. 감염병의 무서움은 다른 방식으로 계속 시각화된다. 약국을 찾은 주병우가 기침을 하는 순간 느린 화면으로 비말이 공기 중에 흩어지는 모습은 감염병의 확산을 영화적으로 보여주는 방식이라고 할 수 있다. 마찬가지로 환자들이 기침을 하며 피를 쏟거나 의식을 잃는 장면도 같은 의미로 읽을 수 있다. 특히 분당 지역에서 회의가 열리는 순간 의식을 잃은 환자들로 인해 다발적으로 교통사고가 발생하고, 주유소가 폭발하는 장면은 눈에 보이지 않는 감염병을 재난과 같은 방식으로 영화화한 설정이라고 할 수 있다.

영화는 눈에 보이지 않는 감염병을 시각화하는 동시에 사람들이 느끼는 두려움도 화면에 담는다. 병원에 피를 흘리는 많은 환자들을 보며 몸을 피하는 의료진이나, 마트에서 물건을 사재기하는 사람들의 모습이 대표적이라고 할 수 있다. 더욱 무서운 장면은 이러한 공포를 통해 권력이 시민들을 비인격적으로 통제하는 과정에서 표현된다. 봉쇄 결정과 함께 닫힌 대형 마트의 철문이나 지역을 봉쇄하기 위해 가로막힌 도로가 이를 잘 보여 준다. 특히 무력으로 일반 가정에 침입하여 시민들을 끌어내고, 반발하는 시민들에게 폭력을 행사하는 장면들은 공포 바이러스가 어떠한 방식으로 광기를 부릴 수 있는지 보여 준다.

공포 바이러스가 불러올 광기의 마지막은 영화에서 극단적으로 그려진다. 미르(박민하 분)는 항체가 생겼지만 다른 이들과 같이 감염자로 분류되어 어디론가 끌려간다. 지구(장혁 분)는 미르가 끌려갔다는 사실을 알고 아이를 찾기 위해 나선다. 그리고 그는 정부가 감염자를 어떻게 처리하고 있었는지 그 실체를 확인하게 된다. 사실상 감염자를 치료할 수 없었던 정부는 감염자들을 비닐백에 넣어 거대한 구덩이에 묻은 다음, 불로 시체들을 태우고 있었다. 컨테이너와 비슷한 밀폐된 곳에 격리된 피묻은 감염자들과 주차장에 끝없이 나열된 시체들, 그리고 화면 속에 산처럼 쌓인 비닐백에 든 시체들. 이처럼 점점 스펙터클을 가하며 감염자들을 그리는 연속된 장면는 공포 바이러스가 무차별적으로 사람을 대하는 방식을 감각적으로 보여 준다.

감염병의 무서움과 공포 바이러스를 처절할 정도로 화면에 담아낸 영화는 종국에 이르러 행복한 결말로 마무리된다. 그런데 이러한 결말이 어떤 의미에서는 가족주의적인 성격을 가진다. 감염자를 치료하는 방식에 대해 저항이 발생하는 원인도 가족에서 찾을 수 있다. 아무 생각 없이 감염자를 처리하던 병사는 자신의 어머니가 나타나자 분노하며 다른 사람들과 함께 권력에 대항하기 시작한다. 항체를 가진 유일한 생존자 미르를 지키는 인물도 미르의 엄마인 인해(수애 분)와 그녀에게 관심이 있는 지구(장혁 분)이다. 인해와 지구는 미르를 지키기 위해 몸을 던지고, 마지막에는 인해가 미르를 보호하면서 폭격도 막을 수 있게 된다.

(중략)

– 이승현, 「감염병을 넘어선 공포 바이러스」, 웹진 《문화 다》, 2020.05.25., http://www.munhwada.net/home/m_view.php?ps_db=movie_report&ps_boid=223&ps_mode=

글쓰기 연습

1. 자신이 가장 감명 깊게 읽은 책에 대해 서평을 써 보자. 그런 책이 바로 떠올리지 않는다면 자신이 최근에 읽은 책 중에서 추천하고 싶은 책을 선정해 서평을 써 보자.

2. 자신이 가장 감동적으로 감상한 영화에 대한 영화평을 써 보자. 그런 영화가 바로 떠올리지 않는다면 자신이 최근에 본 영화 중에서 추천하고 싶은 영화를 선정해 영화평을 써 보자.

팀 기반 활동

팀별 활동을 통해 자신이 쓴 서평이나 영화평을 함께 읽고 좋았던 부분이나 미흡한 부분을 함께 이야기하며 고쳐 보자.